Ensemble & Improvisation

Wolfgang Rüdiger

Ensemble & Improvisation

20 Musiziervorschläge
für Laien und Profis von Jung bis Alt

ConBrio

Mit freundlicher Unterstützung der
Stiftung Apfelbaum – Partner für ein ZusammenWachsen von LebensWelten

Impressum

Printed in Germany

Lektorat: Juan Martin Koch
Layout, Satz: Petra Pfaffenheuser

Umschlagvorderseite unter Verwendung von:
Violeta Dinescu, *Bindfaden* für Flöte und Klavier (Ausschnitt)
Umschlagrückseite:
Violeta Dinescu, *Bindfaden / String* (siehe Modell 20, Seite 123)
Abdruck mit freundlicher Genehmigung der Komponistin.

Druck: Druckhaus Köthen

ISBN 978-3-940768-54-4
CB 1254
www.conbrio.de

INHALT

Dank …

allen, mit denen ich die Modelle erproben und aufführen durfte

- Felicitas, Rahel und Yoram, meiner Familie
- den Freunden vom *Ensemble Aventure*
- meinen Kammermusik- und Ensemble-Studierenden an der Robert Schumann Hochschule Düsseldorf
- den Teilnehmern der Interpretations- und Improvisationskurse des INMM Darmstadt

Ein besonderer Dank gilt Herrn Dr. Hans-Martin Schmidt, dem Vorsitzenden der Stiftung Apfelbaum, für die Förderung dieses Bandes.

Ein großes Dankeschön geht an Herrn Dr. Juan Martin Koch für die hervorragende Betreuung.

Einleitung Gedanken zu Ensemble & Improvisation und zu den Musiziervorschlägen dieses Bandes

„Hör auf, Trübsal zu blasen!", rief sie dann.
„Sieh doch die Harlekine!"
„Was für Harlekine? Wo?" „Na überall.
Rings um dich herum.
Bäume sind Harlekine, Wörter sind Harlekine.
Situationen und Summen sind's.
Zähl zwei Sachen zusammen – Späße, Bilder –,
und du hast einen Dreifachharlekin.
Los doch! Spiel! Erfinde die Welt!
Erfinde die Wirklichkeit!"
Das tat ich. Bei Gott, ich tat's.
Vladimir Nabokov, *Sieh doch die Harlekine!* Roman (1974)

Mit allem, was in der Welt ist, kann man spielen und musikalisch improvisieren: mit Klängen des Körpers und der Stimme, mit klassischen Instrumenten und Alltagsgegenständen, mit Tönen, Rhythmen, Liedern, Gesten und Gestalten u.v.m. Dies ist der Ansatz des vorliegenden Bandes, der ein ganzes Kaleidoskop von Improvisationsvorschlägen enthält und sich an alle richtet, die Lust am gemeinsamen Musikmachen und -erfinden haben. Die zwanzig Modelle erstrecken sich von tonal orientierten und stilgebundenen Improvisationsformen bis zu offenen, experimentellen Konzepten der neuen Musik des 20. und 21. Jahrhunderts, die den Musikbegriff so erfrischend erweitert und auf alles ausgedehnt hat, was unser Leben betrifft – und in der zweiten Hälfte des vergangenen Jahrhunderts zu einer Renaissance der Improvisation im zeitgenössischen Kunstschaffen geführt hat.

Dass musikalische Improvisation ein Teil unseres Lebens ist, an das Kunst anknüpfen kann, ist überall zu erleben, wo Menschen zusammen sind. Man braucht nur die Ohren zu öffnen und alles Hörbare als Musik wahrzunehmen – und schon blitzen allerorten kleine „Alltagsimprovisationen" mit Atem-, Stimm- und Körperklängen auf, die jedem Reden und Tun innewohnen, auf unvorhersehbare Weise aufeinander eingehen – wer weiß schon, was der andere sagen und tun wird? –, einander berühren (oder verletzen), nachahmen, variieren, weiterführen oder widersprechen (vgl. Tüpker 2006, S. 148 ff.). Und oft verdichten sich dabei die spontanen Klänge von Alltag, Atem, Körper, Stimme in kreativer Aneignung von Welt zu musikalischen Gebilden – Gesängen, Liedern, Tänzen, Trios, Ensemblestücken –, die unter der Oberfläche ihrer scheinbar festgefügten Formen das improvisatorische Gewimmel erahnen lassen, aus dem sie entstanden sind und in das sie zurück verwandelt werden können (jedes Lied, jedes Werk, eine Fülle anderer Möglichkeiten). Einige Beispiele mögen dies veranschaulichen.

Alltägliche Klangwirklichkeit als Ausgangspunkt

Die Grundlage des ersten Musiziervorschlags dieses Bandes bildet nichts anderes als ein Stück alltäglicher Klangwirklichkeit: dass Menschen, wenn sie sich treffen, klanglich agieren und reagieren, einander zuhören, nachahmen, antworten, reinreden... Dieses Modell musikalischen Miteinanders kann mühelos in eine Improvisation mit Klängen aller Art verwandelt und zur Freude von Hörern und Spielern aufgeführt werden: Mache Klänge (oder nur einen Klang) – imitiere Klänge (einen Klang) – mache nichts, lausche (nach Pauline Oliveros). Eine Welt steckt in diesem so einfachen wie komplexen Konzept, und musikalische Welten lassen sich daraus entwickeln. Auf ähnliche Weise macht das Konzept *Puls und Atem* die innere Musik eines jeden Menschen hörbar und gestaltet daraus eine vielstimmige Ensembleimprovisation mit Punkt- und Halteklängen, die wiederum graphisch aufgezeichnet werden kann. Solches Entwickeln von Improvisations- und Kompositionsmodellen aus der „Klang-Natur" von Mensch und Gesellschaft ist ein Denkmodell, das sich vielfältig anwenden und weiterentwickeln lässt, zum Beispiel vom friedlichen Spiel der *Klänge* zum heftigen Konzept *Kontraste* – und von da aus zu kleinen Ensemblekompositionen.

Kompositionen und offene Konzepte als Ausgangspunkte

Ein anderer Musiziervorschlag verfolgt den umgekehrten Weg. *Das Wüten des Varèse* geht von einer fulminanten Passage im 2. Satz von Edgard Varèses *Octandre* für sieben Bläser und Kontrabass (1923) aus, in der rhythmische Klarinetten-Repetitionen mit massiven Tutti-Klangblöcken abwechseln – ein Modell des Mit- und Gegeneinanders von attackierenden Artikulationen des Einzelnen und geballter Antwort der Allgemeinheit. Daraus ist ein Improvisationsmodell entstanden, das ebenso Eigenständigkeit besitzt, wie es als praktische Einführung in das körperliche Komponieren von Varèse dienen kann. Auch dies ist ein Denkmodell: Aus jedem Werk lässt sich ein Improvisationskonzept, genauer: lassen sich etliche Improvisationskonzepte entwickeln; jede/r Musiker/in wird auf andere Ideen zu Varèse kommen, und das hier vorgestellte Modell ist bloß eines unter vielen. Man muss sich nur genau anschauen, wie die Musik gemacht ist, mit welchem Material sie arbeitet, welche Formgehalte und Ideen sie verwirklicht – und schon ergeben sich etliche neue Möglichkeiten der Gestaltung jenseits der Entscheidung und Niederschrift des Komponisten.

Und erst recht laden offene Vorlagen und Konzepte wie die von Karlheinz Stockhausen, John Cage, Max E. Keller, Chico Mello, Peter Hoch und anderen zum Weiterdenken und Neu-Erfinden von Musik ein. Als Handlungsanleitungen mit Spielregeln, die „nach vorne offen sind" und „in jedem augenblick ihrer ausführung zur disposition stehen" (Spahlinger 1993, S. 5), inspirieren sie dazu, eigene Varianten zu entwickeln, sich selber etwas Neues einfallen zu lassen und neue Konzepte fürs Improvisieren im Ensemble zu erfinden. Mehrere Musiziervorschläge dieses Bandes folgen diesem Ansatz.

Fließende Übergänge zwischen Improvisation und Komposition

Das aber bedeutet, dass Improvisation als Erfinden und gleichzeitiges Realisieren von Musik einerseits und Komposition als weitgehend ausgearbeitetes Werk andererseits keine Gegensätze, sondern vielfach vermittelte Pole einer „Skala von Möglichkeiten" darstellen (Dahlhaus 1979, S. 15), auf der man hin und her switchen kann, von Improvisationsmodellen zu Modellkompositionen und umgekehrt (vgl. Lehmann 2005 und 2008). So stehen die Musiziervorschläge dieses Bandes der aktuellen Kompositionspädagogik nahe, ja enthalten Anregungen und Beispiele elementaren Komponierens (vgl. Schmeling/Kaul 2003, Reitinger 2007, Schlothfeld 2009, Vandré und Lang 2011). Und so wie viele Kompositionen improvisatorischen Ursprungs sind (vgl. Felbick 2005) und bei noch so detaillierter Notation etliche „naturgegebene" oder einkomponierte (z. B. aleatorische) Improvisationsspielräume besitzen, orientiert Improvisation sich stets an individuellen, sozialen, historischen und kulturellen Bezugspunkten („frei" kann sie allenfalls von bestimmten stilistischen Bezügen oder Idiomen sein); nur sind beim Improvisieren, im Unterschied zum komponierten Werk und seiner Interpretation, die Vorgaben eher spärlich, offen, so dass sich musikalische Ideen beim Spielen entwickeln und die Interaktion unter den Spielern nicht durch einen durchgeformten Notentext, eine Partitur, gesteuert wird. Versteht man in diesem Sinne Improvisation als offenes „Ergebnis der Auseinandersetzung spontaner Eingebung mit einer gestellten Aufgabe" (Oesch 1972, S. 39), so kann diese Aufgabe in der Musiziersituation überhaupt erst entstehen, von den Mitwirkenden spontan artikuliert werden oder schriftlich (vor-)formuliert sein, zum Beispiel in Form einer verbalen Spielanweisung, einer Graphik, einer Notenskizze oder einer Mischung verschiedener Notationsformen (vgl. John Cage: „improvisation is giving the improvisers a problem to solve", zit. nach Feißt 1997, S. 9). Entscheidend ist, dass das, was da als Musik in „Echtzeit" entsteht, im Wortsinn im-pro-visus = „un-vorher-gesehen" und immer wieder anders ist.

Es kann stets auch anders sein

Dieser weiten Idee von Improvisation sind die Musiziervorschläge des vorliegenden Bandes verpflichtet. In der Praxis erprobt und in Unterrichts- und Aufführungssituationen mehrfach bewährt, verstehen sich die zwanzig Modelle im wahrsten Sinne als „Vorschläge", das heißt als offene Aufgabenstellungen und Anregungen zum Weiterentwickeln und Neu-Erfinden von Musik: Es kann stets auch anders sein. Natürlich ist es möglich, die Vorschläge wie beschrieben umzusetzen; dafür sind die ausführlichen Hinweise zur Entstehung und Erarbeitung gedacht. Schöner und ergiebiger aber ist es, sie als Orientierungshilfen zu nutzen, um Neues kennenzulernen, Bestehendes neu zu denken, Eigenes zu entdecken und schöpferisch handeln zu lernen, jenseits eingefahrener Gleise und Gewohnheiten. Eine gründliche Beschäftigung mit den Vorschlägen widerspricht dem nicht, ganz im Gegenteil: Um eigene Ideen entwickeln und auf die Ideen anderer, Mitspieler wie Schüler, eingehen zu können, ist es gut, sich ganz in das jeweilige Modell einzuleben und sich beim spielerischen Erproben immer wieder neu überraschen zu lassen, von sich und von anderen.

Dieses Offene, Überraschende, Freie, Spielerische ist in den Modellen angelegt und sollte auch den Umgang mit ihnen prägen. Das gemeinsame Improvisieren kann, wie im ersten Musiziervorschlag beschrieben, ganz „ex nihilo", ohne alle Absprachen, Vorgaben und Vereinbarungen beginnen und von da aus zu Regeln à la Oliveros fortschreiten, die das Ensemble gemeinsam (weiter-)entwickelt oder die im zweiten Durchgang von selbst entstehen (man muss nicht immer gleich darüber reden). So spannen sich die Improvisationsmodelle aus zwischen den Polen 0 und 100: „nichts / wenig vorgegeben" und „manches / vieles vorgegeben". Vorschläge zum freien, „nicht-idiomatischen" Improvisieren ohne alle Vorgaben, in dem nur die persönlichen „Sprachen" der einzelnen Spieler aufeinander treffen (vgl. Bailey 1987, S. 11, Wilson 1999/2014, S. 32.), stehen neben stilgebundenen Improvisationsformen wie *Divisions on a Ground* und *Blues* (elementar und neu gedacht), Konzepten der intuitiven, experimentellen und szenischen Musik des 20. Jahrhunderts sowie Klassikern und neuen Formen musikalischer Graphik wie *December 1952* von Earle Brown, *Styx* von Anestis Logothetis und dem für diesen Band entworfenen Improvisationsblatt von Violeta Dinescu.

Enger und weiter Improvisationsbegriff

In diesem weiten Spektrum prägen sich zugleich zwei unterschiedliche Ansätze, Haltungen oder Vorstellungen von Improvisation aus, die mit dem Begriffspaar eng und weit bezeichnet werden können und sich mit den Außenposten jener Skala zwischen „wenig und viel vorgegeben" verschränken. Ein enges Verständnis von Improvisation vertritt zum Beispiel der amerikanische Musikpsychologe Edwin Gordon, der Improvisation definiert als Fähigkeit, auf der Basis eines erlernten und internalisierten (meist tonalen) musikalischen Vokabulars eigene musikalische Ideen spontan ausdrücken zu können (vgl. Tappert-Süberkrüb 1999, S. 89). Ein einfaches Beispiel dafür ist das rhythmische und tonale Variieren von Kinderliedern, Klangmustern (Patterns) und Musikstücken. Ein Modell wie *Das Wüten des Varèse*, obwohl kompositionsabgeleitet, wäre nichts für Gordon, ebenso wenig die *Mobile Musik* nach Earle Browns *December 1952* oder *Die Entfachung des Feuers* nach Violeta Dinescu; denn hier werden keine erlernten Repräsentationen wirksam, sondern neue allererst gebildet.

Dies steht in diametralem Gegensatz zu einem weiten, avantgardistischen Verständnis von Improvisation, das die amerikanische Akkordeonistin und Komponistin Pauline Oliveros verkörpert: „Improvisation bedeutete für mich zuallererst den Umgang mit Klangmaterialien, ohne ein vorgefaßtes System zu haben [...]. Der Versuch war mir wichtig, die vertrauten Muster aus meinem Studium zu umgehen, um auf diese Weise Neuland zu entdecken" (Oliveros, zit. nach Ashley 2001, S. 151). Ein Mittel, sich von erlernten Mustern zu lösen, ist für Pauline Oliveros das Spiel auf Instrumenten, die man nicht kennt; dazu gehören auch Alltagsinstrumente und Klangobjekte aller Art. Ein anderes Mittel, neue Klanglandschaften zu entdecken, liegt darin, bekannte Wendungen, musikalische Floskeln oder Klischees, die oftmals wenig Sinn machen und langweilige Allerweltsmusik hervorbringen, nach Möglichkeit zu vermeiden (vgl. Stockhausen 1978, S. 131: „Ein erstes Zeichen für Unfug ist das Auftauchen von Klischees; ich meine, wenn vorgeformtes Material herauskommt, wenn es so klingt wie etwas, was wir schon kennen."). Eine weitere Methode, Neuland zu erkunden, besteht darin, die Materialvorgaben zu begrenzen und mit wenig Material viel Musik zu machen. Selbst gewählte Einschränkungen können ungeahnte Klangräume eröffnen, Korallenriffen vergleichbar, die auch nur mit Taucheranzug zu entdecken sind. In einem Ton, wie in einer Geste, kann eine ganze Welt enthalten sein.

„Natürlichkeit" und Lebensnähe der Improvisation

Diesem weiten Improvisationsbegriff entspricht ein ebenso weites, avantgardistisches Musik- und Kunstverständnis: dass alles, was in der Welt ist, jedes Objekt, jeder Körper, jede Aktion, Material künstlerischer Handlungen werden kann; denn alles klingt, auch die Stille. Improvisation und Komposition so „natürlich" und lebensnah aufzufassen (auch wenn sie Gegenbilder zur bestehenden Wirklichkeit kreieren), bedeutet zugleich, dass jeder Mensch in der Lage ist, mit seinem eigenen „realen" Material Musik zu machen, zu improvisieren, mit anderen Improvisationsideen zu realisieren – und dabei sich stets neu zu entdecken, zu erweitern, neugierig zu bleiben (nicht „altgierig", nach Heiner Müller) und Widerstandsgeist gegen das allzu Normierte zu entwickeln. „Improvisation heißt ja, ich hebe eine Art von Zensur in mir auf und nehme, was kommt. Dazu kommt natürlich musikalische Bildung. Man kann zu allem, was es auf der Welt gibt, eine musikalische Improvisation machen" (Harald Huber, zit. nach Ingrisch 2012, S. 93).

So sehen die Musiziervorschläge dieses Bandes den Einsatz unterschiedlichster Klangmaterialien vor: Atem, Körper, Stimme, klassische und alltägliche Instrumente, Objekte aller Art, denen man Töne, Klänge, Geräusche verschiedenster Couleur und Charakteristik entlocken kann. Wie alles zu Musik werden kann, kann mit allem improvisiert und alles kombiniert werden („alles kann geschehen und alles passt zusammen", John Cage); und jede/r kann in seiner Umgebung neue Gegenstände entdecken, die sich klanglich verzaubern lassen und plötzlich in einer Anmut erstrahlen, die Augen und Ohren überrascht und entzückt.

Improvisation als Haltung – Tugenden der Improvisation

Sich darauf einzulassen ist eine Frage der Einstellung, der Haltung: der eines freien, experimentierfreudigen Geistes, der nicht (nur) Althergebrachtes reproduziert, sondern (auch) neue Welten schafft, vielleicht gar Paradiese zaubert, Widerspruch riskiert, Gegenwartsbewusstsein besitzt und neues Leben in die Musik bringt. Eine Reihe von Tugenden ist dafür erforderlich, die Musiker in offenen Musizierprozessen entwickeln können. In seiner Schrift „Towards an Ethic of Improvisation" nennt Cornelius Cardew folgende sieben Tugenden: „Einfachheit. Integrität. Selbstlosigkeit. Toleranz. Bereit-Sein (*Preparedness*). Identifikation mit der Natur. Akzeptieren des Todes" (zit. nach Wilson 1999/2014, S. 28). Sie gelten auch für die Improvisationsmodelle des vorliegenden Bandes und können um folgende ergänzt bzw. fundiert werden:

- *Hören* ist das A und O von Ensemble & Improvisation – Gewahrwerden der Klänge unserer Welt, unseres Selbst, der Anderen.
- *Einander Zuhören* heißt *Achtsam- und Wachsam-Sein* für die Stimmen und Impulse der Anderen.
- Wachsam-Sein für die Stimmen der Anderen bedeutet *Antworten* auf die Anderen (wobei auch Nicht Antworten eine Antwort ist), voll geistiger Beweglichkeit und Wandlungsfähigkeit im menschlichen und musikalischen Sinne.
- Dies bedarf einer gesteigerten *Sensibilität, Selbstöffnung und -relativierung, Zurücknahme des Ichs*. Ensembleimprovisation bedeutet nicht, sich aufzuspielen und andere zu übertönen, sondern zurückzutreten und Anderen zuzuhören. Allein die Balance von bewusstem *Sich Zurückhalten* und *Aktiv Werden*, feiner Enthaltsamkeit und freiem Energiefluss ermöglicht jene Qualitäten von Durchhörbarkeit und Dichte, Stille und Fülle, Reduktion und Rasanz, die so vielfältige Formen der Improvisation hervorbringen (vgl. Stockhausen 1978, S. 132: „Es ist eines der wichtigsten Kriterien, daß man sich ständig daran erinnern muß: ‚Spiele nicht die ganze Zeit', und ‚Lasse Dich nicht dauernd zum Agieren verleiten'." Anders formuliert: „Wem das Maul aufgeht, dem gehen die Ohren zu"; Robert Seethaler, *Ein ganzes Leben*, Roman, 2014).
- Zuhören, Wahrnehmen, Achtsam-Sein, Antworten, sich selbst Öffnen und Beweglichbleiben sind Voraussetzungen und Merkmale künstlerischer *Intensität*, die jede gelungene Improvisation prägt – ein wohl gespannter Zustand verdichteter Gegenwart, in dem wir unserer selbst, des Raums, der Anderen in feiner Empfänglichkeit und strömender Energie bewusst werden und entsprechend handeln.

Solch intensives Gewahr Werden, Annehmen des Anderen und achtsames Aufeinander Eingehen im spontanen Handeln aber erzeugt eine neue Qualität: die einer friedlichen Vielstimmigkeit, wechselseitigen Beeinflussung und gemeinsamen Produktivität unter Gleichen, die stets Andere sind. In den unverfügbaren und frei angenommenen Anklängen der Anderen, die sich mit den eigenen verflechten, hat alle Improvisation im Ensemble ihren Antrieb und Anfang, ihren Fortgang und ihr offenes Ende.

Verbindung, Einbezug, Integration

Improvisation als Modell von Leben in offenem Miteinander und gemeinsamer Weltgestaltung ist nicht unbedingt auf eine musikalische oder instrumentale Ausbildung angewiesen – schön natürlich, wenn sie vorhanden ist und jedem zuteil wird –, und auch nicht Sache von Profimusikern allein. Soll Musik nicht ein Vorrecht einiger weniger bleiben, sondern das Leben vieler betreffen, so ist Improvisation als musikalische Handlungs- und Lebensform dazu prädestiniert, Menschen verschiedenen Herkommens, Alters und Erfahrungshintergrunds zusammenzuführen. Die Musiziervorschläge dieses Bandes appellieren an die schöpferischen Kräfte eines jeden: Jede/r kann hier mitmachen und musikalisch aktiv werden, mit allem, was er und sie mitbringt, vorfindet, entdeckt, entwickelt. Viele der Musiziervorschläge zielen daher auf Verbindung, Einbezug, Integration. Dies betrifft:

- die Verbindung von Musik und Leben: Musikalische Improvisation wird als etwas Natürliches, Menschliches verstanden; jeder trägt verschiedene „Musiken" in sich, und unsere Welt ist voller Klänge; so stammen die Materialien, mit denen improvisiert wird, aus verschiedenen Lebensbereichen, für die klanglich-kreative Arbeit sensibel macht;

- die Verbindung von Musik und anderen Medien und Künsten: Wie alle Sinne stets zusammenspielen, kann improvisierte Musik sich mit Bild, Bewegung, Szene, Raum, Licht, Literatur, Skulptur, Film u.v.m. vereinigen;
- die Erweiterung des Instrumentariums und die freie, variable Besetzung: Alle zur Verfügung stehenden Instrumente können genutzt werden und neue Klangkombinationen eingehen: Körperklänge und Stimme, klassische Instrumente und Alltagsgegenstände, Klangerzeuger aus Natur und Technik u.v.m.; mit allem Vorfindbaren kann Musik gemacht und improvisiert werden;
- das Zusammenspiel von Instrumentalisten und „Nicht-Instrumentalisten“: Alle werden als Musikerinnen und Musiker angesprochen, die sinnerfüllte Klänge erzeugen und miteinander improvisieren können, auch Hörerinnen und Hörer, die ggf. Teil des Improvisationsensembles werden;
- die Integration von Menschen verschiedener musikalischer Leistungsniveaus und Lebensalter: Anfänger und Fortgeschrittene, Kinder und Erwachsene, Schüler und Studierende, Laien und Profis, Menschen mit und ohne Handicaps können gemeinsam Musik machen, ihr Wissen, Können und ihre verschiedenen kulturellen Hintergründe teilen, voneinander lernen und neue Ideen generieren, jede/r nach seinen/ihren Fähigkeiten;
- die Verbindung von Spielen und Lernen/Üben: Das Entwickeln, Erarbeiten und Reifenlassen der Improvisationskonzepte schult bewusst oder unbewusst Gehör, Verstand, spieltechnische Fähigkeiten u.v.m. und motiviert zum Üben;
- die Beziehung und Verknüpfung der Improvisationsmodelle zu einem Improvisations-Set, in dem eins ins andere übergehen und ein großer Improvisationsbogen entstehen kann – ein Genuss und Gewinn für jede Konzertgestaltung.

Zur Anlage des Buches

Über die Materialien, die ungefähre Anzahl und Altersspanne der Mitwirkenden, die musikalischen und instrumentalen Vorkenntnisse sowie die Verwendungs-, Variations- und Verknüpfungsmöglichkeiten des jeweiligen Modells geben die Basisinformationen zu Beginn eines jeden Musiziervorschlags Auskunft. Die Darstellung selbst gliedert sich in Formulierung der Spielanweisung bzw. Abbildung des Improvisationsmodells – Hinweise zur Entstehung und Erarbeitung – mögliche Einbindung in Konzert und Unterricht – spezifische Literaturangaben. Einigen Musiziervorschlägen sind Beispiele von Realisationen durch Schüler und Profis sowie Referenzwerke, Abbildungen und weiterführende Texte beigefügt. Eine allgemeine Literaturliste am Ende des Bandes versammelt ensemblepraktische und theoretische Publikationen zum Thema Improvisation und mag zur Vertiefung und zum Weiterstudium anregen.

Da hier im Prinzip alle angesprochen und zum Musik Erfinden eingeladen sind, richtet sich der Band an Laien und Profis gleichermaßen: Lehrer und Schüler an allgemeinbildenden Schulen und Musikschulen, Musikstudierende aller Studiengänge sowie Orchestermusiker und Musikliebhaber von Jung bis Alt. Alle können hier, so hoffe ich, fündig werden und Anregungen zum Improvisieren in den verschiedenartigsten Ensembleformationen erhalten.

Improvisation als Modell freien Miteinanders und Sinnbild des Lebens

Dies führt noch einmal zu einem letzten, zentralen Gedanken: den des Bezugs von Musik, Mensch und Gesellschaft, der dem Improvisieren im Ensemble innewohnt: Als „Kunst *existenzieller varietas*“ und sozialer Wandlung (Kaden 1993, S. 52) formt Improvisation ein Modell freien Miteinanders; jedes Ensemble ist eine Gesellschaft im Kleinen, die sich selbst ihre Regeln gibt, Regeln gemeinsam verändert, erweitert, durchbricht, abschafft, neu erfindet und ihre eigenen Improvisationen in je eigener Qualität kreiert. Es kann stets so und auch anders sein. Dieses „So und auch anders“ (Kaden 1993, S. 52) prägt ebenso das Ich der Improvisation, das aus Beziehung erwächst und mehr die Fragmentierung liebt als die Fixierung, Beweglichkeit mehr als Beharren – ein flexibles und gleichwohl zentriertes Ich, das angstfrei seine eigene Vielfalt lebt und die der anderen annimmt. Improvisation als Offenstehen für die Ankunft unvorhersehbarer künstlerischer und künstlerisch-pädagogischer Ereignungen – des Anderen, des Schülers und des Lehrers, der selber „schülerhaft“ wird, Anfängergeist atmet, von seinen Schülern und Studierende lernt und Geduld übt mit sich und denen, die noch unerfahren, schüchtern, zurückhaltend sind (zur nicht wertenden, offenen Probenpraxis und Ensembleleitung vgl. das entsprechende Kapitel in Gagel 2010, S. 137 ff.).

So bildet sich, wenn mehrere sich treffen und zusammenspielen, ein Resonanzraum von Atem und gespanntem Augenblick, in dem alle einander annehmen, sich aufeinander einlassen, einander er-hören und eine Musik hervorbringen, die so noch nie gespielt und gehört wurde und nie wieder so erklingen wird. In diesem Raum, in dem musikalische Ideen in Echtzeit entstehen, merkt man plötzlich (vielleicht mehr als in anderen Musizier- und Lebenssituationen), dass das Ganze von Musik und Welt erst im Miteinander entsteht – so wie das individuelle Ich sich zuallererst durch Begegnung mit Anderen konstituiert und stets neue, ungeahnte Spielräume eigener und fremder Möglichkeiten entdeckt. So erweist sich Improvisation als Sinnbild und Schule des Lebens, das ebenso voller Ungewissheiten und unvorhergesehener Ereignisse ist und „zum Umgang mit dem Unvorhersehbaren herausfordert" (Ronald Kurt/ Klaus Näumann 2008, S. 7).

Die deutsche Sprache kennt für das lateinische im-provisus, Improvisation, ein schönes altes Wort: das Stegreifspiel. Als Stegreif bezeichnete man den Steigbügel des Reitpferdes. So liegt im Ursprungssinn von Improvisation die Bewegtheit eines Reitens in offene Weiten, eines Lebens aus dem und „vom Sattel". „Aus dem stegreife", das meint: „ohne große Vorbereitung", „ohne manuscript", „ohne bestimmten lebensplan" agieren – sprechen, schreiben, musizieren (Jacob und Wilhelm Grimm, *Deutsches Wörterbuch, Band 17*, zit. nach Ronald Kurt/ Klaus Näumann 2008, S. 12 f.). Etwas Künstlerisches wohnt dem inne, ein freisinniges Lebens-Künstlertum, das Leben als Stegreif- und Improvisationskunst.

So laden wir nach Goethes/Schumanns *Freisinn* (1815/1840) ein: Wohlan denn, in den Sattel! – raus aus den Hütten vorgeschriebener Musik, auf in die Weiten neuer Klanglandschaften, ins Offene, Ferne, Ungewisse, geleitet allein von den Gestirnen, ins Abenteuer, mit Anderen, die uns anregen und verändern – lasst uns zusammensetzen, die Wirklichkeit erfinden, mit *Klängen* spielen, an jedem Ort, zu jeder Zeit!

1 Klänge – nach Pauline Oliveros

Spielanweisung

Ihr habt bei diesem Klangspiel drei Wahlmöglichkeiten:

1. Mache mit Deinem Instrument, mit Deinem Körper oder mit Deiner Stimme einen Klang, bei dem Du Dich wohlfühlst.

2. Imitiere einen Klang, den Du hörst.

3. Mache nichts, sondern lausche und achte auf alles, was geschieht.

Ihr könnt noch eine Regel ergänzen:

4. Spiele den Klang, bei dem Du Dich wohlfühlst, mehrmals und jedes Mal ein wenig anders.

Entstehung und Erarbeitung

Das Improvisationsmodell formuliert eine scheinbar einfache Regel, die am Beginn gemeinsamen Improvisierens stehen oder sich aus dem freien Spielen ohne jede Vorgabe und Verabredung ergeben kann. Es stammt von der amerikanischen Komponistin und Improvisationsmusikerin Pauline Oliveros (*1932), auf deren Kursen der Musikwissenschaftler Lutz Felbick das hier leicht erweiterte „Klangspiel" kennengelernt hat (vgl. Felbick 2005, S. 56).

Improvisieren ohne Absprache

Der beste, spannendste Einstieg in das Ensemble-Improvisieren mit Schülern, Studierenden und Profis – oder allen zusammen in einem „multi ability ensemble" – besteht darin, „daß man sich einfach trifft und spielt" (Globokar 1979, S. 39) und hört, was geschieht. Die einzige Vereinbarung, die sich dabei als sinnvoll erwiesen hat, ist die einer ungefähren Dauer, zum Beispiel von innerlich empfundenen fünf Minuten. Die Spieler verteilen sich im Raum und kommen zur Ruhe. Blickkontakt ist nicht unbedingt nötig, ja wird von Pauline Oliveros sogar vermieden – längere Stille – und auf ein kleines Zeichen hin geht es los.

Was geschieht da? Alles kann geschehen und erklingen, je nach Entwicklungsstand, Vorerfahrung und „Fertigkeit" der einzelnen Ensemblespieler im Improvisieren. Völlig voraussetzungslos ist auch die scheinbar freieste Improvisation nicht. Jeder bringt etwas mit und gibt etwas ein, das

Material
Klänge aller Art

Mitwirkende
3 bis 30 Spieler und mehr ab ca. 7–8 Jahren bzw. ca. einem Jahr Instrumentalunterricht

Musikalische Vorkenntnisse
keine

Instrumentale Vorkenntnisse
Grundlegende Spielfertigkeiten; für Anfänger, Fortgeschrittene und Profis gleichermaßen geeignet

Instrumente
Melodieinstrumente, Stimme, Körperklänge, Klavier, Gitarre, Schlag- und Alltagsinstrumente aller Art

Probenumfang
spontan möglich, Anzahl der Proben nach Belieben

Aufführungsdauer
je nach Zahl der Mitwirkenden ca. 5–10 Minuten

Verwendung
Improvisationsworkshops, Klassenunterricht, Schülervorspiele und professionelle Konzerte

Variationsmöglichkeiten
Einführung weiterer Regeln nach Absprache

Gattung
Verbale Spielanweisung

Verwandte Modelle
2, 3, 6, 11, 18

nicht ohne Wirkung auf die anderen bleibt. Vor allem Spieler ohne Improvisationserfahrung neigen anfangs dazu, alles zu spielen, was sie an gewohnten Klängen, Motiven, Mustern („Klischees") in sich tragen, und dies pausenlos. Auch wenn sich dies im Verlauf des gemeinsamen Improvisierens naturgemäß ändert, kann man bereits nach dem ersten oder zweiten Durchgang darüber sprechen: dass wir dazu neigen, ständig aktiv zu sein, vertraute Klänge zu reproduzieren und einander nicht genügend zuzuhören.

Eingeleitet wird das Nachgespräch am besten mit Fragen wie: Was haben wir gemacht, was habt Ihr gehört? Und danach: Was kann man anders machen, was schlagt Ihr vor? Ohne zu werten, werden die Antworten gesammelt. Dabei kommt in der Regel genau dies zur Sprache: dass es schön, aber „durcheinander" klang, weil alle ständig gespielt haben. Als Folge davon werden Vorschläge für den nächsten Durchgang entwickelt, wie: Achtet darauf, dass ihr nicht immer spielt! Spielt weniger und hört gut zu! Danach können – mit dem Hinweis, dass viele Musiker bereits die gleiche Erfahrung gemacht und darüber nachgedacht haben – die drei Regeln nach Pauline Oliveros eingeführt werden: „Mache mit Deinem Instrument, mit Deinem Körper oder mit Deiner Stimme einen Klang, bei dem Du Dich wohlfühlst. – Imitiere einen Klang, den Du hörst. – Mache nichts, sondern höre zu (lausche) und achte auf alles, was geschieht."

Erarbeitung mit Kindern

a) Aktionslust und Übungen zum Zuhören

So einfach und elementar diese Spielanweisung erscheint, so komplex stellt sie sich für Kinder im Grundschulalter dar; das haben Praxiserfahrungen mit Instrumentalisten zwischen 7 und 11 Jahren in aller Deutlichkeit gezeigt. Die erste Aufforderung fällt in dieser Altersgruppe auf fruchtbaren Boden – Kinder spielen gerne „Klänge, die mir gefallen – auf die ich Lust habe – die schön sind" (so die Formulierungen beim Wiederholen der Spielregeln). Und es wird gespielt und gespielt, jede/r für sich und ständig, im Sog des rauschenden Gesamtklangs, voller Aktionslust, eine reine Freude. Und das ist gut so, denn es entspricht der „Natur" – dem Entwicklungsstand – der Kinder, die in diesem Alter noch recht auf sich bezogen sind (bei aller Empathie und Kooperation). Daran liegt es wohl, dass die folgenden beiden Anweisungen in diesem Alter schwerer zu realisieren sind. Nichts Machen – das geht noch; aber dabei aktiv zuhören? Dies muss richtig gut geübt werden, am besten zunächst in einer kleineren Gruppe und ergänzt durch Übungen der Stille und des Horchens auf die Klänge der Umgebung, des Alltags und der anderen Instrumente. Denn dies ist die allerwichtigste Tugend gemeinsamen Improvisierens: Einander Zuhören. Sie kann nicht früh genug und nicht oft genug geübt werden.

Schöne Übungen zum Zuhören und Klänge-Machen vermitteln R. Murray Schafers Sammlung *Anstiftung zum Hören* (Schafer 2002) und Pauline Oliveros' Praxisbuch *Deep Listening*. Und auf das Improvisationsmodell *Klänge* bereitet folgende musikalische Meditationsübung von Pauline Oliveros vor (zitiert nach Gronemeyer 1984, S. 279 f.):

Beginne die Meditation mit der Beobachtung deines eigenen Atems. Wenn du der Klänge deiner Umgebung gewahr wirst, beginne allmählich, die Tonhöhe der Klangquelle zu verstärken. Verstärke sie entweder vokal, mental oder mit dem Instrument. Wenn du die Berührung mit der Quelle verlierst, warte ruhig auf eine andere.

b) Klänge imitieren – „weniger ist mehr"

Das In-Kontakt-Treten mit den Klängen der Umgebung führt geradewegs zur zweiten Spielanweisung des Konzepts *Klänge*: „Imitiere einen Klang, den Du hörst", verständlicher formuliert: „Mache Klänge nach, die Du hörst". Auch dies sollte mit Kindern geübt werden, da sie möglicherweise nicht wissen, *wie* sie Klänge imitieren sollen, die sie hören. Eine Hilfestellung bietet der Hinweis, dass Töne oder Tonverbindungen nicht exakt nachgespielt werden müssen, sondern dass es auf die Art und Weise ankommt, wie die Klänge gespielt werden (Dauer, Dynamik, Rhythmus, Ausdruckscharakter etc.); und dies wird in kleinen Gruppen auf verschiedene Weise spielerisch geübt.

Ziel all dieser Übungen und Überlegungen ist der nächste Improvisationsdurchgang unter dem Motto „Weniger ist mehr". Und wenn wieder zuviel, pausenlos und ohne Zuhören gespielt werden sollte, kann der Ensembleleiter gelegentlich ein kleines „Pssst"-Zeichen einstreuen bzw. einzelnen zuflüstern. Die Nachbesprechung leiten die gleichen Fragen wie zu Beginn: Was haben wir jetzt gemacht und gehört?, ergänzt durch die Frage: Haben wir die Spielanweisung wirklich befolgt? Daraus können sich spannende Diskussionen ergeben wie etwa, was es heißt, „einen" Klang zu spielen, und ob dies auch mehrere Klänge, Töne, Tonverbindungen sein können (womit man schon weit in ästhetische Fragestellungen hinein gerät). So steigert sich von Durchgang zu Durchgang das bewusste Spielen, Aufeinanderhören und Reagieren, und die Improvisation gewinnt immer mehr an Qualität, Spannung, Abwechslung, Gemeinsamkeit.

Begrenzungen des Materials und weitere Veränderungen – Durchhörbarkeit

Im weiteren Verlauf kann das Material noch mehr begrenzt werden: Mache wirklich nur *einen* Klang und spiele ihn mit längeren Pausen immer wieder, jedes Mal ein wenig anders. Imitiere nur *einen* Klang, den Du hörst. Mache Pausen und horche. Mit Anfängern können dabei folgende Fragen erörtert und Übungen gemacht werden: Was kann man an einem Klang alles verändern? Probiert aus! Welcher Zeitraum der Improvisation erscheint Euch sinnvoll bei Eurer Ensemblegröße, und wie viele Klänge sollte jede/r in der vereinbarten Dauer maximal spielen, damit das Klangbild durchsichtig („durchhörbar") bleibt und nicht zum Klangbrei („Durcheinander") wird? Probiert verschiedene Möglichkeiten aus, nehmt Eure Improvisationen auf, hört sie Euch an und sprecht darüber. Wie hat Euch das Stück gefallen? Was kann man noch anders machen? Wie kann es weitergehen?

Auf einem Improvisationskurs in Darmstadt 2015 kamen die Teilnehmer auf die Idee, das Material auf zwei Klänge pro Spieler, einen hohen und einen tiefen, zu begrenzen und diese so verschieden wie möglich zu spielen. So entstand aus dem Konzept *Klänge* die Improvisation *Kontraste*.

Spielanweisung *Kontraste*

1. Jede/r wählt jeweils zwei Klänge: einen hohen und einen tiefen Klang.

2. Die Klänge werden extrem verschieden gespielt (in extremen Kontrasten):
· sehr lang – sehr kurz
· sehr laut – sehr leise
· in konventioneller Spielweise – mit neuen Spieltechniken
· einzelne – viele Anschläge (rhythmisiert und artikuliert).

3. Zwischen den Klangereignissen sehr kurze – sehr lange Pausen.

Während *Klänge* in der Regel ruhig und friedlich daher kommt und ein hohes Maß an Intensität in der Ausführung erfordert, gelingt *Kontraste* durch die Heftigkeit seiner extremen Spielweisen meist auf Anhieb. Eher muss sich das Ensemble hier bremsen, um nicht in den Sog zu vieler lauter, aggressiver Klangereignisse zu geraten. Auf jeden Fall ist *Kontraste* ein gutes Einstiegsstück (auch um sich freizuspielen), an das sich *Klänge* anschließen kann. Nacheinander aufgeführt, bilden beide einen spannenden Kontrast im Großen.

Qualität und Ein-Klang-Übung

Das Entscheidende an diesem Konzept ist, dass man in einem gemischten Ensemble ohne alle Vorgaben und Absprachen einfach anfangen kann zusammenzuspielen und dass dann erst gemeinsam Regeln eingeführt werden, deren wichtigste ist: Einander Zuhören. Ebenso wichtig ist es, darüber zu sprechen und zu reflektieren, was gemacht und gehört wurde. Daraus ergeben sich wie von selbst elementare Qualitätskriterien: dass es gut ist, nicht ständig zu spielen, sondern Pausen einzulegen; dass Stille zur Musik gehört, ja voller Klang ist; dass man sich aufeinander beziehen (auf Gehörtes eingehen, Klänge imitieren etc.) kann, aber nicht muss; dass jeder Klang für sich stehen, aber auch mit anderen Klängen in Verbindung treten kann; dass weniger mitunter mehr bedeutet.

Damit aber sind Qualitäten benannt, die für jeden Musiker essentiell sind. Gleichwohl werden sie in der Ausbildung kaum berücksichtigt, sodass viele professionelle und virtuose Musiker mit einem einzigen Klang wenig anfangen können. Dabei ist doch dies das Fundament allen Musizierens: einen einzelnen Ton mit Konzept zu spielen, ihn einfach klingen zu lassen oder zu gestalten, mit ihm zu kommunizieren. Dies zu üben habe ich eine Spielanweisung entwickelt, die in der Tradition sowohl der Ausdrucksästhetik des 18. Jahrhunderts als auch der Intuitiven Musik Karlheinz Stockhausens, Michael Vetters, Carl Bergstroem-Nielsens u. a. steht – und der musikalischen Meditationspraxis Pauline Oliveros', deren improvisatorischer Umgang mit Klängen jenseits aller vertrauten Muster auf innere Veränderungen und neue Bewusstseinszustände zielt; Improvisation als Forschungsreise zu den Klängen, zu sich selbst, zu anderen (*Sonic Meditations*, *Deep Listening*, vgl. Gronemeyer 1984 und 1987, Ashley 2001, S. 150 ff.). In reflektierter Achtsamkeit und ohne falsche Gefühligkeit ausgeführt, ist die Übung fern jeder unkünstlerischen Esoterik und wird zur Basis von Kunst, ja im besten Falle selbst zu einer kunstvollen Improvisation, die sich mit anderen verbinden und ein überzeugendes Ganzes ergeben kann.

Spiele Deinen eigenen Ton.
Lasse ihn klingen.
Spiele ihn immer wieder.
Tauche in ihn ein.
Singe ihn. Sage ihn. Seufze ihn.
Höre seine Wandlungen.
Erspüre, wie du dich veränderst.

Einbindung in Konzert und Unterricht

Das Konzept *Klänge* ist so allgemein und grundlegend, dass es überall, an jedem Ort, mit Menschen jeden Alters und Erfahrungsstands ausgeführt und weiterentwickelt werden kann. Es bildet einen guten Einstieg in gemeinsames Improvisieren auf Workshops, im Gruppen- und im Klassenunterricht und kann ein qualitätvoller Programmpunkt abwechslungsreicher Schülervorspiele und professioneller Konzerte sein.

Literatur

Ashley, Robert (2001), *Musik mit Wurzeln im Äther. Interviews mit und Essays über sieben amerikanische Komponisten, Kapitel „Landschaft mit Pauline Oliveros" – Interview „Ich spüre, wie ich mich verändere" und „Häutungen" von Margaret Ahrens.* Köln (Edition MusikTexte 008, herausgegeben von Gisela Gronemeyer und Reinhard Oehlschlägel), S. 140–166.

Felbick, Lutz (2005), *Über die Klarheit des Wassers an der Quelle. Ein kleiner Ausflug zu den improvisatorischen Wurzeln unserer Musikkultur.* In: Üben & Musizieren 2/2005, S. 54–56.

Globokar, Vinko (1979), *Reflexionen über Improvisation.* In: Reinhold Brinkmann (Hg.), Improvisation und neue Musik. Acht Kongreßreferate (Veröffentlichungen des Instituts für Neue Musik und Musikerziehung Darmstadt Band 20). Mainz, S. 24–41.

Gronemeyer, Gisela (1984), *„Hast Du jemals den Klang eines schmelzenden Eisbergs gehört?" Ein Porträt der amerikanischen Komponistin Pauline Oliveros.* In: Herbert Henck, Gisela Gronemeyer und Deborah Richards (Hg.), Neuland. Ansätze zur Musik der Gegenwart. Jahrbuch, Band 4 (1983/84). Bergisch Gladbach, S. 277–286.

Gronemeyer, Gisela (1987), *Pauline Oliveros.* In: Hermann Danuser, Dietrich Kämper und Paul Terse (Hg.), Amerikanische Musik seit Charles Ives. Interpretationen, Quellentexte, Komponistenmonographien. Laaber, S. 364 f.

Oliveros, Pauline (2005), *Deep Listening. A Composer's Sound Practice* (Deep Listening Publications). New York / Lincoln / Shanghai.

Schafer, R. Murray (2002), *Anstiftung zum Hören. Hundert Übungen zum Hören und Klänge Machen,* hg. von Justin Winkler. Aarau.

2 Cage-Kärtchen-Spiel – nach John Cage

Spielanweisung

Jeder Mitwirkende zieht oder erhält ein Cage-Kärtchen (siehe die folgenden Seiten). Vor Spielbeginn können die Zitate zur Einstimmung laut vorgelesen werden. Alle verteilen sich im Raum. Jede/r gestaltet den Text und die Klangbestandteile des Cage-Zitats mit Atem, Stimme, ggf. Körper und sparsamen Instrumentalaktionen in freiem Einsatz und in Eigenverantwortung. Die Klänge können einzeln für sich stehen, sie können sich treffen, berühren, überschneiden, zusammenklingen. Ebenso wichtig wie Klänge sind Pausen, aktives Zuhören, die Erfahrung von Stille.

Man kann die Sprachklänge flüstern – atmen – sprechen – singen:

- als Ganzes oder fragmentiert (Satzteile, Wörter, Silben, Vokale, Konsonanten)
- in freier Reihenfolge (vorwärts, rückwärts, von der Mitte aus, mit Wortwiederholungen)
- in freiem, variablem Tempo
- in variabler Lautstärke, mit Pausen nach Belieben
- in wechselnden Artikulationsweisen und Tonfällen (geflüstert, gesprochen, gesungen, ausdruckslos oder ausdrucksvoll, hoch, tief, mit Stimmverfremdungen etc.).

Die Dauer richtet sich nach der Zahl der Mitwirkenden und nach der Atmosphäre im Raum. Es kann aber auch ein Zeitraum, zum Beispiel fünf Minuten, vereinbart werden, der jedoch nicht abgemessen, sondern innerlich empfunden wird.

Material
Zitate von John Cage, auf Kärtchen notiert

Mitwirkende
3 bis 30 Spieler und mehr ab ca. 12 Jahren

Musikalische Vorkenntnisse
keine

Instrumentale Vorkenntnisse
keine

Instrumente
Atem, Stimme, Körper, (Alltags-) Instrumente nach Belieben

Probenumfang
ohne Probe möglich

Aufführungsdauer
ca. 5–10 Minuten

Verwendung
Improvisationsworkshops, Klassenunterricht, Schülervorspiele, Konzerte, auch mit Beteiligung des Publikums

Variationsmöglichkeiten
andere Zitate, andere Themenschwerpunkte; Interpretation der Zitate durch Instrumente

Gattung
Verbale Spielanweisung

Verwandte Modelle
1, 3, 11, 12

■ **Material:** 35 *Cage-Kärtchen* mit Zitaten von John Cage (Zitatnachweise s. Anhang)

1 Kunst sollte uns ins Leben einführen.	2 Man sollte Musik sehr natürlich auffassen.
3 Die gesamte Welt muß in Musik verwandelt werden.	4 Jeder kann es mitmachen.
5 Und es gibt keine Stille, die nicht mit Klang geladen ist.	6 Stille ... ist geistige Veränderung, eine Umkehr. Ich widmete ihr meine Musik.
7 Menschen sind auf einmal wieder Menschen, und Klänge sind auf einmal wieder Klänge.	8 Ob ich sie erzeuge oder nicht, es gibt immer Klänge zu hören und alle sind sie vortrefflich.
9 Freuen Sie sich, denn jeden Augenblick können Sie erleuchtet werden.	10 Meine Lieblingsmusik ist die Musik, die ich noch nicht gehört habe.
11 Kunst ... ist nicht vom Leben isoliert.	12 Stille sind alle jene Klänge, die wir nicht beabsichtigen.
13 Jeder Tag ist ein schöner Tag.	14 Jeder Klang hat seine eigene Seele, sein eigenes Leben.

15

In der Musik
sollte es uns genügen
unsere Ohren zu öffnen.

16

Es gibt nicht so etwas wie
Stille. Etwas geschieht immer,
das einen Klang erzeugt.

17

Jedes Etwas
ist eine Feier des Nichts,
das es trägt.

18

Kunst ist eine Lebensform.

19

Jeder Augenblick
ist absolut, lebendig
und bedeutsam.

20

Was wir brauchen,
ist Stille.

21

... die Musik,
die das Leben selbst ist.

22

alles kann geschehen
und alles paßt zusammen.

23

If you celebrate it,
it's art:
if you don't, it isn't.

24

Jeder Person,
sowie jedem Klang,
zu erlauben,
das Zentrum der Schöpfung
zu sein.

25

Seitdem habe ich immer
die Zeit
als die wesentliche Dimension
aller Musik angesehen.

26

Kunst kann man
auch haben,
ohne daß man welche macht.

Nur eines muß man machen,
man muß sein Bewußtsein ändern.

27

Ich habe das Gefühl,
ständig zuzuhören.
... das ist eines meiner Vergnügen.

28

Je mehr wir entdecken,
daß die Geräusche der
äußeren Welt musikalisch sind,
desto mehr Musik wird es geben.

29 Die höchste Absicht ist, überhaupt keine Absicht zu haben.	30 Es ist nicht irritierend, zu sein, wo man ist. Es ist nur irritierend zu denken, man wäre gern irgendwo anders.
31 Jeder Klang ist einmalig.	32 Stille ist nicht die Abwesenheit von Klängen, sondern anzufangen, sich für die Klänge zu öffnen, die da sind – sie zu hören.
33 [es] gibt keinen Augenblick im Leben, der nicht ‚ideal' wäre und im Stande der ... größtmöglichen ‚Verwirklichung'.	34 Augen und Ohren zu öffnen und das Leben jeden Tag als so vollkommen zu sehen, wie es ist.
35 Und wenn Sie Klänge zu machen haben, spielen Sie sie mit etwas Extremismus, als ob Sie in einem Wald wären und einen solchen Klang vorher nie angetroffen hätten, so daß seine plötzliche Entdeckung Sie entzückt.	

Entstehung und Erarbeitung

Zur Ästhetik John Cages

John Cages revolutionäre Tat besteht darin, Musik auf den Grund der Stille oder der Leere (im zen-buddhistischen Sinne) zurückgeführt zu haben, aus der jeder Klang erwächst (vgl. Han 2002). Mit der Entdeckung, dass Stille voller Klang ist – voll unbeabsichtigter Klänge und Geräusche, die wir hören, wenn wir ruhig sind – und dass Musik grundsätzlich aus Klang und Stille besteht, treten die traditionellen Gestaltungsmerkmale von Musik – Tonhöhe, Metrum, Rhythmus etc. – in den Hintergrund; der Musikbegriff erweitert sich auf den Allklang der Welt: Klänge des Körpers in Stille und Aktion, Klänge des Atems, der Stimme, der Natur und Umwelt, der Alltäglichkeit – und natürlich auch Instrumentalklänge... Stille, Klänge, Geräusche aller Art sind seither gleichberechtigtes Klangmaterial; sie können für sich stehen – jeder Klang ein Zentrum – und sich auf vielfältige Weise vermischen bzw. wechselseitig durchdringen (auch dies eine Grundannahme des Zen, vgl. Klein 1992).

Dieses neue Musikdenken hat eine philosophische, existenzielle und spirituelle Dimension, die der Philosoph Dieter Mersch eindrücklich auf den Punkt bringt: Cages „Innovation bestand eigentlich darin, die Frage *Was ist*

Musik? dadurch zu lösen, dass er nicht länger auf die Strukturalität von *Melos* und *Rhythmos*, von Klangfarbe, Dynamik oder Tonhöhe achtete, die immer noch vom Ton, dem Klang als Anwesenheit, oder genauer: von ihrer *musikalischen Präsenz* her gedacht wurde, sondern indem er die konstitutiven Differenzen zwischen [...] Klang und Nicht-Klang zum Anlass nahm, das ‚Ereignis' von Musik aus dem ‚Unter-Schied' von Sein und Nichts oder Anwesenheit und Abwesenheit allererst entstehen zu lassen – um dadurch [...] die Musikalität des Musikalischen [...] auf eine andere Ebene zu heben. Cage setzte damit einen Schlusspunkt unter die Geschichte der Kunstmusik, um zugleich einen *anderen Anfang* zu ermöglichen, von dem konstitutiv offen bleibt, was er sein kann." Kennzeichnend für dieses „andere Anfangen" des musikalischen Denkens ist, dass es „nicht länger von einem Autor getragen wird, der sein Material beherrscht, sondern sich offenhält für das Geschehen selbst. *Was ist Musik?* lässt sich dann eben durch das ‚Happy New Ears' beantworten: Offenstehen für die Ankunft unvorhersehbarer akustischer Ereignungen." (Mersch 2013, S. 57 f.) Mit dieser Erweiterung des Musikbegriffs auf alle möglichen „Ereignungen" von Klängen im Raum öffnet sich Cage der Improvisation. Und so wie er etliche improvisierende Musiker angeregt hat, so lassen sich viele seiner Werke und Konzepte in Richtung Improvisation weiterdenken – und seine Materialien ebenso für neue Ansätze nutzen, wie für ihn „alle Musik der Vergangenheit zu Material für neue Musik werden" konnte (Cage 1991, S. 81).

Das Cage-Kärtchen-Spiel

Das *Cage-Kärtchen-Spiel* greift diese Grundgedanken auf. Das Klangmaterial bilden kurze Zitate von John Cage, in denen die offene Weite seiner zen-buddhistisch inspirierten Ästhetik zum Ausdruck kommt. Durch dieses Material und seine Behandlung werden auf einfache Weise „unvorhersehbare akustische Ereignungen" initiiert, die sehr komplex ausfallen können. Das Besondere dabei ist, dass öffnende Textvorlagen und offene Form, Idee und Inszenierung einander spiegeln und entsprechen. Denn die Zitate von John Cage enthalten genau dies, was in der Aufführung geschieht: Alles kann zu Musik werden, jeder (Atem-)Laut, jedes Wort, jedes Geräusch, jeder Klang in uns und außer uns, wir selbst. „Jeder Klang hat seine eigene Seele, sein eigenes Leben" (Cage 1984, S. 101), man muss nur seine Ohren öffnen; er kann für sich stehen oder sich mit anderen verbinden, nacheinander oder gleichzeitig, alles nimmt aufeinander Bezug, geht ineinander über, passt zusammen. Alles was notwendig ist, sind Stille, Klänge und „ein leerer Zeitraum, um ihn auf seine eigene magnetische Weise wirken zu lassen." (Cage 1987, S. 128) „Denn der Raum, die Leere schließlich ist's, die zu diesem Zeitpunkt der Geschichte so dringend notwendig wird". (Cage 1959, S. 48)

Und die Musik geschieht von selbst, ohne formende Hand, nur aus einem kleinen Impuls heraus; und sie ist gut und schön so, wie sie geschieht. Lediglich ein ernsthaft-heiteres Sich Einlassen ist nötig, ein Sich Öffnen für den Augenblick – und schon wird das *Cage-Kärtchen-Spiel* zu einer unvergesslichen ästhetischen und existenziellen Erfahrung.

Zur Erarbeitung – Stille und Fülle

Die Erarbeitung – besser: das Geschehenlassen des Stücks – erstreckt sich zwischen den Polen absoluter Stille und totaler Fülle (quasi zwischen Cages „stillem Stück" 4'33" und seinem „Musicircus"-Konzept, in dem alles gleichzeitig geschieht, vgl. Rüdiger 2001, S. 303 ff.). Dazwischen liegt ein weites Feld von Realisationsmöglichkeiten, die immer wieder anders ausfallen. Es kommt darauf an, wie die einzelnen Spieler und das Ensemble als Ganzes sich zwischen Aktion und Nicht-Aktion, Handeln und Zuhören, Mitmachen und Wahrnehmen entscheiden (wobei dies keine Gegensätze sind).

Meist ist ein erster Durchgang entweder von sehr viel Aktion ohne Zuhören oder von Stille ohne Mut geprägt. Dies gilt es in einem zweiten Schritt auszubalancieren, indem die Aktionslust bewusst durch Inseln der Stille und leise Klänge kultiviert wird und umgekehrt: Klänge „mit etwas Extremismus" laut und intensiv in den Raum gesetzt werden. Denn vor allem in den Zonen der Stille und des Leisen treten unerhörte Klänge auf: das Vibrieren des eigenen Körpers und die Präsenz der anderen, Geräusche des Raums und der Umwelt, minimale akustische Bewegungen, die alle zum Stück gehören. Und jedes lautere oder explosivere Ereignis gewinnt eine umso größere Intensität, je mehr es vorbereitet ist und umgeben von Inseln der Sparsamkeit und Stille. Mit jeder Wiederholung steigert sich die Stimmigkeit des sich von selbst entwickelnden Formverlaufs in dem Maße, in dem die Ensemblespieler ihre Fähigkeit zum gegenseitigen Zuhören, Einfühlen und Einfädeln in den musikalischen Fluss der Zeit entfalten.

Gemäß der Bedeutung des Raums als Klangraum können auch behutsame Veränderungen der Ausgangsposition vorgenommen oder Alltagsmaterialien und Instrumente als zusätzliche Klangerzeuger einbezogen werden. Und jede Wiederholung wird dabei eine wunderbare neue Erfahrung vermitteln.

Einbindung in Konzert und Unterricht

Das Schöne am *Cage-Kärtchen-Spiel* ist, dass jede/r mitmachen, musikalisch aktiv werden und grundlegende musikalische Erfahrungen machen kann. Dabei eröffnet das Modell zugleich einen praktischen Einstieg in die Ästhetik John Cages und einen Einblick in die Entwicklung der neuen Musik seit der zweiten Hälfte des 20. Jahrhunderts, die stark von John Cage geprägt ist. Das Modell eignet sich für Improvisationsworkshops, Schülervorspiele und professionelle Konzerte gleichermaßen, kurz: Es ist für Anlässe aller Art gut, in denen es um musikalisch-ästhetische Erfahrungen geht.

Nachhaltige Erfahrungen mit dem Cage-Kärtchen-Konzept konnte ich machen

- in einem Schülervorspiel 1995, bei dem die Eltern zur Freude aller Schüler auf die Bühnen gebeten und zum Mitmachen animiert wurden; aus Stille und Sprachklang, ergänzt durch einzelne instrumentale Klangaktionen der Schüler, erwuchs eine unglaublich dichte Atmosphäre;
- in einem Ensemblekonzert im Foyer des Kunstmuseums Liechtenstein 2005 anlässlich der Ausstellung *Faites vos jeux*, wo das Material im Konzert an die Hörerinnen und Hörer verteilt und das Konzept kurz erklärt und aufgeführt wurde;
- in einem Hochschulkonzert, in dem Studierende mit Atem- und Ausdruckslauten, Silben- und Wortklängen der Cage-Zitate auftraten und die Texte auf eine Leinwand projiziert wurden;
- in einem *Aventure*-Konzert mit Schülern im Oktober 2013 zum Thema *Warum macht ihr das eigentlich?* Hier wurden die Kärtchen beim Eintritt verteilt und die Hörerinnen und Hörer im Programmheft an entsprechender Stelle zur Mitwirkung eingeladen: *Bitte lesen Sie jetzt Ihr Kärtchen mit einem John-Cage-Zitat laut und verteilen Sie sich im Raum, wo Sie den Text und seine Klangbestandteile flüstern – atmen – sprechen – singen.*
  Sie können aber auch nichts tun und einfach zuhören.

Anhang **Nachweise der Zitate auf den 35 Cage-Kärtchen**

1 John Cage, *Für die Vögel. Gespräche mit Daniel Charles* (1976). Berlin 1984, S. 52
2 John Cage, *Silence* (1954). Übersetzt von Ernst Jandl. Frankfurt am Main 1987, S. 71
3 John Cage, *Für die Vögel*, S. 260
4 John Cage, *Silence*, S. 47
5 Ebd., S. 48
6 John Cage, *Eine autobiographische Skizze*. In: John Cage. Anarchic Harmony, hg. von Stefan Schädler & Walter Zimmermann. Mainz 1992, S. 25
7 John Cage, *Für die Vögel*, S. 36
8 John Cage, *Silence*, S. 77
9 John Cage, *Noch mehr über Satie*. In: Richard Kostelanetz, John Cage. Köln 1973, S. 123
10 John Cage, *Eine autobiographische Skizze*, S. 28
11 John Cage, *Noch mehr über Satie*. In: Kostelanetz 1973, S. 123
12 John Cage. In: Kostelanetz 1973, S. 225
13 David Revill, *Tosende Stille. Eine John-Cage-Biographie*. München 1995, S. 225
14 John Cage, *Für die Vögel*, S. 101
15 Ebd., S. 65
16 John Cage, *Silence*, S. 154
17 Ebd., S. 53
18 John Cage, *Noch mehr über Satie*. In: Kostelanetz 1973, S. 122
19 John Cage, *Silence*, S. 13
20 Ebd., S. 6
21 John Cage, *Für die Vögel*, S. 65
22 John Cage, *Silence*, S. 46
23 Rainer Riehn, *Noten zu Cage*. In: Musik-Konzepte Sonderband John Cage, hg. von Heinz-Klaus Metzger und Rainer Riehn. München 1978, S. 97
24 John Cage, *Für die Vögel*, S. 115
25 Ebd., S. 76
26 John Cage. In: Kostelanetz 1973, S. 34
27 John Cage, *„Ich habe das Gefühl, ständig zuzuhören". John Cage im Gespräch mit Paul von Emmerik.* In: MusikTexte 40/41. Köln 1991, S. 75 und 79
28 John Cage, *Für die Vögel*, S. 100
29 John Cage, *Silence*, S. 83
30 Ebd., S. 26
31 Ebd., S. 124
32 Eric de Visscher, *Fragmente einer Geschichte der Stille. Wenig bekannte Konzepte zwischen Marinetti und Cage*. In: positionen 10/1992 (Themenheft *Stille und Lärm*), S. 10
33 John Cage, *Noch mehr über Satie*. In: Kostelanetz 1973, S. 123
34 John Cage. In: Revill 1995, S. 151
35 John Cage, *Rede an ein Orchester*. In: Musik-Konzepte Sonderband John Cage, hg. von Heinz-Klaus Metzger und Rainer Riehn. München 1978, S. 61

Literatur

Cage, John (1959/1987), *Zur Geschichte der experimentellen Musik in den Vereinigten Staaten*. In: Steinecke , Wolfgang (Hg.), Darmstädter Beiträge zur Neuen Musik, Bd. 2. Mainz, S. 46–53 (Nachdruck in: Danuser, Hermann/Kämper, Dietrich/Terse, Paul (Hg.), Amerikanische Musik seit Charles Ives. Interpretationen, Quellentexte, Komponistenmonographien. Laaber, S. 267–274).

Cage, John (1973), *Plädoyer für Satie (1948)/Noch mehr über Satie*. In: Kostelanetz, Richard, John Cage. Köln, S. 108–114 und S. 122–124.

Cage, John (1978), *Rede an ein Orchester*. In: Metzger, Heinz-Klaus/Riehn, Rainer (Hg.), Musik-Konzepte Sonderband John Cage. München, S. 56–61.

Cage, John (1984), *Für die Vögel. Gespräche mit Daniel Charles* (1976). Berlin.

Cage, John (1987), *Silence* (1954). Übersetzt von Ernst Jandl. Frankfurt am Main.

Cage, John (1991), *„Ich habe das Gefühl, ständig zuzuhören". John Cage im Gespräch mit Paul von Emmerik*. In: MusikTexte 40/41, Köln, S. 75–83.

Cage, John (1992), *Eine autobiographische Skizze*. In: Schädler, Stefan/Zimmermann, Walter (Hg.), John Cage. Anarchic Harmony. Mainz, S. 23–29.

Charles, Daniel (1979), *John Cage oder Die Musik ist los*. Aus dem Französischen von Eberhard Kienle. Berlin.

Han, Byung-Chul (2002), *Philosophie des Zen-Buddhismus*. Stuttgart.

Klein, Hans Michael (1992), *Gegenseitige Durchdringung und Nicht-Behinderung*. In: Schädler, Stefan/Zimmermann Walter (Hg.), John Cage. Anarchic Harmony. Mainz, S. 97–101.

Kostelanetz Richard (1973), *John Cage*. Köln.

Kostelanetz, Richard (Hg.) (1989), *John Cage im Gespräch. Zu Musik, Kunst und geistigen Fragen unserer Zeit*. Köln.

Metzger, Heinz-Klaus (1978), *John Cage oder Die freigelassene Musik*. In: Metzger, Heinz-Klaus/Riehn, Rainer (Hg.), Musik-Konzepte Sonderband John Cage. München, S. 5–17.

Mersch, Dieter (2013), *An den Grenzen der Sprache. Eine Laudatio auf Isabel Mundry und Martin Zenck, die Preisträger der Hans und Gertrud Zender-Stiftung 2013*. In: Neue Zeitschrift für Musik 3/2013, S. 56–61.

Musik-Konzepte Sonderband John Cage (1978), hg. von Heinz-Klaus Metzger und Rainer Riehn. München.

Nimczik, Ortwin (1998), *„Jeder Klang hat seine eigene Seele, sein eigenes Leben". Musikalische Gestaltungsarbeit nach Four[6] von John Cage*. In: Musik & Bildung 5/1998, S. 52–55.

Revill, David (1995), *Tosende Stille. Eine John-Cage-Biographie*. München.

Riehn, Rainer (1978), *Noten zu Cage*. In: Metzger, Heinz-Klaus/Riehn, Rainer (Hg.), Musik-Konzepte Sonderband John Cage. München, S. 97–106.

Rüdiger, Wolfgang (2001), *Experimentelles Ensemblespiel am Beispiel Cage. Soziale Modelle und Versuchsanordnungen für Musik*. In: Kraemer, Rudolf-Dieter/Rüdiger, Wolfgang (Hg.), Ensemblespiel und Klassenmusizieren in Schule und Musikschule. Ein Handbuch für die Praxis. Augsburg, S. 295–334.

Visscher, Eric de (1992), *„So etwas wie Stille gibt es nicht ...". John Cages Poetik der Stille*. In: Ders., Die Künstlergruppe „Les Incohéherents" und die Vorgeschichte zu 4'33'. In: Schädler, Stefan/Zimmermann, Walter (Hg.), John Cage. Anarchic Harmony. Mainz, S. 71–76.

Visscher, Eric de (1992b), *Fragmente einer Geschichte der Stille. Wenig bekannte Konzepte zwischen Marinetti und Cage*. In: positionen 10/1992 (Themenheft Stille und Lärm), S. 8–12.

3 Puls und Atem – vokal und instrumental

Spielanweisung

1. Alle Spieler stehen oder sitzen im Raum verteilt. Jeder Spieler fühlt seinen Pulsschlag und macht ihn mit einem kurzen Laut hörbar (Explosivlaute *p, t, k* – akzentuierte Reibelaute *s, sch, f* – mit Lippen, Zunge, Gaumen erzeugte Geräusche). Die kurzen Laute der einzelnen Mitwirkenden sollen möglichst verschieden sein.

2. Auf ein Zeichen hin beginnt eine vokale Puls-/Punktklang-Improvisation, indem die Spieler jeweils
a) ihren achten Pulsschlag mit dem kurzen Mundgeräusch hörbar machen, dann auf Zeichen
b) ihren fünften Pulsschlag, c) ihren dritten und d) ihren zweiten Pulsschlag. Die Dauer der Stationen hängt von der Zahl der Mitwirkenden ab.

3. Wenn die größtmögliche Dichte frei pulsierender Punktklänge erreicht ist, werden die Pulse sukzessive mit Atemlauten verbunden (*ss, schsch, ff* u. a.). Die Dauer der gehaltenen Atemklänge nimmt zu, während die Puls-/Punktklänge immer weniger werden. Diese „Klangverwandlung“ geschieht in fünf, ggf. sechs Schritten, die von einem Zeichengeber angezeigt werden:
a) Jeweils zwei Pulsklänge werden mit einem Atemklang verbunden, dazwischen wird jeder zweite Pulsschlag artikuliert; mehrfache Wiederholungen und Wechsel mit Pausen nach Belieben;
b) drei Pulsklänge werden mit einem Atemklang verbunden, dazwischen wird jeder dritte Pulsschlag artikuliert (zwei still gezählt); mehrfache Wiederholungen mit Pausen;
c) fünf Pulsschläge werden mit einem Atemklang verbunden, dazwischen wird jeder fünfte Pulsschlag artikuliert (vier still gezählt); mehrfache Wiederholungen mit Pausen;
d) acht Pulsschläge werden durch Atemklänge miteinander verbunden und dazwischen jeder achte kurz artikuliert (sieben still gezählt) – Pausen;
e) die Atem-Klangfläche wird immer dichter, die Punktklänge verflüchtigen sich immer mehr. Am Ende hat sich das Punktklangfeld in eine Vielzahl von Atemlinien verwandelt, die eine Fläche von Atem-Halteklängen mit verschieden langen Pausen bilden;
f) Die Atemlaute können auch vokalisiert werden (stimmhaftes *sss* oder *mmm*, auch Vokale)...

Material
Mund- und Atemklänge, Instrumentalklänge

Mitwirkende
3 bis 30 Spieler und mehr ab ca. 12 Jahren; ein Zeichengeber

Musikalische Vorkenntnisse
keine

Instrumentale Vorkenntnisse
keine; bei instrumentaler Fassung elementare Spielfertigkeiten

Instrumente
Atem- und Artikulationsorgane, Melodieinstrumente, Klavier, Gitarre, nachklingende Schlaginstrumente

Probenumfang
spontan möglich, Erweiterung nach Belieben

Aufführungsdauer
je nach Zahl der Mitwirkenden ca. 3–5 Minuten

Verwendung
Improvisationsworkshops, Klassenunterricht, Schülervorspiele, Einführungen in Improvisationskonzerte

Variationsmöglichkeiten
Einführung weiterer Parameter (Tonhöhen, Dynamik, Artikulation, Klangfarben, neue Spieltechniken); Ergänzung der Punkt- und Linien-Texturen durch Glissandobewegungen und/oder Melodiefragmente

Gattung
Verbale Spielanweisung mit graphischer Notation

Verwandte Modelle
1, 2, 12, 13, 14, 15, 18, 19

4. Die beschriebene Verwandlung von Punktklängen in Linien und Flächen wird in neun Kästchen graphisch aufgezeichnet (Tafel oder Flipchart): In Klang-Kästchen eins befinden sich einige verstreute Punkte, die sich wie unter 3. beschrieben immer mehr verdichten, bis sie im vierten Kästchen ein wimmelndes Punktklangfeld bilden. Von Kästchen fünf bis neun verwandeln sich die einzelnen Punkte in zunächst kurze, dann immer länger werdende Linien mit immer weniger Punkten dazwischen, bis Kästchen neun nur noch aus Halteklängen mit Leerstellen für Atempausen besteht.
In einer zweiten Zeile wird der umgekehrte Prozess der Klangverwandlung – von Klangfläche zu Punktklängen – in graphischer Notation aufgezeichnet.

5. Das Atem- und Artikulationsensemble wird in zwei Gruppen geteilt. Die eine Gruppe beschreitet den Weg von Kästchen eins bis neun (bzw. wie unter 3. beschrieben). Die Spieler beginnen mit sparsamen Punktklänge, die sich immer mehr verdichten, und schreiten mit der langsamen Verwandlung der Puls-/Punktklängen in Atemlinien bis zur vielstimmigen Atem-Klangfläche fort, die auch vokalisiert werden kann.
Die zweite Gruppe geht den umgekehrten Weg; sie beginnt mit einer kontrollierten Atem-Klangflächen-Improvisation, wie in Kästchen neun angezeigt, und führt sukzessive einzelne artikulierte Punktklänge ein, die immer mehr werden, bis sich die Atem-Klangfläche in ein Punktklangfeld auflöst hat, das sich wiederum in einzelne Artikulationen verflüchtigt und in Stille mündet. Gruppe zwei endet dort, wo Gruppe eins beginnt, und umgekehrt.

6. Die Schritte 1.–6. können nun auf Instrumente übertragen werden. Dabei werden die Pulsschläge innerlich als Herzschläge empfunden und mit instrumentalen Staccato-Punkten realisiert (Pizzicati, Slaps etc.). Die zunehmende Verbindung der Staccato-Punkte zu Linien geschieht durch immer längere Tenuto-Töne auf frei zu wählenden Tonhöhen in verschiedenen Registerlagen. Die Spieler können sich an den neun Klangverwandlungskästchen orientieren. Auch hier kann der umgekehrte Weg beschritten werden.

7. Die beiden Fassungen a) mit Atem und Artikulationsorganen und b) mit Instrumenten können miteinander verbunden werden und gegenläufige Wege der Klangverwandlung beschreiben.

8. Es können weitere Gestaltungsparameter wie Tonhöhe, Lautstärke und Artikulation eingeführt werden; Beispiel: Entwicklung von leise und hoch (helle, leise Punktklänge) zu tief (in immer tiefere Registerlagen absteigende Halteklänge bis zu den tiefsten Tönen des jeweiligen Instruments mit Crescendo – oder umgekehrt), auch mit rhythmischen Elementen wie Tonrepetitionen, verschiedenen Artikulationsformen von weich bis hart akzentuiert und neuen Spieltechniken.

9. Die Punkt- und Halteklangfelder können in Tonhöhenbewegung geraten und dadurch weitere Texturen erzeugen, zum Beispiel ein Gewebe von Glissandobewegungen aufwärts-abwärts oder eine Vielzahl kleiner Melodiefragmente. Dies ermöglicht eine noch größere Variationsbreite von spannenden Prozessen der Klangverwandlung

Entstehung und Erarbeitung

Punkt und Linie als Grundelemente von Körper und Kunst – Das Zusammenspiel der Sinne als Basis graphischer Notation

Wer mit einfachen Mitteln zusammen mit anderen musizieren möchte, braucht bloß in Kontakt zu seinem Körper zu treten, auf dessen Klänge zu achten und diese bewusst hörbar zu machen: Herzschläge, Atemzüge, Ausdruckslaute, Bewegungen, Wortklänge – und schon hat man ein reiches Material für Klangexperimente und Gestaltungsformen aller Art. Wie könnte es auch anders sein, ist doch unser Körper – als leibseelischer Organismus – von Grund auf musikalisch. Die ersten und letzten Klänge des Menschen – elementare Laute und Lebensäußerungen – sind zugleich Grundelemente von Musik und Bildender Kunst: Puls und Atem, Punkt und Linie, der kurze Schlag und der lange Klang. Aus ihren Verbindungen und Differenzierungen – Punkt zu Linie zu Fläche zu Raum; horizontal, vertikal, diagonal, simultan etc. – ist im Laufe der Zeit eine unendliche Fülle komplexer musikalischer und bildnerischer Kunstwerke entstanden (vgl. Paul Klee 1920 und Wassily Kandinsky 1926/1973).

Das Improvisationsmodell *Puls und Atem – vokal und instrumental* knüpft daran an und formt aus den elementaren Klängen des Körpers ein spannendes Stück improvisierter Körpermusik mit kontinuierlichen Klangverwandlungen. Indem die Puls-/Punktklänge und ihre

Verwandlung von kurz zu lang (und umgekehrt) mit Mundgeräuschen, Atemklängen, Instrumenten hörbar und zugleich in graphischer Notation sichtbar gemacht werden, tritt das grundlegende Zusammenspiel der Sinne – Ohr, Tastsinn, Auge – deutlich zutage. Dabei offenbaren sich Gemeinsamkeiten der Künste, die in der ursprünglichen Einheit oder „Intermodalität der Sinne" ihren Grund haben (vgl. Brandstätter 2008, S. 147). Jede graphische Notation (als Zeichensystem), jede musikalische Graphik (als Zeichnung) aktiviert unseren ganzen Körper und lädt zu einem umfassenden Musikmachen mit Auge und Ohr, Hand und Hirn ein. Denn musikalisch-graphische Zeichen oder Zeichnungen basieren auf der Übereinstimmung von Tast-, Hör- und Gesichtssinn und sind dem Menschen quasi von Geburt an eingeschrieben. Die Möglichkeit eines Transfers zwischen den verschiedenen Wahrnehmungsmodi Hören, Sehen, Tasten etc. gründet in einer ursprünglich „amodalen", globalen Wahrnehmungsfähigkeit in Wesen und Entwicklung des Menschen. „So kann ein Rhythmus, zum Beispiel ‚lang – kurz' (– -) durch den Gesichts-, Hör-, Geruchs-, Tast- oder Geschmackssinn zum Ausdruck gebracht oder aus diesen Sinnen abstrahiert werden. Voraussetzung dafür ist, dass der Rhythmus irgendwo in unserem Innern in einer Form existiert, die nicht untrennbar an eine bestimmte Wahrnehmungsweise gebunden, sondern vielmehr abstrakt genug ist, um transmodal übertragen zu werden. Die Existenz dieser abstrakten Repräsentationen ‚amodaler' Eigenschaften ermöglicht uns eine einheitliche Wahrnehmung der Welt" (Daniel Stern 2003, S. 218). Folgende Übung kann uns diese „einheitliche Wahrnehmung der Welt" bewusst machen, die unser Alltagsleben unbewusst prägt.

Eine Übung zur Erfahrung des Zusammenspiels der Sinne

Wir schließen die Augen und fühlen unseren Pulsschlag. Wir verbinden unseren Puls mit leisen Mundgeräuschen, mit Lippen oder Zunge erzeugt. Was hören wir?

Wir verknüpfen dies nun mit einer Bewegung der Hand bzw. der Finger auf dem Tisch, dem Stuhl, dem Bein...
Was sehen wir dabei, zum Beispiel wenn wir die pulsierenden Bewegungen der Finger nicht auf dem gleichen Fleck realisieren, sondern wandern lassen, sei es horizontal oder in einem abgesteckten Raum, Rahmen, Quadrat oder Kreis? Stellen wir uns vor, wir haben Kreide oder Stifte in der Hand.

Nun fühlen wir wieder den Puls, imitieren ihn aber nicht mit Mund und Hand, sondern verbinden ihn mit einem fließenden Atemklang, zum Beispiel auf drucklosem und stimmlosem *sss*, dergestalt, dass zuerst zwei, dann drei, fünf und acht Pulsschläge durch den Atemstrom verbunden werden.

Nun zeichnen wir diesen Atemstrom mit der Hand mit. Was sehen wir dabei?
Und was geschieht, wenn wir dabei – beim Puls von Körper, Stimme, Hand einerseits und beim Strom von Atem und Fingerbewegungen andererseits – die Lautstärke und die Geschwindigkeit erhöhen?

Dieses Experiment, das unendlich weitergeführt und differenziert werden kann, macht deutlich: Jeder innere und äußere Körperimpuls ist mit einem Klang und einem „Bild" verbunden, aktiviert Ohr und Auge, ist akustisch, haptisch und visuell zugänglich zugleich. Und umgekehrt: Jeder optische Eindruck ruft einen Klang und eine Körperbewegung hervor.

Punkte als „Urelemente" von Malerei und Musik

Diese entwicklungspsychologisch begründete Korrespondenz von Hören, Sehen, Tasten etc. wird zu Beginn des 20. Jahrhunderts auf innovative Weise in der Kunstgeschichte wirksam. Indem Malerei und Musik sich aneinander orientieren, einander zum Vorbild nehmen und auf ihre Gemeinsamkeiten besinnen, entwickeln sie neue Formen und Stile wie die abstrakte Malerei und die musikalische Graphik. So bezieht sich der Komponist Roman Haubenstock-Ramati, von dem der Begriff „musikalische Graphik" stammt, in einem zentralen Text (vgl. Julia H. Schröder 2011, S. 284 ff.) auf Wassily Kandinskys Schrift *Punkt und Linie zu Fläche* (1926), in der die malerische „Komposition" in Analogie zur Musik auf ihren Kern zurückgeführt wird: den Punkt als knappste Form und „Urelement der Malerei und speziell der Graphik" (Kandinsky 1926/1973, S. 31). Ganz im Sinne intermodaler Entsprechungen weist Kandinsky nach: „Punkte sind in sämtlichen Künsten zu treffen" (ebenda, S. 39) – und in unseren Körpern, so können wir ergänzen. Und hier wie dort können sie sich zu Linien verbinden. Während Kandinsky dies am 1. Satz von Beethovens 5. Sinfonie graphisch veranschaulicht, gehen wir zurück auf den musikalischen Körper, der in seinen elementaren Lebensäußerungen gewissermaßen voller „Punkte und Linien" ist, mit denen man prima improvisieren kann. Grundlegend manifestieren sie sich im pochenden Herzschlag und im strömenden Atem. Sie müssen nur bewusst gemacht und erhört werden, um neue Gestaltungsformen hervorzurufen – die wiederum die Aufmerksamkeit auf die Sinnlichkeit und Musikalität des menschlichen Miteinanders wecken.

Übungen und Hinweise zur Erarbeitung des Modells

Zum „Aufwärmen" und Einschwingen in *Puls und Atem* bietet sich eine schöne Atem-Improvisation aus Pauline Oliveros' meditativer Hör-Schule *Deep Listening* an (Pauline Oliveros 2005, S. 10). Die Anweisung zu einer Ensemble-Improvisation mit Atemimpulsen lautet:

Standing in a circle, bring your attention to your breath. With short or longer puffs of air use the sound of breath to improvise a playful piece interacting with others for three to five minutes. Try not to vocalize the breaths. Notice any differences that you feel after the improvisation. Also reflect on the rhythms, texture and shape of the improvisation as if it were a composition.

Im Kreis stehend, richte Deine Aufmerksamkeit auf den Atem. Nutze mit kurzen oder längeren Luftstößen den Klang des Atems zur Improvisation eines spielerischen Stücks, in dem Du drei bis fünf Minuten mit anderen interagierst. Versuche den Atem nicht zu vokalisieren. Erspüre mögliche Unterschiede nach der Improvisation. Horche auch den Rhythmen, der Struktur und Form der Improvisation nach, als wäre es eine Komposition.
(Übersetzung W.R.)

Und in einem weiteren Schritt können die Dauern der „impulsiven" Atemimprovisation verlängert und mit Stimmklängen verbunden werden, indem der strömende Atem allmählich, zunächst auf *mmm*, vokalisiert und in der Gruppe zu einem abwechslungsreichen, an- und abschwellenden Klangteppich verwoben wird, der am Ende im Nichts verklingt.

Diese intuitive Atemimprovisation wird in *Puls und Atem – vokal und instrumental* in eine strukturierte Form gebracht. Der Prozess der improvisierten Klangverwandlung geschieht dabei in mehreren Schritten. Die Dauernverhältnisse der einzelnen Stationen sind bewusst nach den geschmeidigen Proportionen der Fibonacci-Reihe organisiert (2 – 3 – 5 – 8). Anders als in der vokalen Atemfassung können sie in der Version mit Instrumenten freilich nicht vom ertasteten Pulsschlag kontrolliert werden (Instrumentalisten brauchen in der Regel beide Hände). Doch auch die innerlich empfundenen Näherungswerte reichen vollkommen aus, um die Struktur des Klangverwandlungsmodells zu realisieren: die Idee von zunächst vereinzelten Punktklängen, die sich allmählich zu einem pointillistischen Punktklangfeld verdichten, um sich im nächsten Schritt zunehmend zu Linien zu verlängern und in eine Klangfläche aus Halteklängen zu verwandeln. Eine gute Orientierung bietet dabei die graphische Notation in Form von vier plus fünf Kästchen, die von einem Zeichengeber nacheinander angezeigt werden.

Dieser Prozess einer allmählichen *Klangverwandlung* (vgl. Karkoschka 1972, Anhang: Die Notationsbeispiele I) kann auch umgekehrt werden: von Klangfläche zu sich verflüchtigenden Punktklängen (Beginn mit Kästchen neun). Dies eröffnet die Möglichkeit, beide Fassungen miteinander zu kombinieren. Und durch Einführung von Parametern wie Tonhöhenbewegungen, Dynamik, Artikulation, Klangfarben etc. kann das Klangbild weiter differenziert werden. Wenn dadurch weitere Texturen aus Glissandobewegungen aufwärts–abwärts oder kleinen Melodiefragmenten entstehen, wächst der improvisatorische Gestaltungsspielraum erheblich; eine Vielzahl abwechslungsreicher Wege der Klangverwandlung, auch mit Verteilung mehrerer Ensemblegruppen im Raum, wird möglich. Die hier skizzierte Spielanweisung ist nur ein Beispiel von vielen Variations- und Erweiterungsmöglichkeiten des Modells, dessen mannigfache Klangverwandlungen mit sich erweiternden graphischen Notationsformen einhergehen.

Einbindung in Konzert und Unterricht

Das Improvisationsmodell *Puls und Atem – vokal und instrumental* habe ich in Kursen mit Schülern und Studierenden sowie in Einführungen zu Abschlusskonzerten von Improvisationsworkshops zusammen mit Hörerinnen und Hörern erprobt – und es gelingt und erfreut! Zudem kann das Modell wunderbar im Rahmen einer Konzert- und/oder Unterrichtsreihe zum Thema *Musik und Bildende Kunst im 20. Jahrhundert*, insbesondere zur kunstübergreifenden Gattung der musikalischen Graphik, erarbeitet und aufgeführt werden.

Literatur

Brandstätter, Ursula (2008), *Grundfragen der Ästhetik. Bild – Musik – Sprache – Körper*. Köln/Weimar/Wien.

Jewanski, Jörg/Düchting, Hajo (2009), *Musik und bildende Kunst im 20. Jahrhundert. Begegnungen – Berührungen – Beeinflussungen*. Kassel.

Kandinsky, Wassily (1926/1973), *Punkt und Linie zu Fläche. Beitrag zur Analyse der malerischen Elemente* (1926), 7. Auflage, mit einer Einführung von Max Bill. Bern-Bümplitz 1973.

Karkoschka, Erhard (1966), *Das Schriftbild der Neuen Musik. Bestandsaufnahme neuer Notationssymbole. Anleitung zu deren Deutung, Realisation und Kritik*: viertes Kapitel: Musikalische Graphik. Celle.

Karkoschka, Erhard (1972), *Komponiere selbst. Ein Baukasten aus Klang-, Zeit-, Raum- & Bewegungselementen* (rote reihe 32), Wien (Anhang: Die Notationsbeispiele I Klangverwandlung, erste Zeile).

Klee, Paul (1920/1976), *Schöpferische Konfession*. In: Edschmid, Kasimir (Hg.), Tribüne der Kunst und der Zeit. Eine Schriftensammlung, Band XIII. Berlin, S. 28–40 (auch in: Klee, Paul, *Schriften, Rezensionen und Aufsätze*, hg. von Christian Geelhaar. Köln, S. 18–22).

Oliveros, Pauline (2005), *Deep Listening. A Composer's Sound Practice* (Deep Listening Publications). New York/ Lincoln/ Shanghai.

Schröder, Julia H. (2011), *Musikalische Graphik*. In: de la Motte-Haber, Helga/Rilling, Lydia/Schröder, Julia H. (Hg.), Dokumente zur Musik des 20. Jahrhunderts, Teil 2 (Handbuch der Musik im 20. Jahrhundert, Band 14 – Teil 2). Laaber, S. 284–287.

Stern, Daniel (2003), *Die Lebenserfahrung des Säuglings*, Stuttgart 8/2003 (1. Auflage 1992, Originaltitel: The Interpersonal World of the Enfant. New York 1985).

4 Guggenmos muggen goes – Musik nach einem Gedicht

Material
Gedicht-Text und Klänge mit Stimme, Körper und Instrumenten; daraus entwickelte Kärtchen mit Schlüsselbegriffen und Stationen des Gedichts

Mitwirkende
5 bis 10 Spieler ab ca. 8 Jahren

Musikalische Vorkenntnisse
Notenkenntnisse erwünscht

Instrumentale Vorkenntnisse
Grundlegende Spielfertigkeiten im Fünftonraum

Instrumente
Stimme, Körper, Melodieinstrumente, Klavier, Gitarre, Schlag- und Alltagsinstrumente aller Art

Probenumfang
je nach Alter und Vorkenntnissen ca. zwei bis drei Proben

Aufführungsdauer
je nach Zahl der Mitwirkenden ca. 5 bis 10 Minuten

Verwendung
Improvisationsworkshops, Klassenunterricht und Schülervorspiele

Variationsmöglichkeiten
fantasievolle Ausschmückung und Weiterführung des Gedichts mit entsprechenden Improvisationsideen

Gattung
Vorschläge zur Improvisation nach einem Gedicht

Verwandte Modelle
3, 14, 15, 18

Material: Gedicht von Josef Guggenmos

Gelogen
„So schnell kriegt mich hier keiner mehr hoch!"
sprach ein müder Wanderer mit Schnaufen.
So sagte er. Und setzte sich
auf einen Ameisenhaufen.
(Josef Guggenmos 1990, S. 191)

Anregungen zur improvisatorischen Gestaltung

1. Lest bitte das Gedicht laut und ausdrucksvoll in verteilten Rollen vor, z. B. jeder eine Zeile oder einen Satz. Könnt Ihr Euch Klänge dazu vorstellen? Welche Laute kommen im Gedichttext besonders häufig vor?

2. Entwickelt eine Geschichte aus dem Gedicht und schildert die einzelnen Ereignisse. Woher kommt der Wanderer, wie lange ist er schon unterwegs, wo will er hin? Wie sieht er aus, was hat er an, was hat er dabei?

3. Setzt das Gedicht szenisch – in Bewegungen, Gesten, Pantomimen – um, während einer erzählt. Horcht auf die Klänge Eurer Aktionen. Wie klingt das, was der Wanderer sagt? Wie klingt „müdes Wandern", wie klingt „Schnaufen"? Wie klingt „Sich Setzen", wie ein „Ameisenhaufen"? Was macht der Wanderer nach dem „Sich Setzen auf einen Ameisenhaufen", und wie klingt das? Worin liegt der Clou des Gedichts, die Pointe? Warum lautet der Titel „Gelogen"? Wie geht die Geschichte weiter?

4. Notiert bitte die Schlüsselbegriffe und Stationen des Gedichts vom müden Wanderer, der sich in einen Ameisenhaufen setzt, in Stichworten auf mehreren Kärtchen (siehe Material: Beispiele für Kärtchen mit Schlüsselbegriffen und Stationen des Gedichts).

5. Findet und erfindet Klänge zu den Lauten, Begriffen und Begebenheiten auf den einzelnen Kärtchen – mit Eurer Stimme, Eurem Körper, auf Euren Instrumenten und auf den Gegenständen im Raum. Improvisiert zum Inhalt eines jeden Kärtchens. – Dieser und die folgenden Schritte können einzeln, in der Gruppe oder im ganzen Ensemble vorgenommen werden. Wenn sich mehrere Klanglösungen für ein Ereignis ergeben, stellen die Spieler sie den anderen vor und entscheiden gemeinsam darüber, welche in den gemeinsamen Improvisationsablauf kommen.

6. Notiert die Klänge auf den Kärtchen. Ihr könnt eigene Zeichen dafür erfinden. Wie könnte z.B. ein Zeichen für den Klang „müden Wanderns" aussehen?

7. Spielt, sprecht, singt Euch die notierten Klänge gegenseitig vor. Können Eure Mitspieler erraten, welches Kärtchen Ihr ausgewählt habt? Probiert auch aus, die Klänge ein wenig zu verändern, so dass sie immer wieder anders klingen.

8. Legt die Klang-Kärtchen in eine Reihenfolge und notiert dazu, wie lange jedes Kärtchen dauern soll und wer was spielt. Vielleicht kann ein Kärtchen schon beginnen, bevor das vorherige aufhört? Oder es können sogar zwei oder mehr Kärtchen gleichzeitig gespielt werden. Vielleicht kehrt ein Motiv oder Thema mehrmals in Abständen wieder, wie bei einem Rondo ... Probiert mehrere Möglichkeiten aus. – Wer gibt die Einsätze? Wie wollt Ihr den Zeitablauf gestalten?

9. Probiert mehrere Improvisationsmöglichkeiten aus und macht mehrere Durchläufe, auch mit spontanen Ideen, die Euch während des Spielens kommen.

10. Nehmt Eure Improvisationen auf Kassettenrecorder, digitalem Aufnahmegerät, Smartphone o. Ä. auf und hört sie Euch an. Seid Ihr zufrieden? Was könnte man noch anders machen?

Entstehung und Erarbeitung

Musik der Gedichte

Von allen dichterischen Gattungen ist die Lyrik der Musik am nächsten; nicht umsonst leitet sich der Name von einem Musikinstrument, der Lyra, ab. Gedichte sind voller Klang und komponierter Form, sie besitzen (traditionellerweise) Metrum und Rhythmus, enthalten einen immensen Beziehungsreichtum und eröffnen unendliche Assoziations- und Deutungsspielräume. (Ein prägnantes Beispiel ist die Schlusswendung „im Winde klirren die Fahnen" von Hölderlins *Hälfte des Lebens*, 1805.) Dadurch, dass Gedichte selbst „musikalisch" oder „musikabel" sind (Thrasybulos G. Georgiades), bieten sie sich für Vertonungen geradezu an. Dabei stellt ihre ästhetische Qualität und Vieldeutigkeit eine immense Herausforderung für Komponisten und, in anderer Form, für Improvisationsmusiker dar. Eine gründliche Beschäftigung mit Inhalt und Ausdrucksgehalt, Form und Struktur sowie eine hohe Sensibilität für Sprachklänge und -bezüge sind hier erforderlich, gepaart mit Klangfantasie, Freude an Klangerfindungen und Lust an formaler Gestaltung; sonst kann es passieren, dass die Improvisation über ein Gedicht schwuppdiwupp vorbei ist, bevor sie überhaupt angefangen hat, von einer nachhaltigen Steigerung der ästhetischen Erfahrung ganz zu schweigen.

Das kurze Gedicht des Kinderlyrikers Josef Guggenmos (1922–2003) soll hier exemplarisch für Improvisationen über poetische Texte stehen, die durch Musik eine andere Klangsinnlichkeit erhalten – sei es, dass die Improvisation der Vorlage eine neue ästhetische Dimension verleiht, sei es, dass sie sich von der Sprache löst und den Text ganz in eine eigenständige Musik transformiert (vgl. Gruhn 1978, unter notationspädagogischen Gesichtspunkten Röbke 1990, S. 181 f.; zu bedenken ist freilich, dass jeder Text, jedes Gedicht sein eigenes Gesicht und Gesetz hat, das auf je besondere Weise musikalische Form annehmen kann, bis hin zum Schweigen und zur Stille.).

Die Musik des Guggenmos-Gedichts

Guggenmos' Kurzgedicht *Gelogen* beschreibt eine lebensnahe Szene, die beim ersten Lesen, Vorlesen und Hören bereits eine Fülle von Klangassoziationen hervorruft. Das Gedicht ist voll innerer (phonetischer) und äußerer (realer) Klänge, mit auffallend vielen Reibe- und „Schnauflauten" (sch, ch, klingendes s) und dem kribbelnden Ameisenhaufen am Schluss. So sorgt der Dichter mit dem letzten Wort für eine absolute Überraschung und plötzliche Umkehrung alles Geschilderten und Gesagten, das sich im Nachhinein als unwissentlich „gelogen" erweist (verbunden möglicherweise mit einem Quäntchen Schadenfreude beim Leser/Hörer). Jedes einzelne Wort, jede Wortverbindung enthält musikalische Elemente, von den Phonemen über den Wortklang bis zum beschriebenen Inhalt; und als Ganzes verlangt das Gedicht förmlich danach, musikalisch gesprochen, geatmet, geschnauft, gesagt, gesetzt, gesungen, gesprungen, kurz: improvisatorisch oder kompositorisch in Musik verwandelt zu werden.

Schöpferische Arbeit mit Wortklängen und Sprachlauten

Die musikalisch-schöpferische Arbeit mit Wortklängen und Sprachlauten steht in der großen Tradition der Sprechkünste und Sprachmusiken des 20. Jahrhunderts vom Dadaismus bis Dieter Schnebel u. a. (vgl. Gruhn 1978 und Meyer-Kalkus 2001). Dazu zählen auch die Arbeiten des kanadischen Komponisten und Klangforschers R. Murray Schafer, der in seinem *buch von singen und sagen* (Wien 1972) darauf zielt, „den elementaren Wortlaut wieder zur Geltung zu bringen, noch einmal von ganz vorn anzufangen, ähnlich wie der Mensch der Frühzeit, der zwischen Singen und Sprechen, Sagen und Sich-hören-lassen noch nicht unterscheiden konnte." (Schafer 1972, S. 6). Und so wie Schafer sich wünscht, er könnte „dieses Buch singen und lautieren und flüstern und brüllen" und es „aus der bleiernen Stille seiner Buchstabengruft herausholen" (ebd.), so mögen die musikalischen Fantasien zu Josef Guggenmos' Wanderer-Gedicht den Buchstaben sprengen und zurück verflüssigen in die lebendige musikalische Bewegung, Gestik, Artikulation, der es entstammt, und zwar nicht nur mit der Stimme, sondern mit allem, was Klänge erzeugt und ordnet. „Daß Sie es tönen lassen, dieses Buch" (ebd.), das gilt auch für das Gedicht.

Anregungen zur improvisatorischen Umsetzung

In diesem Sinne kann die Improvisation über das Gedicht von Guggenmos, der dadurch quasi „muggen goes" (zum Hintersinn des Schüttelreims siehe Anmerkung unten), mit allen Klangerzeugern, mit Körperklängen und Bewegungen, mit Atem, Stimme und Instrumenten, rein musikalisch und/oder szenisch-theatralisch, in verschiedensten Formverläufen umgesetzt werden; die Fantasie kennt hier keine Grenzen – solange sie die Qualität des Gedichts in die musikalische Qualität unerhörter Klänge, neuer Klangkonstellationen und sinnfälliger Strukturen verwandelt. Dazu mögen die Hinweise zur improvisatorischen Gestaltung anregen, die ebenso wie die Wort- und Klangkärtchen bewusst offen gehalten sind, weniger Spielanweisungen als exemplarische Spielanregungen. Aus der Beschäftigung mit dem Gedicht in einem Improvisationsseminar an der Robert Schumann Hochschule Düsseldorf entstand zudem ein kleines Werk eines damaligen Kompositionsstudenten: Malte Mekiffers *Guggenmos Concerto* für Soloinstrument und Chor (2007), das hier als Beispiel für eine Vertonung und als Impuls für weitere improvisatorische Gestaltungen dienen möge (siehe S. 37, Abdruck mit freundlicher Genehmigung des Komponisten).

Anmerkung: Unter einer Mugge (auch Mucke) versteht man ein bezahltes „musikalisches Gelegenheitsgeschäft" – hier im schöpferischen Sinne gemeint als Aufgreifen und Ausschöpfen eines Gedichts für das gemeinsame Musizieren und Improvisieren bei verschiedenen Gelegenheiten.

Einbindung in Konzert und Unterricht

Guggenmos muggen goes eignet sich für alle Anlässe, in denen es um gemeinsames Erfinden, Improvisieren und Aufführen von Musik nach Gedichten und Geschichten geht: Improvisationsworkshops, Klassenunterricht, auch fächerübergreifender Unterricht in der Verbindung von Musik und Sprache. Wenn die Improvisation eine gute Gestalt annimmt, kann sie auch auf Schülervorspielen aufgeführt werden, wobei der Prozess der Erarbeitung im Ensemble allerdings genauso wichtig und vielleicht noch wichtiger ist als das Ergebnis.

Literatur

Gruhn, Wilfried (1978), *Musiksprache, Sprachmusik, Textvertonung. Aspekte des Verhältnisses von Musik, Sprache und Text*. Frankfurt am Main.

Guggenmos, Josef (1990), *Oh, Verzeihung, sagte die Ameise. Ein Kinderbuch mit Bildern von Nikolaus Heidelbach*. Weinheim und Basel.

Meyer-Kalkus, Reinhart (2001), *Stimme und Sprechkünste im 20. Jahrhundert*. Berlin.

Röbke, Peter (1990), *Der Instrumentalschüler als Interpret. Musikalische Spielräume im Instrumentalunterricht*. Mainz.

Schafer, R. Murray (1972), *...wenn wörter klingen. das neue buch von singen und sagen*. autorisierte deutsche fassung von friedrich saathen (= rote reihe 37). Wien.

■ Material: Beispiele für Kärtchen mit Schlüsselbegriffen und Stationen des Gedichts von Josef Guggenmos

Der Wanderer Alter, Gestalt, Kleidung, Ausstattung Klänge des Wanders	*Müdigkeit* Klänge der Müdigkeit und müden Wanderns
Schnaufen Atem- und Körperklänge	*Sprechen mit Schnaufen* Klänge schnaufenden Sprechens
Stehenbleiben Stille	*„So schnell kriegt mich hier keiner mehr hoch!“* Klang wörtlicher Rede – Sprachmusik Atem- und Reibelaute: s – sch – ch – h Vokale/Diphthong: o – e – ie – i – ie – ei – e – o Explosiv- und Nasallaut: k – m Verschiedene Tonfälle – Ausruf
„So sagte er“ Zäsur	*Setzen* Musikalische Gesten des Setzens
Ameisenhaufen Wie klingt ein Ameisenhaufen?	*Reaktion darauf:* Schnell hoch – also: „Gelogen“ ... und das Wandern geht wieder weiter

Guggenmos Concerto

„So schnell kriegt mich hier keiner mehr hoch!“
sprach ein müder Wanderer mit Schnaufen.
So sagte er. Und setzte sich auf einen Ameisenhaufen.
Josef Guggenmos

Malte Mekiffer
2007

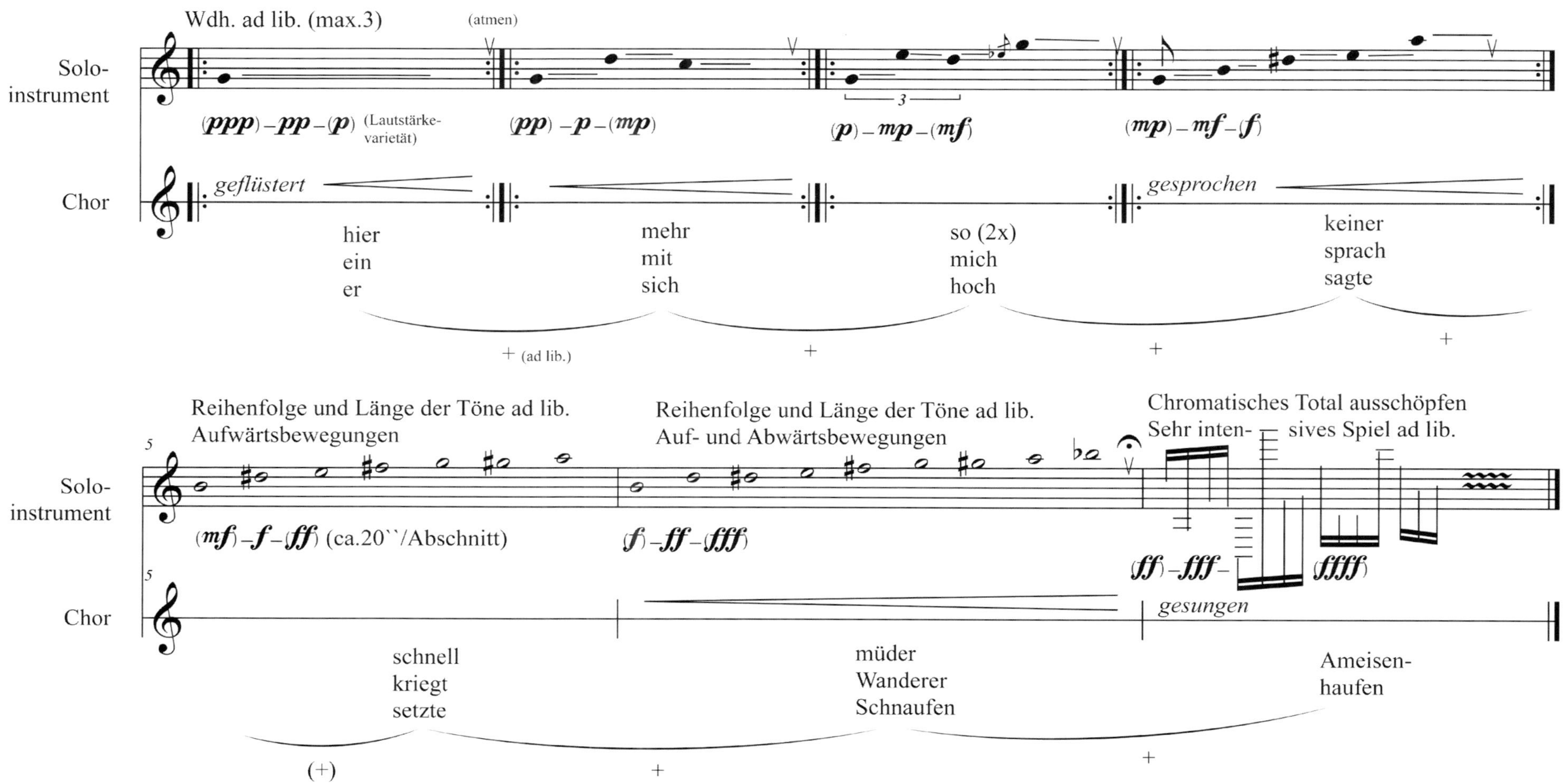

5 Der Body Blues – Körpermusik und Instrumente

Spielanweisung

I. Body Music mit vier Patterns

1. Die Spieler stehen im Kreis und wippen mit den Beinen in Halben = ca. 80 hin und her; die Viertel auf den Zählzeiten 2 und 4 werden zunächst geklatscht oder geschnipst und später als durchlaufender Viertelpuls empfunden.

2. Der Ensembleleiter zählt vor und demonstriert mit Einsatzatem das **Body Music-Pattern A =** drei Viertelschläge (3er-Schlag) plus Viertelpause:
1 In-die-Hände-Klatschen vor dem Körper in Höhe des Brustkorbs – **2** rechte Hand klatscht auf die rechte Brustseite (neben Brustbein) – **3** linke Hand klatscht auf die linke Brustseite – **4** Viertelpause
Alle machen das Pattern nach und wiederholen es mehrmals, bis es schön klingt und schwingt. Die Eins (Hände-Klatschen) wird etwas betont.

3.Vormachen, Nachmachen und mehrfaches Wiederholen von **Body Music-Pattern B** = fünf Viertelschläge (5er-Schlag) plus Viertelpause:
1 Hände-Klatschen (etwas akzentuiert) – **2** rechte Hand auf rechte Brustseite – **3** linke Hand auf linke Brustseite – **4** rechte Hand auf rechten Oberschenkel – **5** linke Hand auf linken Oberschenkel – **6** Viertelpause

4. Vormachen, Nachmachen und Wiederholen von **Body Music-Pattern C** = sieben Viertelschläge (7er-Schlag) plus Viertelpause:
1 Hände-Klatschen – **2** rechte Brustseite – **3** linke Brustseite – **4** rechter Oberschenkel – **5** linker Oberschenkel – **6** rechte Hand auf rechte Gesäßhälfte – **7** linke Hand auf linke Gesäßhälfte (dabei etwas in die Knie gehen) – **8** Viertelpause

5. Vormachen, Nachmachen und Wiederholen von **Body Music-Pattern D** = neun Viertelschläge (9er-Schlag) plus Viertelpause:
1 Hände-Klatschen – **2** rechte Brustseite – **3** linke Brustseite – **4** rechter Oberschenkel – **5** linker Oberschenkel – **6** rechte Gesäßhälfte – **7** linke Gesäßhälfte – **8** mit dem rechten Fuß aufstampfen – **9** mit dem linken Fuß aufstampfen – **10** Viertelpause

Material
Body Music, Blues-Harmonik und Blues-Skala

Mitwirkende
mindestens 4 bis 16 und mehr Spieler ab ca. 8 Jahren bzw. ab einem bis zwei Jahren Instrumentalunterricht

Musikalische Vorkenntnisse
Noten- und Rhythmuskenntnisse

Instrumentale Vorkenntnisse
Grundlegende Spielfertigkeiten im Oktavraum; für Anfänger und Fortgeschrittene gleichermaßen geeignet

Instrumente
Körper, Melodieinstrumente, Klavier, Gitarre, Schlaginstrumente

Probenumfang
je nach Alter und Vorkenntnissen ca. zwei bis drei Proben

Aufführungsdauer
je nach Zahl der Mitwirkenden ca. 5 bis 10 Minuten

Verwendung
Improvisationsworkshops, Ensemble- und Klassenunterricht, Schülervorspiele

Variationsmöglichkeiten
Reduktion und Erweiterung des Tonmaterials

Gattung
Verbale Spielanweisung mit Notation der Instrumental-Patterns und der Blues-Tonleiter

Verwandte Modelle
2, 3, 8, 9, 14, 15

Notenbeispiel 1: Pattern-Rhythmusgruppe auf C

1. Gruppe = Pattern A:

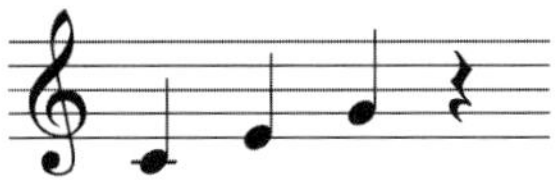

2. Gruppe = Pattern B:

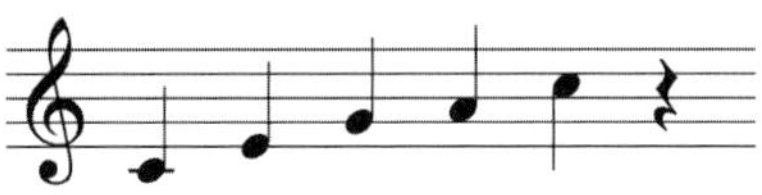

3. Gruppe = Pattern C:

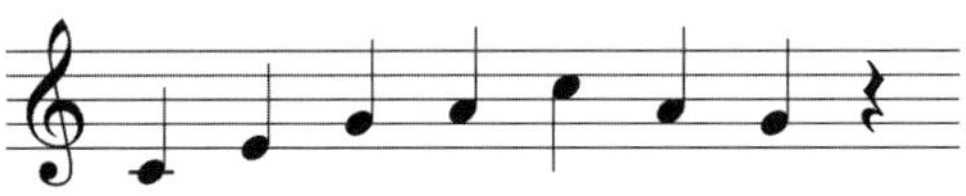

4. Gruppe = Pattern D:

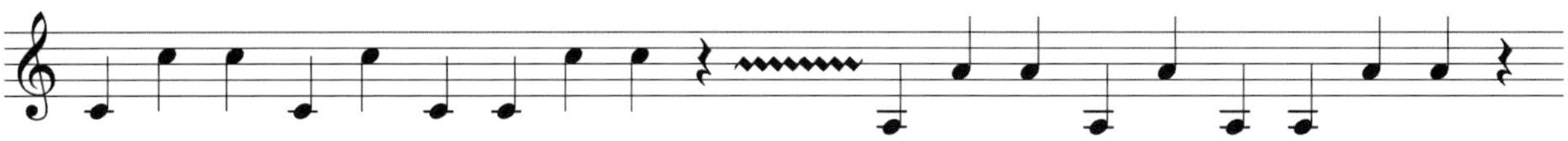

nach einigen Takten Wechsel zu *a* und nach einigen Takten wieder zurück zu *c*.

6. Wenn die vier Patterns auf der Basis des schwingenden Halbe-Grundpulses sicher sitzen und gut „grooven", werden vier Gruppen gebildet: 1. Gruppe = 3er-Schlag, 2. Gruppe = 5er-Schlag, 3. Gruppe = 7er-Schlag, 4. Gruppe = 9er-Schlag. Die erste Gruppe beginnt mit ihrem 3er-Pattern, nach vier Wiederholungen setzt die 5er-Gruppe ein, danach die 7er-Gruppe und zum Schluss die 9er-Gruppe. Das ganze Ensemble pulsiert in den verschiedenen Patterns und genießt die Phasenverschiebungen der einzelnen Anschläge.

II. Übertragung auf Instrumental-Patterns

7. Die Body Music-Patterns verwandeln sich in Instrumental-Patterns, indem die 3er-, 5er-, 7er- und 9er-Beats auf drei, fünf, sieben und neun Töne übertragen werden. Es bilden sich vier Instrumentalgruppen mit folgenden Dreiklangs- bzw. Vierklangs-Tönen (Dur-Dreiklang mit Sixte ajoutée = hinzugefügter Sexte) und einer rhythmischen Oktav-Repetition (9er-Gruppe, aufgeteilt in 3 mal 3 Anschläge) (siehe oben, Notenbeispiel 1).
Wie oben beschrieben setzen die Gruppen mit ihren Patterns nacheinander ein und erzeugen einen Gesamt-Groove mit charakteristischen Phasenverschiebungen. Es können auch experimentelle Klänge, zum Beispiel Atemklänge oder perkussive Aktionen auf dem Instrument, hinzukommen, ebenso verschiedene Artikulationsformen, Lautstärken und Einwürfe langer Rufnoten – alles ist möglich, solange alles swingt und groovt.

III. Rhythm-Groove mit Solo-Improvisationen

8. Während der Rhythm-Groove im Tutti weiterläuft, treten einzelne Spieler nacheinander hervor und improvisieren solistisch mit dem gleichen Tonmaterial:

Notenbeispiel 2

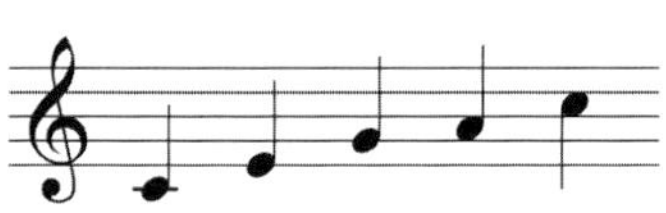

9. Das Tonmaterial der Solo-Improvisationen wird je nach Spielfertigkeit durch charakteristische Blue Notes und die zweite Stufe der Tonleiter (Ton *d*) erweitert. Die Spieler improvisieren je nach Können mit dem Material der Bluestonleiter auf C und in der parallelen Molltonart A (Bluestonleiter in Moll):

Notenbeispiel 3

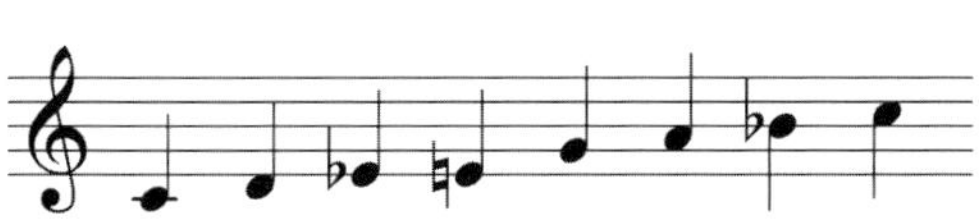

Notenbeispiel 4

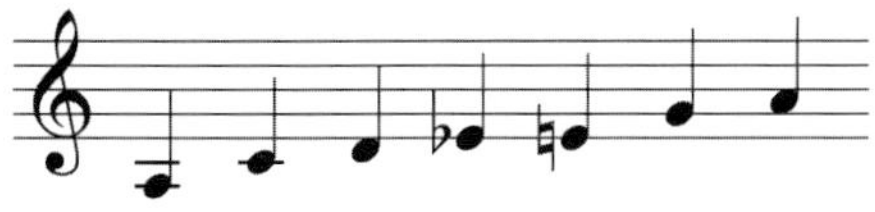

10. Während der Solo-Improvisationen spielen die anderen leiser, setzen aus oder mischen sich mit sparsamen Einwürfen ein. Die Dynamik wird wieder angehoben, wenn eine Solo-Improvisation beendet ist bzw. bevor die nächste beginnt. Es können sich auch Zweier- oder Dreiergruppen bilden, die miteinander in einen improvisatorischen Dialog treten (call and response-Prinzip, Wechsel von Ruf und Antwort in der vokalen Ursprungsform des Blues).

11. Wenn alle Spieler ihre Solo-Improvisationen beendet haben, steigert sich das Tutti noch einmal zu einem dynamischen Höhepunkt. Danach blenden sich die einzelnen Gruppen sukzessive aus: Zuerst decrescendiert die 9er-Gruppe ins Nichts, dann die 7er-Gruppe, dann die 5er-Gruppe – bis die anfängliche 3er-Gruppe mit dem Basis-Pattern *c – e – g* übrig bleibt und verklingt.

12. Parallel zu diesem Abbau und Ausklang kann die instrumentale Version sich wieder zurückverwandeln in die Body Music, aus der sie entstanden ist. Das Stück verklingt mit den immer leiser werdenden Body-Patterns, die zum Schluss nur noch als Fingertippen erscheinen. Body Music- und Instrumental-Patterns können auch gleichzeitig von Spielern ohne Instrumente und mit Instrumenten ausgeführt werden.

Entstehung und Erarbeitung

Body Music und die Idee der Übertragung auf Instrumente

Das Improvisationsmodell *Body Blues* folgt, wie *Puls und Atem – vokal und instrumental*, der Grundidee, dass man mit den Klängen des musikalischen Körpers, diesmal als Resonanzkörper genutzt, jederzeit, an jedem Ort, mit jedermann Musik machen und improvisieren kann. Die beidseitig den ganzen Körper „heruntertropfende" Body Music von Keith Terry brachte mich auf die Idee, die Patterns des Modells auf Töne zu übertragen, deren Harmonik und Rhythmik als Fundament für verschiedene Formen der Akkord-Skala-Improvisation fungieren können. Die Blues-Fassung dieses Ansatzes wurde Ende 2009 in einem Improvisationsseminar an der Robert Schumann Hochschule von den Studenten Leonhard Breith und Benjamin Kaapke vorgestellt, die der Aufgabe, das Konzept der „Body Music" von Keith Terry bzw. dessen Anwendung in Schulklassen durch Doug Goodkin in ein instrumentales Improvisationsmodell zu verwandeln, auf originelle Weise nachkamen (vgl. Ortrud Borchardt / Jens Holm 1998). So entstand der *Body Blues*, der seitdem viele Male nachgespielt und verfeinert und jedes Mal anders zum Erklingen gebracht worden ist.

Blues elementar – Harmonik und Skalentöne – Blue Notes

Das Improvisationsmodell arbeitet mit wesentlichen Elementen des Blues als zunächst vokaler, dann auch instrumentaler „Urform", Quelle und „Essenz des Jazz" (Riemann Sachlexikon Musik, Art. *Blues*, und Leonard Feather, zit. nach Sandner 1982, S. 51 f.), ohne auf die verschiedenen harmonischen Takt-Schemata des Blues Bezug zu nehmen. So bleibt das Modell mit Anfängern realisierbar und bildet zugleich einen guten Einstieg in die weiterführende Beschäftigung mit dem Blues und den verschiedenen Varianten der formal ausgewachsenen, zumeist zwölftaktigen Blues-Improvisation.

Entscheidend für den Geist und Klang des *Body Blues* ist das Improvisieren mit der zunächst auf wenige Töne reduzierten „archaischen", dann durch die charakteristischen Blue Notes geprägten Blues-Skala auf der Basis einer vereinfachten Harmonik, bestehend aus dem Dur-Dreiklang mit hinzugefügter Sexte. Dies entspricht – unter Auslassung der zweiten Stufe – der „Form der Fünftonskala, die die amerikanischen Schwarzen verwenden, und die mit dem europäischen Dur (und parallelen Moll) harmoniert", nämlich der Stufenfolge 1 (2) 3 5 6 (Bohländer u.a. 1989, S. 378). Diese Töne – in unserem Beispiel *c – e – g – a – (c')* – lassen sich in ihrer aufbauenden Folge aufwärts (3er- und 5er-Gruppe) und abwärts (7er-Gruppe) zusammen mit der repetierten Oktave (9er-Gruppe) prima den Body Music-Beats zuordnen und etablieren eine pulsierende Harmonik, die die Basis der Solo-Improvisationen bildet.

Das Tonmaterial der Solo-Improvisationen besteht für Anfänger zunächst aus den gleichen vier Skalentönen *c – e – g – a* (= 1 3 5 6), die die harmonisch-rhythmische Basis der Tutti-Gruppe bilden. Ergänzt wird dieses einfache Tonmaterial durch die charakteristischen Blue Notes: die kleine Terz und die kleine Septime, genauer gesagt: die zwischen großer und kleiner Terz sowie zwischen großer und kleiner Septime liegenden Intervalle, die im temperierten europäischen System zwar nicht direkt vorkommen, aber durch Tricks annähernd realisiert werden können: indem die beiden benachbarten Töne *es* und *e*, typisch für den Blues, nacheinander oder gemeinsam gespielt werden (letzteres z. B. am Klavier) oder indem zwischen ihnen hin- und hergeglitten und glissandiert wird. Auf Streich- und Blasinstrumenten ist dies typische Schleifen der Blue Notes ebenso gut realisierbar wie auf der Gitarre, die den gegriffenen Ton gleitend hochziehen kann (das sogenannte „Bending"). Die dritte (nach der erniedrigten 3. und 7. Stufe) charakteristische Blue Note liegt zwischen reiner und verminderter Quinte – in temperierter C-Tonalität das *ges* – und kann ebenfalls zum Tonmaterial der Improvisationen hinzugefügt werden.

Zum Ausdruckscharakter – Der Blues als „existenzielle Musik"

Der schwebende Charakter der Bluestonleiter mit ihren Blue Notes und möglichen Reibungen zwischen Harmonik (Dur-Terz) und Melodik (Blue Note bzw. Moll-Terz) spiegelt den besonderen Stimmungsgehalt des Blues, der nicht nur melancholisch, sondern ebenso vital und widerständig ist. Auch wenn der Wortursprung *blue (devil)s* und die Redewendung „to have the blues", „traurig, deprimiert sein" („I've got the blues") auf das sogenannte *Blues Feeling* verweisen, ist der Gefühlsausdruck alles andere als eindeutig. „Auch er (der Blues) beschwört, setzt sich mit den Beschwernissen des Lebens auseinander. Seine emphatische Erregung, die Anrufungen, die Nachdrucksverstärkung, die blue notes sind nicht traurig, weil er gar keine Klage ist. Er ist Anklage, ist Anprangerung, verspottet, verhöhnt. Er ist die Bewältigung all dessen, wovon er singt." (Alfons Dauer, zit. nach Sandner 1982, S. 49) Und in den Worten des Filmregisseurs Wim Wenders: „Es ist eine ganz existenzielle Musik, die hilft, das Leben zu bewältigen. Der Rhythmus hat etwas von einem Herzschlag, von gleichmäßig gehen."

Hinweise zur Erarbeitung

In diesem Sinne sollte der *Body Blues* erprobt und behandelt werden: als eine existenzielle Musik, die jede/n betrifft und mit der sich jede/r auf seine/ihre eigene Weise ausdrücken kann. Für die Erarbeitung der Body Music-Pattern am Anfang ist es entscheidend, dass die Klanggesten qualitätvoll ausgeführt werden. Jede Geste ist etwas Gepflegtes, und Klatschen ist nicht gleich Klatschen, sondern braucht Körpergefühl und Klangsinnlichkeit. Entscheidend ist, *wie* man in die Hände, auf die Brust, die Oberschenkel, die Pobacken klatscht (oder patscht), wie elegant man stampft und wie man sich dabei bewegt; dies ist gut zu üben, auf die Klangqualität der einzelnen Anschläge und auf die Elastizität der Patterns ist bei der Erarbeitung größter Wert zu legen. Um der Präzision und Erkennbarkeit der 3er-, 5er-, 7er- und 9er-Pattern willen ist es wichtig, dass der Beginn jeweils einen kleinen Akzent erhält und die anderen Anschläge locker abtropfen, quasi den Körper herunter perlen; so kann ein gemeinsamer Swing und Groove entstehen, der musikalischen Sinn und Spaß macht zugleich. Dies gilt auch für die Übertragung auf die Instrumental-Patterns, die ebenso körpergestisch klar und gelöst zugleich gespielt werden sollten. Für die Solo-Improvisationen empfiehlt es sich, von erfahrenen Bluesmusikern zu lernen und sich Blues-Klassiker von W. C. Handy („Memphis Blues", „St. Louis Blues"), Muddy Waters, John Lee Hooker, B. B. King und anderen anzuhören.

Einbindung in Konzert und Unterricht

Der *Body Blues* eignet sich für Improvisationsworkshops und Klassenunterricht, Schülervorspiele und Improvisationskonzerte gleichermaßen und kann auf einer nach oben offenen Qualitätsskala von Anfängern und Fortgeschrittenen ausgeführt werden. Als Modell für das Klassenmusizieren kann er eine Unterrichtsreihe zum Thema Blues/Jazz bereichern und das ästhetische Verstehen durch praktisches Tun fundieren.

Literatur

Artikel „Blues". In: *Riemann Sachlexikon Musik*, herausgegeben von Wilibald Gurlitt und Hans Heinrich Eggebrecht. Mainz 1996, Sp. 114 f.

Bohländer, Carlo/Holler, Karl Heinz/Pfarr, Christian (1989), *Reclams Jazzführer*. Stuttgart 3/1989 (1. Auflage 1970).

Borchardt, Ortrud/Holm, Jens (1998), *The Rhythm of the Funky-Body-Beat*. In: Musik & Bildung 4/1998, S. 52–55.

Sandner, Wolfgang (1982), *Jazz. Zur Geschichte und stilistischen Entwicklung afro-amerikanischer Musik*. Laaber.

6 Base Place – nach Karlheinz Stockhausens *Treffpunkt* (1968)

Spielanweisung

Spielt alle denselben Ton, jede/r für sich.
Das ist Euer *Base Place*-Ton.

Spielt den Ton mal laut, mal leise,
mal lang, mal kurz.

Macht Pausen dazwischen und hört den anderen zu.

Nehmt nach einer Weile einen zweiten Ton hinzu und
kommt immer wieder zum ersten Ton zurück.

Nehmt nach einer Weile einen dritten, dann einen vierten Ton
hinzu und kommt immer wieder zum ersten Ton zurück.

Führt den ersten Ton zu den anderen Tönen, wie
Ihr denkt, und spielt die Töne im deutlichen Wechsel. Kommt immer wieder zum ersten Ton zurück.

Ein Spieler gibt als gestischer Uhrzeiger die
Zeit an, z.B. pro Viertelkreis 1 Minute
erster Viertelkreis *Base Place*-Ton
zweiter Viertelkreis plus zweiter Ton
dritter Viertelkreis plus dritter Ton
vierter Viertelkreis plus vierter Ton

--- und zurück.

Entstehung und Erarbeitung

Treffpunkt von Karlheinz Stockhausen als Ausgangsmodell

Die Vorlage für das Musiziermodell *Base Place* bildet Karlheinz Stockhausens Textkomposition *Treffpunkt* aus dem Zyklus *Aus den sieben Tagen*, Kompositionen Mai 1968. Dies ist ein Klassiker der sogenannten *intuitiven Musik* – einer „Musik, die aus der geistigen Einstimmung der Musiker durch kurze Texte entsteht" (Stockhausen 1971, S. 123). Das Schöne daran ist, dass man mit wenig Material – Minimum ein Ton – und äußerst sparsamen Aufführungsanweisungen viel Musik machen und einen Raum füllenden Ensembleklang erzeugen kann. *Treffpunkt* „funktioniert" immer, ist aber

Material
Ein bis vier Töne und mehr, ggf. mit Veränderungen

Mitwirkende
5 bis 50 Spieler und mehr ab ca. 6 Jahren bzw. ab ca. einem Jahr Instrumentalunterricht

Musikalische Vorkenntnisse
Elementare Kenntnisse von Tönen von einem Zentralton aus

Instrumentale Vorkenntnisse
Grundlegende Spielfertigkeiten im Fünftonraum; nach oben offen, d. h. für Anfänger, Fortgeschrittene und Profis gleichermaßen geeignet

Instrumente
Alle Instrumente mit distinkten Tonhöhen inkl. Stimme

Probenumfang
spontan realisierbar

Aufführungsdauer
je nach Zahl der Mitwirkenden ca. 5 bis 10 Minuten

Verwendung
Improvisationsworkshops, Schülervorspiele und professionelle Konzerte

Variationsmöglichkeiten
Karlheinz Stockhausens *Treffpunkt* original

Gattung
Verbale Spielanweisung

Verwandte Modelle
1, 7, 10, 20

auf einer anspruchsvollen Text-Ebene angesiedelt, die eine intensive Beschäftigung erfordert und etliche Interpretationen erlaubt. Die Spielanweisung lautet:

TREFFPUNKT

Alle spielen denselben Ton

Führe den Ton, wohin Deine Gedanken
Dich auch führen
Verlasse ihn nicht, bleibe bei ihm
Komme immer wieder
zum gleichen Ort zurück

Zur Interpretation von *Treffpunkt*

Bei einer genauen Lektüre fällt auf, dass bereits das Wort „Ton" mehrere Deutungsmöglichkeiten enthält: Es kann ein bestimmter Ton gemeint sein, z. B. *d*, den alle spielen. Es kann sich aber auch um einen Ton im Sinne von „Tonfall" handeln, auf den sich das Ensemble einigt. Und es kann „ein komplexer *kollektiver* Ton sein [...] mit einem mehr oder weniger reichen Innenleben" (Stockhausen 1978, S. 119). Ebenso vieldeutig und vordergründig paradox mag es erscheinen, „daß jeder den Ton dahin führt, wohin seine Gedanken ihn führen, und daß dennoch jeder bei diesem Ton bleiben soll" (ebd.). Was bedeutet es, dass die Gedanken den Spieler führen und nicht umgekehrt? Schwingt da mit, dass wir nicht gänzlich über unsere Gedanken verfügen – eine aus neurowissenschaftlicher Sicht heute durchaus aktuelle Vorstellung? Bedeutet es, dass wir die Klammer unseres denkenden Ichs lösen mögen, um den Gedanken freien Lauf zu lassen, und dass wir gleichzeitig bei uns und beim „Ton" bleiben bzw. immer wieder zurückkehren sollen, ein Ineinander von unbewussten und bewussten Impulsen? Und wie ist das Verhältnis von gelösten Gedanken und geführtem Ton, wie verhält sich Innen zu Außen, Mentales zu Instrumentalem, Geist zu Materie? Wohin den Ton führen, ohne ihn zu verlassen, fragt sich, und woher zurückkehren?

Der Text changiert zwischen Feststellung („Alle spielen denselben Ton") und vierfacher Aufforderung mit widersprüchlichem Charakter: „Führe ihn – verlasse ihn nicht – bleibe bei ihm – komme zurück". Statik und Dynamik, Zustand und Entwicklung, Zentrierung und Zerstreuung scheinen hier zusammenzufallen, ja die Spielanweisung mutet an wie ein paradoxes zen-buddhistisches Koan, über das es musikalisch zu meditieren gilt.

Stockhausen erläutert: „Tatsächlich geschieht es [...] bei Spielern, die nicht kämpferische, egoistische Absichten verfolgen, daß ihre Gedanken sich auf diesen einen kollektiven Ton konzentrieren und daß, wenn einer den Ton mit seinen Gedanken fortführen will, die anderen nachgeben; und daß man nach solchen Exkursionen *immer wieder zum gleichen Ort zurückkehrt*, der dadurch zum TREFFPUNKT wird. Natürlich gibt es dabei auch alle möglichen Unvorhersehbarkeiten, ‚Störungen', Wartemomente, manchmal auch Konflikte, wenn mehrere gleichzeitig oder fast gleichzeitig ansetzen, ‚den Ton anzugeben', wenn jemand nicht zurückfindet, sich von seinen Gedanken forttreiben lässt, nicht zurück will, gegen den ‚Ort' oder die Richtung des anderen protestiert, ausbrechen möchte usw." (ebd.).

Treffpunkt gibt also viel zu überlegen und zu diskutieren, zu spielen und auszuprobieren. Ein ganzes Spektrum musikalisch-sozialer Verhaltensweisen und Realisationen ist hier möglich, je nach Zusammensetzung des Ensembles und nach Situation der Aufführung, von zaghaft bis rauschhaft, zurückhaltend bis offensiv, voll intensiver Klangverläufe und überraschender Wendungen in der wechselseitigen Inspiration der Ensemblemitglieder.

Hinweise zur spieltechnischen Erarbeitung

Und kaum ein anderes Werk erfordert es geradezu, etliche musikalische Klangformen und Spieltechniken zu erproben, die einen Ton bzw. Klang anreichern, in Bewegung setzen und weiter „führen": Oktavwechsel, Rhythmen und Lautstärken, Artikulation und Akzentuation, Pausen, plötzliche Ausbrüche und vieles mehr. Mit wachsender Ensemblepraxis und Einstimmung aufeinander werden die Mittel der „Fortführung" mutiger und experimenteller, der Klang schillert und pulsiert in allen Registerlagen und Farben, angereichert durch Vibratoformen und mikrotonale Schwankungen, kleinere und größere Glissandi in verschiedene Richtungen, Triller und Tremoli, Umspielungen, Wellenbewegungen und Intervallspannungen um den Ton herum, auf dem sich alle immer wieder treffen, durch Klangfarbenwechsel und all die spezifischen avantgardistischen Spieltechniken der einzelnen Instrumente, die den Ton leben, toben, sterben, sich verwandeln lassen: frullato (Flatterzunge), con voce (mit Stimme), Slaps, Flautando, Flageolett- und Mehrklänge bei den Blasinstrumenten, (Bartók-) Pizzicato, col legno, sul ponticello etc. bei den Streichern, im Innern des Klaviers, die Saiten streichend, mit Pedalisierungen und Präparationen, in individueller und kollektiver Spiellust, sich bis zur Selbstvergessenheit und kollektiven Ekstase steigernd.

Dies ist vor allem für fortgeschrittene Schüler und Profis attraktiv, die sich nach einigen Erprobungen auch durch Stockhausens Einspielungen von *Treffpunkt* inspirieren lassen können (Dauer erste Version 9 Minuten 30 Sekunden, zweite Version 15 Minuten 15 Sekunden, mit sechs Spielern – darunter der Komponist – die zum Teil mehrere Instrumente bedienen: 2 Klaviere, Tamtam mit Mikrophon und Bambusflöte, Tenorsaxophon und Klarinette, Posaune, Glissando-Flöte, Kurzwellenempfänger, ein Filter und zwei Regler für Tamtam (vgl. Schallplattentext).

Base Place als elementares Improvisationsmodell im Ausgang von *Treffpunkt*

Um die Idee des Stückes auch jüngeren Schülern auf instrumentalem Anfangsniveau zugänglich zu machen, habe ich ein Improvisationskonzept entwickelt, das sich an *Treffpunkt* anlehnt und die Prinzipien von Bleiben und Fortführen, Verharren und Verlassen, Einheit und Vielfalt ohne Substanzverlust beibehält. In einer Seminargruppe wurde nach mehreren geglückten Durchläufen der Name *Base Place* gefunden, was das Musiziermodell sehr gut trifft. Denn das Musizieren auf dem Fundament oder „Stützpunkt" eines Tones, um den sich sukzessiv mehrere weitere gruppieren, ist ein auch für Anfänger gut realisierbarer Weg, mit der Idee von *Treffpunkt* zu improvisieren, Klänge zu erkunden, Tonkombinationen zu erfinden, Verdichtungen zu erleben, den anderen zuzuhören und unterschiedlich zu agieren und zu reagieren – und nicht zuletzt gut zu intonieren.

Bei instrumentalen Anfängern empfiehlt es sich, die Stationen von *Base Place* in Ruhe nacheinander zu erarbeiten und klanglich zu genießen. Zuerst wird der gemeinsam festgelegte Basis-Ton in seinen Möglichkeiten erkundet: Halteklänge und rhythmische Figuren, kurze und lange Töne, Tonwiederholungen, verschiedene Spielweisen (bei Streichern z. B. mit Bogen oder gezupft), ggf. bereits Oktav- und Klangfarbenwechsel, je nach Instrument und Ausbildungsstand (wobei sich die Spieltechnik wie von selbst erweitert). Sodann wird der gemeinsame *Base Place*-Ton zu einem weiteren (Nachbar-)Ton aufwärts oder abwärts geführt, diatonisch oder chromatisch, mit Trillern und Tremoli, je nach spieltechnischem Können. Auch größere Intervalle sind möglich, wobei stets das Erleben der Intervallspannung im Vordergrund stehen sollte. Dann treten der dritte und der vierte Ton hinzu. Entscheidend für das Gelingen ist, dass die Zahl von insgesamt vier verschiedenen Tönen pro Spieler nicht überschritten wird – und dass Pausieren und Zuhören genauso wichtig sind wie Klänge Erzeugen. Darüber hinaus kann das Ensemble wie immer weitere Vereinbarungen zur Gestaltung des Ganzen, zu Ausdruck und Charakter treffen.

Die Realisation ist selbstverständlich abhängig von den spezifischen Spiel- und Lernweisen der einzelnen Instrumente. Bei Streichern etwa sind Saiten- und Lagenwechsel bei der Wahl der hinzukommenden Töne zu berücksichtigen; im ersten Anfangsstadium bietet sich das Spiel nur mit leeren Saiten an.

Da das Musiziermodell einen bei aller Spannung und Entwicklung meditativen Charakter besitzt, ohne in Gefühlsduselei zu verfallen – alle hören und führen den Ton voll Wachheit und kommen immer wieder zum gemeinsamen Ton zurück –, kann bei der Aufführung eine entsprechende Atmosphäre im Raum erzeugt werden, zum Beispiel durch Verdunkelung des Raums und Anzünden von Kerzen.

Einbindung in Konzert und Unterricht

Base Place und *Treffpunkt* lassen sich unter anderem sehr gut kombinieren mit *Unbegrenzt*, der zweiten Spielanweisung der Sammlung *Aus den sieben Tagen*: „Spiele einen Ton / mit der Gewißheit / daß Du beliebig viel Zeit und Raum hast". Stockhausen erläutert, „daß in dieser Musik *ein Ton* nicht nur eine einzelne Tonhöhe von bestimmter Dauer und Lautstärke und Klangfarbe ist, sondern ein komplexes lebendiges *Lebewesen*:

Ein Ton
lebt wie DU, wie ICH, wie ER, wie SIE, wie ES.
Bewegt sich, dehnt sich aus und
schrumpft zusammen
Verwandelt sich, gebiert, zeugt,
stirbt, wird neugeboren
Sucht – sucht nicht – findet – verliert –
Verbindet sich – liebt – wartet – eilt –
Kommt und geht."
(Stockhausen 1971, S. 129, und 1978, S. 115)

Dies vermag fortgeschrittene Schüler und Spieler ebenso zu inspirieren wie verwandte Klangkonzepte und Ein-Ton-Kompositionen wie die von Giacinto Scelsi (1905–1988), der sich auf einzelne Töne konzentriert und das Innenleben der Klänge erforscht hat wie kein zweiter zuvor. Ein schönes Beispiel dafür ist Scelsis *Vocalise I* aus dem Zyklus *HÔ. Fünf Vocalisen für Frauenstimme* von 1960.

Und auch die verbalen Klaviernotationen *Pianissimo* von Stockhausens Weggefährten Michael Vetter (1943–2013) können weitere Improvisationsanregungen vermitteln. Denn auch hier wird aus dem Raum der Stille heraus ein einziger Ton „als vollwertiges Stück Musik" begriffen und künstlerisch gestaltet (Vetter 1996, S. 1). Eingängige, auch auf Ensemble übertragbare Beispiele sind die verbalen Spielanweisungen *Repetitionen, Der große Ton, Emanation, Invasion* und *Quasi sospirando I.* Sie enthalten etliche Ein-Ton-Techniken, die Stockhausens *Treffpunkt*-Konzept ebenso wie das davon abgeleitete Musiziermodell *Base Place* befruchten können.

Beide Konzepte sind in allen möglichen Vorspiel- und Konzertsituationen willkommen. Sie ermöglichen kunstvolles Improvisieren mit wenig Material auf elementarer bis entwickelter Stufe.

Literatur

Bergstroem-Nielsen, Carl (1997), *Festlegen, Umreißen, Andeuten, Hervorrufen. Analytisches zu den Textkompositionen von Karlheinz Stockhausen*. In: MusikTexte. Zeitschrift für Neue Musik, Heft 72, November 1997, S. 13–16.

Metzger, Heinz-Klaus/Riehn, Rainer (Hg., 1983), *Giacinto Scelsi*, Musik-Konzepte 31. München.

Stockhausen, Karlheinz (1971), *Texte zur Musik 1963–1970*. Band 3. Köln.

Stockhausen, Karlheinz (1978), *Texte zur Musik 1970–1977*. Band 4. Köln.

Vetter, Michael (1996), *Pianissimo. Klavierstücke für Nichtpianisten und solche, die es werden wollen oder An alle Klavierspieler. Eine Rezeptsammlung, auf dem Weg über Tasten und Saiten die Welt in Musik zu verwandeln*. Zürich und Mainz (mit Begleit-CD).

7 Ein Lied entsteht – aus Naturtönen

Spielanweisung

1. Die Ensemblespieler wählen ein einfaches Lied in Dur und legen die Tonart fest, in der sie spielen wollen. Über dem Grundton der Tonart wird die Obertonreihe aufgebaut (siehe Notenbeispiel). Der Grundton ist der Zentralton der Improvisation.

■ Obertonreihe

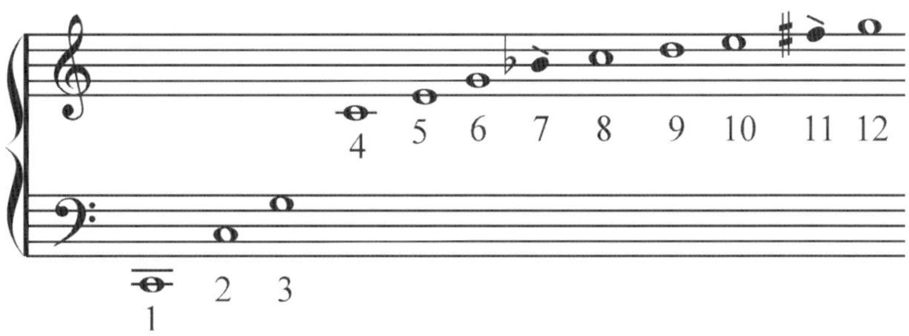

2. Die Improvisation beginnt mit einer Klang-Atmosphäre im Ausdruckscharakter des Liedes (Atemlaute, Korpus- und Klappengeräusche am Instrument, neue Spieltechniken zwischen Luft und Ton, Flatterzunge etc.).

3. Aus der Klang-Atmosphäre erwächst allmählich der Grundton. Alle improvisieren mit einem Ton, der vielfach verändert werden kann (dynamisch, rhythmisch, gestisch).

4. Alle Oktaven des Grundtons kommen hinzu – danach alle Quinten – alle Terzen – Septimen. Es entsteht eine freie Improvisation mit den Tönen der Obertonreihe über dem vereinbarten Grundton.

5. Aus dieser Naturtonimprovisation erwächst allmählich das Lied. Zunächst wird nur das Anfangsmotiv (oder das Endmotiv) leise angedeutet und immer mehr zum Leben erweckt, bei *Bruder Jakob* in C beispielsweise die erste Durchgangsterz *c – d – e* oder das Glockenmotiv *c – G – c*. Mit diesen charakteristischen Motiven wird in allen Oktavlagen rhythmisch und dynamisch frei improvisiert, während die Obertonimprovisation weiterläuft. Danach folgen die weiteren Töne des Kanons: *c – d – e – c --- e – f – g* etc., der sich so allmählich zusammensetzt und aus der Naturtonreihe quasi neu entsteht. Mit den Motiven des Liedes und den Obertönen seines Grundtons wird im Dialog der Instrumente frei improvisiert, bis das Lied in seiner originalen Gestalt erklingt (bei *Bruder Jakob* als klangfarblich abwechslungsreicher Kanon).

■ **Material**
Töne der Obertonreihe und Tonmaterial von Liedern

■ **Mitwirkende**
3 bis 30 Spieler und mehr ab ca. 8 Jahren; geeignet ab ca. einem Jahr Instrumentalunterricht

■ **Musikalische Vorkenntnisse**
Lieder, Rhythmen, Intervalle

■ **Instrumentale Vorkenntnisse**
Grundlegende Spielfertigkeiten mindestens im Fünftonraum

■ **Instrumente**
Melodieinstrumente, Stimme, Klavier, Gitarre, Schlaginstrumente mit unterscheidbaren Tonhöhen

■ **Probenumfang**
je nach Alter und Vorkenntnissen ca. eine bis zwei Proben; bei Vorerfahrung auch spontan möglich (nach Vereinbarung von Lied und Grundton)

■ **Aufführungsdauer**
je nach Zahl der Mitwirkenden ca. 3–5 Minuten und länger

■ **Verwendung**
Improvisationsworkshops, Klassenunterricht, Schülervorspiele

■ **Variationsmöglichkeiten**
Wechsel des Grundtons und des entsprechenden Obertonspektrums bei Liedern mit Harmoniewechsel; Lieder anderer Kulturen

■ **Gattung**
Verbale Spielanweisung mit Notenbeispiel (Obertonreihe)

■ **Verwandte Modelle**
1, 6, 8, 9, 10, 11, 12, 13

6. Nach Erreichen des Höhepunktes löst sich das Lied allmählich wieder auf und sinkt zurück in die Obertonreihe, aus der es entstanden ist – es entsteht und verweht in seinem „Naturton". Die Motive verflüchtigen sich, während das Obertonspektrum weiter pulsiert und allmählich auf den Grundton zurückgeführt wird (minus Septimen – minus Terzen – minus Quinten und Oktaven). Die Improvisation mündet in die Klangatmosphäre ihres Beginns oder in einen neuen Klangausdruck als Ergebnis ihrer Entwicklung.

7. Bei Liedern mit harmonischem Wechsel wird gemeinsam auf einen zweiten Grundton und sein Obertonspektrum gewechselt.

Entstehung und Erarbeitung

Der „Naturton" von Liedern

Kinderlieder, Volkslieder, einfache Kanons etc. bestehen oftmals aus nur wenigen Tönen, die sich aus einer Naturtonreihe ableiten lassen. Der Kanon *Bruder Jakob* beispielsweise benötigt nicht mehr als den vierten, fünften und sechsten Oberton plus zwei Durchgangsnoten und eine Wechselnote, um seinen ganzen Reichtum zu entfalten. Entsprechend kann seine Melodie, wie die vieler anderer Lieder auch, aus der zugrundeliegenden Naturtonreihe improvisatorisch entwickelt bzw. herausgefiltert werden. Das Modell *Ein Lied entsteht* stellt dabei die Variante einer Obertonimprovisation dar, wie sie das Improvisationskonzept *Intonationsübungen und Naturtonimprovisationen in Dur* beschreibt (vgl. Nimczik/Rüdiger 1997). Aus der Naturtonreihe werden hier (inspiriert nicht zuletzt von Gustav Mahler) bekannte Liedmelodien quasi neu geboren, improvisatorisch erschaffen und wieder aufgelöst („dekonstruiert"). Dies kann auf ganz vielfältige Weise geschehen; die beschriebene Spielanweisung ist nur ein Beispiel unter vielen möglichen Realisationen der Idee.

Lieder gegensätzlichen Charakters

Spannend ist es dabei, über Lieder gegensätzlichen Charakters zu improvisieren und dies miteinander zu vergleichen. Der „Tonfall", die Klang-Atmosphäre und das Herausfiltern des Liedes aus der Obertonreihe werden je nach Ausdruckscharakter ganz unterschiedlich ausfallen. Bei einem friedlichen Kanon wie etwa *Bruder Jakob* bietet sich zum Beispiel ein Beginn aus dem Nichts mit Atemlauten, leisen Geräuschen, Luft-Ton-Gemischen, evtl. fernen Glockentönen an – bei *Fuchs, du hast die Gans gestohlen* dagegen wird der Tonfall des Beginns, der Grundstimmung des Liedes und seinen Schlüsselworten Fuchs, Gans, Stehlen, Jäger, Schüsse entsprechend, weit aggressiver sein. Hier lassen sich mit Hilfe von Tonbuchstaben weitere improvisatorische Verfahren einbauen und Effekte erzielen: zum Beispiel ein sich allmählich herauskristallisierendes Fuchs-Motiv mit Triller *h-c* und Absturz auf ein scharf akzentuiertes *f* plus sforzato *es-f* im Wechsel (Tonbuchstaben f – c – h – s); ein klagendes Gans-Motiv mit langsamem *g-a*-Wechsel und Glissando abwärts zum es (Tonbuchstaben g – a – s); peitschende Schüsse des Jägers u.v.m. Und auch der Ausklang des Liedes wird sich nicht so friedvoll vollziehen wie bei *Bruder Jakob*.

Singen, Sprechen, Spielen und Verstehen

Bei der Erarbeitung empfiehlt es sich, das Lied zuerst gemeinsam zu singen und zu spielen, seinen Text zu sprechen und seinen Inhalt nachzuvollziehen: erfühlen, verkörpern (Stimme und Bewegung), szenisch umsetzen, darüber sprechen, weiterdenken, fortspinnen. Lohnenswert und anregend für das Improvisieren ist es auch, sich mit seiner Entstehung, Verwendung und Verwandlung zu beschäftigen. Eine hervorragende wissenschaftliche Quelle dafür bildet, auch unter improvisationspraktischen Gesichtspunkten, das *Historisch-kritische Liederlexikon populärer und traditioneller Lieder*, ein „wirkungsgeschichtlich angelegtes Forschungsprojekt, das die Verknüpfung von historisch-kritischer Edition und liedgeschichtlicher Kommentierung zur Grundlage hat" (www.liederlexikon.de).

Danach wird das Lied kompositorisch untersucht: wie es gemacht ist und welche Form es hat. Zur Vorbereitung auf die Improvisation empfiehlt es sich, das Lied in seine Bestandteile, das heißt Intervalle, Takte, Motive, Phrasen zu zerlegen und mit diesen Elementen zu spielen. Man kann die Takte, Motive oder Phrasen zum Beispiel einzeln spielen und in eine andere Reihenfolge bringen; man kann ihren Ausdruckscharakter verändern, einzelne Motive endlos wiederholen, gleichzeitig spielen und allmählich die richtige Reihenfolge zu finden, und man kann Rhythmus, Tempo, Gestus des Liedes verändern bis hin zu einer Techno-Fassung u.v.m. (vgl. die anregenden Ideen von Christa Kirschbaum, 2005, S. 41 und 52, z.B. das Lied-Puzzle).

Intonation – harmonisch reine Stimmung

Eine Einführung in das Phänomen der Obertonreihe und eine Improvisation mit Obertönen schließen sich an (3. und 4. Schritt der Spielanweisung). Naheliegend ist es dabei, das Thema Intonation zu behandeln und an praktischen Beispielen zu üben: reine Oktaven 1 : 2 und Quinten 2 : 3, die harmonisch reine (tiefe) Dur-Terz

4 : 5, der Dur-Dreiklang 4 : 5 : 6; das Aufbauen von Akkorden, Ausgleichen und Anpassen, das Zusammenspiel mit dem Klavier (vgl. Rüdiger 2006).
Fortgeschrittene Improvisationsgruppen können auch Lieder mit Harmoniewechsel wählen, wobei vorab geklärt werden sollte, bei welchen Liedstellen bzw. Tönen der Wechsel auf den neuen Grundton und die entsprechenden Obertöne erfolgt. Eine Realisation in Zeitlupenfassung bietet sich hier zur Übung an – wie überhaupt der Prozess von Entstehung, Entwicklung und Erlöschen mit viel Ruhe und Intensität, Freude an Klang und Konstruktion sowie Lust an freiem Spiel und Zusammenspiel bis hin zum kollektiven Klangrausch vollzogen werden sollte.

Einbindung in Konzert und Unterricht

Das Modell eignet sich für jede Art von Gruppen- und Ensembleunterricht, für Improvisationsworkshops, Klassenunterricht und Schülervorspiele. Da im instrumentalen Anfangsunterricht vielfach Kinderlieder gesungen, gespielt, zusammengespielt und vorgespielt werden, kann der Lied-Vortrag bei einem Klassenvorspiel unter anderem auch durch das Improvisationsmodell *Ein Lied entsteht* bereichert werden.

Literatur

John, Eckhard (Hg., 2015), *Populäre und traditionelle Lieder. Historisch-kritisches Liederlexikon;* http://www.liederlexikon.de (Stand: 28.3.2015).

Kirschbaum, Christa (2005), *Melodiespiele mit Gesangbuch-Liedern mit fast 200 Beispielen zum improvisatorischen Gemeindesingen*. München.

Klusen, Ernst (1969), *Volkslied. Fund und Erfindung*. Köln.

Nimczik, Ortwin/Rüdiger, Wolfgang (1997), *Instrumentales Ensemblespiel. Übungen und Improvisationen klassische und neue Modelle. Material- und Basisband*. Regensburg: Kapitel „Intonationsübungen und Naturtonimprovisationen in Dur".

Rüdiger, Wolfgang (2006), *Üben im Ensemble*. In: Ulrich Mahlert (Hg.), Handbuch Üben. Grundlagen – Konzepte – Methoden. Wiesbaden, S. 156–187.

8 Rhythmus-Reisen auf Bass-Gleisen – Divisions on a Ground elementar

Basslinie des Pachelbel-Kanons

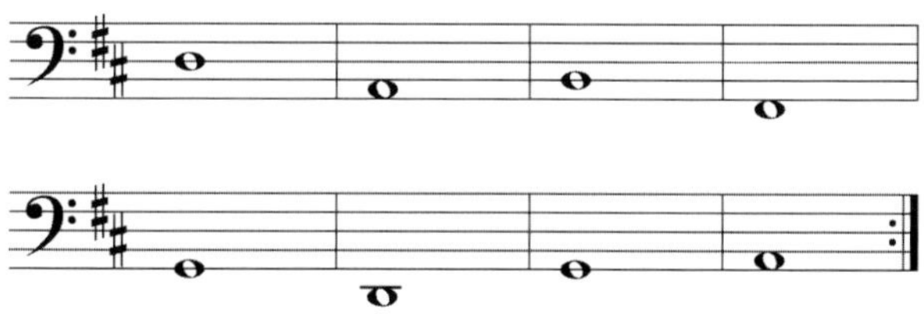

Spielanweisung

1. Der Ensembleleiter spielt die Basslinie des Pachelbel-Kanons langsam vor, alle singen und spielen nach Gehör nach und wiederholen die Melodie mehrmals. Als Orientierung für die weiteren Improvisationsschritte wird die Bassmelodie an die Tafel geschrieben.

2. Das Ensemble wird in zwei Gruppen geteilt. Die erste Gruppe kann auch aus Nicht-Instrumentalisten bestehen, in der zweiten Gruppe befinden sich ausschließlich Spieler mit Instrumenten. Die erste Gruppe gibt mit den Beinen oder Füßen den Grundschlag Halbe = ca. 60 an und klatscht oder schnipst die Viertel auf den Zählzeiten zwei und vier. Die Instrumentalisten-Gruppe spielt dazu die Melodie in Ganzen (vier Viertelschläge, Viertel = ca. 120). Dabei kann der eine oder andere Spieler auch einmal aussetzen und Pause machen, ohne dass der Fluss der Melodie unterbrochen wird.

3. Jede/r Mitwirkende der ersten Gruppe erfindet einen rhythmisierten Text, mit dem er/sie sich vorstellt: „Ich bin (heiße) [Name], und komme aus [Herkunft], und spiele (mache) gern [Instrument o. a.]". Dieser Sprachrhythmus (in der Regel aus Halben, Vierteln, Achteln) wird von jedem der Reihe nach als persönlicher „Name-Rap" (Namens-Rap) auf der Basis des achttaktigen Grundbasses musikalisch gesprochen. Der Ensembleleiter kann als kleine Hilfe jedem Sprecher den Einsatz geben.
Die Spieler der Instrumentalgruppe schließen sich mit ihrem „Name-Rap" an. Bläser steigen dabei selbstverständlich aus dem Spiel des Grundbasses aus, die anderen können aussetzen oder weiterspielen, während sie rhythmisch sprechen. Die Bassmelodie läuft ohne Unterbrechung weiter.

Material
Grundbass des Pachelbel-Kanons

Mitwirkende
ca. 5 bis 12 Spieler ab ca. 8 Jahren

Musikalische Vorkenntnisse
Notenkenntnisse erwünscht

Instrumentale Vorkenntnisse
Grundlegende Spielfertigkeiten im Fünfton- bis Oktavraum; auch für Nichtinstrumentalisten geeignet

Instrumente
Stimme, Körper, Melodieinstrumente, Klavier, Gitarre, Schlag- und Alltagsinstrumente aller Art

Probenumfang
je nach Alter und Vorkenntnissen ca. zwei bis drei Proben

Aufführungsdauer
je nach Zahl der Mitwirkenden ca. 3–8 Minuten

Verwendung
Improvisationskurse, Klassenunterricht, Schülervorspiele

Variationsmöglichkeiten
Wechsel von Tonart, Tempo und Charakter; Wahl eines anderen Grundbasses

Gattung
Ostinato-Vorlage in traditioneller Notation mit Anleitung zur Improvisation

Verwandte Modelle
5, 7, 9

4. Mit den Klängen des eigenen Namens kann auf den Bass-Gleisen vielfältig Musik gemacht und improvisiert werden, indem zum Beispiel die Vokale des Vor- und Nachnamens musikalisiert werden: in die Länge gezogen, verdoppelt, vervielfältigt, in verschiedenen Tonhöhen, Tonfällen und Ausdrucksnuancen, abgehackt oder in gezogenem Sprechgesang. Oder der Namens-Rap wird nur mit Konsonanten gestaltet (siehe unten das Beispiel mit den Konsonanten des Namens des Verfassers). Es können auch verschiedene Fassungen aneinander gereiht werden: zuerst der volle Name, rhythmisch gesprochen, dann die Vokalfassung, dann die Konsonantenfassung, was ggf. zwei Durchläufe der ostinaten Bassmelodie in Anspruch nimmt.

5. Nachdem sich jede/r rhythmisch vorgestellt hat, werden in einem zweiten Durchgang die Namens-Raps der Reihe nach aufeinander aufgebaut, wobei jedem, der hinzukommt, dynamisch Vortritt gelassen wird (alle anderen werden etwas leiser). Die Instrumentalisten beginnen mit der Bassmelodie, die Mitglieder der ersten Gruppe schichten darüber ihre „Name-Raps" auf; danach sind die Instrumentalisten an der Reihe. Der Grundbass wird dabei stets weitergespielt.

6. Die Gruppe der Nicht-Instrumentalisten macht nun eine Pause und hört zu. Die Spieler mit Instrumenten (inkl. Sänger) probieren aus, welche Melodietöne zu den einzelnen Tönen der Bassstimme passen. Anfänger können auf dem *d* bleiben und/oder beim zweiten Basston (*a*) zum Beispiel zum *e* und beim zweiten und achten Ton zum *cis* wechseln. Alle hören auf die klanglichen Besonderheiten beim Zusammenspiel von Oberstimmen- und Basstönen. Die zu den Basstönen passenden Melodietöne werden in kleinen Kästchen über den Tönen der Bassmelodie notiert. Später können daraus kleine rhythmische Motive gebildet werden.

7. Auf den passenden Melodietönen werden einfache Rhythmen aus Halben, Vierteln und Achteln, auch mit Pausen, über den Basstönen gespielt. Zum Beispiel kann der Rhythmus des „Name-Rap" auf einen Ton übertragen werden. Nichtinstrumentalisten setzen ihre stimmlichen Rhythmus-Reisen auf den Bass-Gleisen fort und erfinden weitere Rhythmen und Klänge mit der Stimme und dem Körper (Gesang, Vocussion, Bodypercussion).

8. Auch der durchlaufende Grundbass kann in kleinere Notenwerte unterteilt und rhythmisch-klanglich in Bewegung gesetzt werden, zum Beispiel in Halben und Vierteln, mit Achtel- und Synkopenbewegungen, Oktavwechseln usw.

9. Über jedem Basston werden Dreiklänge gebildet: D-Dur – A-Dur – h-Moll – fis-Moll / G-Dur – D-Dur – G-Dur – A-Dur. Die Harmonietöne werden von Anfängern langsam in gebrochenen Dreiklängen über jedem Grundton gespielt, von Fortgeschrittenen auch in schnelleren Figuren und Dreiklangsbrechungen aufwärts und abwärts.

10. Jeder Spieler der Instrumentalgruppe (inkl. Sänger) erfindet mit den zum Bass passenden Tönen ein kleines Motiv, das über jedem Ton des Grundbasses immer wieder gespielt wird. Solche kleinen Muster – „Points" oder Patterns – können beliebig weitergesponnen werden. Während der Bass durchläuft, spielt jeder Spieler nacheinander seine Motivkette und gibt nach acht Takten dem nächsten Spieler den Einsatz zu seinem Solo. Die Gruppe der Nicht-Instrumentalisten improvisiert dazu mit Stimm- und Körperklängen.

11. Fortgeschrittene Spieler können über dem Grundbass kleine Melodien improvisieren und Dialog-Spiele von jeweils zwei oder vier Takten machen.

12. In einem weiteren Schritt können die Taktart, die Dynamik und der Ausdruckscharakter verändert werden. Im Dreiermetrum zum Beispiel gewinnt die Bassmelodie einen ganz anderen „Swing". Oder jeder Spieler kann seine Rhythmus- und Klang-Reisen über den Bass-Gleisen in einem anderen Affekt, mit einem anderen Gesichtsausdruck, spielen – fröhlich, traurig, stolz, überheblich, ängstlich, wütend u. a. – und die anderen erraten lassen, welches Gefühl er zum Ausdruck gebracht hat. Und ein besonders kreatives Ensemble erfindet möglicherweise ein eigenes Bassmodell, beispielsweise nach dem Verfahren „Kofferpacken", und improvisiert darüber instrumental und vokal, mit Stimme, Instrument und Körperklängen.

Viertaktiger „Name-Rap" mit Konsonanten

w - - - - - - - - /	l - - - - - - - - - /	f - -	g - ng - /	rrr - -	d d gr - - //
Links – Rechts	Links – Rechts	Links –	Rechts	Links –	Rechts
Halbe Halbe	usw.				

Entstehung und Erarbeitung

Die Praxis des Improvisierens über einem Grundbass

Eine immer wiederkehrende Basslinie bildet die Basis des berühmten *Canon per 3 Violini e Basso* des barocken Komponisten Johann Pachelbel. Diese Bassmelodie bzw. Harmonie-Folge ist so eingängig, dass sie bis heute in unzähligen Musikstücken zwischen Folklore und Popmusik immer wieder verwendet wird. Ein Beispiel unter vielen ist der Hit *Scatman's World,* dessen Refrain auf fast genau demselben Bass aufbaut wie Pachelbels Kanon.

Ein solch „hartnäckig" wiederholtes Bassmodell als Basis spontanen Musizierens, Improvisierens und Komponierens wird im Italienischen als „basso ostinato", im Englischen als „Ground" bezeichnet. Die europaweit verbreitete Musizierpraxis, ein Bassmodell, meist aus der Volks- und Tanzmusik, in kleinere Notenwerte zu unterteilen und kontrapunktische Melodien darüber zu entwickeln, nannte man im England des 16. und 17. Jahrhunderts „Divisions on a Ground". Ground meint den Grundbass, Divisions die Teilungen oder Diminutionen („Verkleinerungen"). Wenn es auch etliche auskomponierte „Divisions on a Ground" gibt (z. B. über das Bassmodell „La Folia"), so handelt es sich doch in erster Linie um eine Improvisationspraxis, für die es mehrere historische Vorbilder und Anleitungen gibt. Als Improvisationsmodell kann das Musizieren über einem Grundbass im Ensemblespiel heute vielfältig genutzt, aktualisiert und mit neuen Musikformen wie etwa Rap, Vocussion und Bodypercussion verbunden werden. Der Vorteil liegt unter anderem darin, dass Spieler unterschiedlichen Ausbildungsstands, ja sogar Instrumentalisten und Nicht-Instrumentalisten zusammenwirken können, ohne dass sie viel Ahnung von den kontrapunktischen Regeln haben müssen; diese eignen sich Instrumentalisten schnell über das Gehör und die eigene Praxis an (vgl. Mühlke 1999 und Erhardt 2011).

Aufbauendes Zusammenspiel von Instrumentalisten und Nicht-Instrumentalisten

Das Musiziermodell *Rhythmus-Reisen auf Bass-Gleisen* verfolgt in diesem Sinne einen integrativen und progressiven Weg. Von den gängigen Bassmelodien ist der Grundbass des Pachelbel-Kanons der wohl einprägsamste, nicht zuletzt weil er von unzähligen, auch popmusikalischen Versionen bekannt ist. Der Beginn mit einer rein rhythmischen Textfassung – dem Vorstellungs-Rap als einfachste „Division" über dem Grundbass (vgl. Terhag 1999) – hat den Vorteil, dass Instrumentalisten, die die Bassmelodie spielen, und Nicht-Instrumentalisten, die sich rhythmisch bewegen und sprechen, von Anfang an zusammenspielen können. Dazu bietet sich der Einstieg mit *Scatman's World* als Hörbeispiel an, das alle zum Mitbewegen, Mitspielen und rhythmischen Sprechen animiert und zusätzlich eine hervorragende Hörübung darstellt. Von da aus steigert sich die Praxis der Divisions von einfachen Rhythmen auf einem zum Bass passenden Ton über mehrere Töne und Dreiklangsbrechungen bis zur historischen Praxis der Erfindung kurzer Motive oder „Points", die über der Bassmelodie immer wiederholt werden („carrying on a point upon a ground", heute bekannt als Patterns in der Minimal Music). Und fortgeschrittene Spieler können sich auf einer nach oben offenen musikalisch-technischen Skala bis zu kontrapunktischen Melodien und eigenen kleinen Improvisationskompositionen über dem Ostinatobass steigern.

Professionelle Praxisanleitung

Was das Musiziermodell *Rhythmus-Reisen auf Bass-Gleisen* auf elementare Weise vermittelt, findet eine professionelle Ausprägung und progressive Anleitung in der neueren Publikation von Martin Erhardt zur Solo- und Ensemble-Improvisation mit Ostinatobässen aus dem 16. bis 18. Jahrhundert (Erhardt 2011). Der erfahrene Musiker und Autor gibt profunde Anregungen, beispielhafte Analysen ostinatobasierter Kompositionen und eine „methodische Anleitung zum stilistisch fundierten Improvisieren mit Ostinatobässen" (ebd., S. 6), auch mit Mitspiel-CDs in 415 Hz für die historische und in 440 Hz für die moderne Ensemble- und Aufführungspraxis. Hier finden sich auch wunderbare schülerorientierte Anregungen zur Improvisation mit verschiedenen Stimmungen und Affekten im Ensemble (ebd., S. 131 f.), wie sie in Punkt 12 der Spielvorschläge skizziert werden.

Einbindung in Konzert und Unterricht

Das Musiziermodell eignet sich für Improvisationsworkshops und Klassenunterricht gleichermaßen und stellt eine gute praxisorientierte Einführung in historische und aktuelle Musizierpraktiken und Stilrichtungen dar. Bei guten Ergebnissen kann es in Schülervorspielen aufgeführt werden, wobei auch das Publikum einbezogen werden kann.

■ Hörbeispiel: CD *Scatman's World*, BMG Ariola 1995

Literatur

Mühlke, Anna-Miria (1999), *„...zur Freude und zur Bewunderung aller, die zuhören". Improvisation von „Divisions on a Ground" im Instrumentalunterricht.* In: Üben & Musizieren 2/1999, S. 28–33.

Erhardt, Martin (2011), *Improvisation mit Ostinatobässen aus dem 16. bis 18. Jahrhundert. Lehrmaterial zum Experimentieren in Unterricht, Ensemble und Selbststudium für alle Instrumente*. Inklusive Mitspiel-CD in 415 Hz und 440 Hz. Magdeburg.

Terhag, Jürgen (1999), *Spielerische Warmups. Musikmachen mit Stimme, Körper und Instrumenten*. In: Grundschule 9/1999, S. 9–12.

9 Kleine trotzige Motive – nach Peter Hochs *Pattern Piece I* (1999)

Spielanweisung

1. Ein Viertelpuls in den Claves und / oder im Klavier gibt das Tempo an und wird das ganze Stück hindurch gespielt. Das Klavier kann auf dem Grundton des Stückes ein rhythmisches Ostinato in verschiedenen Oktavlagen bilden (siehe Notenbeispiel 1 auf der folgenden Seite). Der durchgehende Viertelpuls kann phasenweise auch von den anderen Mitwirkenden mitgespielt werden.

2. Die Spieler einigen sich auf ein einfaches Tonmaterial, zum Beispiel den Skalenausschnitt d, e, f, g, a (Material des Notenbeispiels 1). Alle spielen (singen) die Fünftonfolge aufwärts und abwärts (einzeln, zusammen, kanonisch im Zweiviertelabstand), als Dreiklangsfolge (d–f–a), in Terzen (d–f–e–g etc.), Quarten etc. („mit dem Material spielen").

3. Jede/r Spieler/in erfindet mit diesen Tönen ein zweitaktiges Motiv in der Kombination von Halben, Vierteln und Achteln. Jede/r spielt oder singt sein/ihr Motiv den anderen Ensemblespielern vor und bittet sie, es nachzusingen und nachzuspielen.

4. Schlaginstrumente erfinden eigene rhythmisch prägnante Motive, die auch von Nicht-Instrumentalisten ausgeführt werden können.

5. Die selbsterfundenen Motive werden an der Tafel notiert und später in ein Notenheft übertragen. Sie bilden das Motivmaterial des Stückes.

6. Das Stück beginnt mit dem Viertelpuls bzw. Ostinato in Claves und/oder Klavier (das evtl. etwas später hinzukommt). Nach einigen Takten setzen die Spieler mit Motiven ihrer Wahl ein.

7. Die notierten Motive werden von jedem Spieler beliebig oft wiederholt. Sie bilden Muster (Patterns), die wie „kleine trotzige Motive" immer wiederkehren. Jeder Spieler entscheidet über die Reihenfolge, die Einsätze, die Zahl der Wiederholungen, die Dynamik und den Ausdruckscharakter der Motive. Pausen und Zuhören sind ebenso wichtig wie Spielen.

■ Material
Grundpuls und selbsterfundene Motive mit Notation

■ Mitwirkende
3 bis 15 Spieler und mehr ab ca. 8 Jahren bzw. ab ca. einem Jahr Instrumentalunterricht; Mitwirkung auch für Nicht-Instrumentalisten möglich

■ Musikalische Vorkenntnisse
Notenkenntnisse, Rhythmusgefühl, Kenntnisse der Notation

■ Instrumentale Vorkenntnisse
Grundlegende Spielfertigkeiten im Fünftonraum

■ Instrumente
Melodieinstrumente, Singstimme, Klavier, Gitarre, Claves, Schlag- und Alltagsinstrumente aller Art

■ Probenumfang
je nach Alter und Vorkenntnissen ca. zwei bis drei Proben

■ Aufführungsdauer
je nach Zahl der Mitwirkenden ca. 5–10 Minuten

■ Verwendung
Improvisationskurse und Klassenunterricht, Konzerte im Zusammenspiel von Laien und Profis, Schülervorspiele

■ Variationsmöglichkeiten
Wahl unterschiedlichen Tonmaterials mit nach oben offenem Schwierigkeitsgrad; Verbindung mit Geschichten, Szenen, Bildern etc.

■ Gattung
Verbale Spielanweisung mit Anleitung zu eigener Erfindung, Gestaltung und Notation eigener Motive oder Patterns

■ Verwandte Modelle
5, 7, 8

Notenbeispiel 1: Ostinato am Klavier und Beispiele für Motive

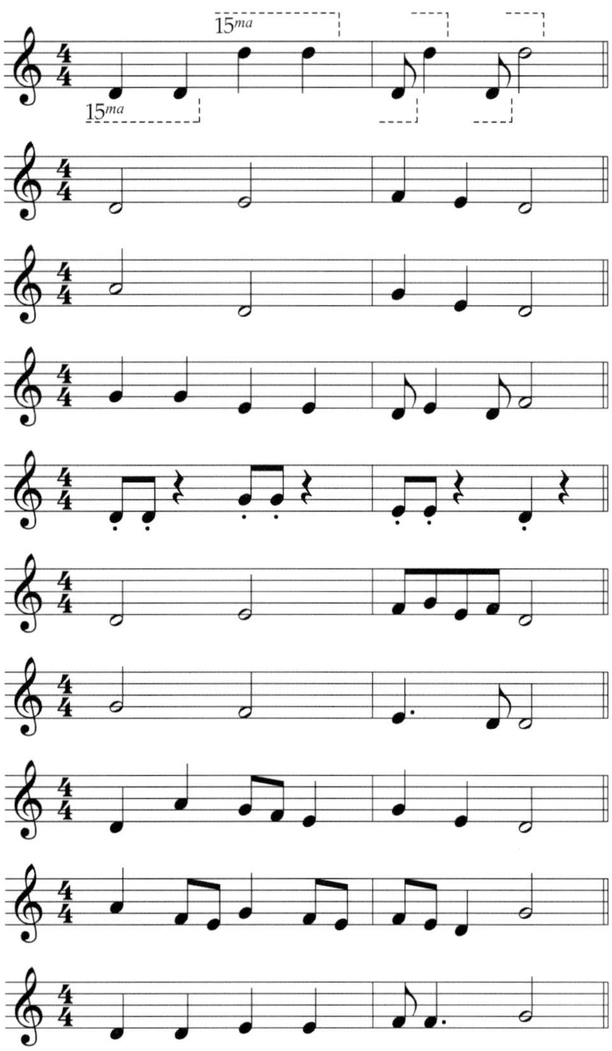

8. Am Klavier können in der tiefen Lage und in der hohen Lage Tontrauben (Cluster) gespielt werden, die in langen Abständen immer wieder angeschlagen werden und lange nachklingen. Auch länger klingende Schlaginstrumente (Becken, Tamtam, Gong) können solche „magischen Klänge" erzeugen.

9. Ein Formverlauf könnte aus einer großen Steigerung bestehen: Das Gefüge verdichtet sich zum Schluss hin, alle spielen ihre Motive wie im Rausch.

10. Das Stück endet mit einem vereinbarten Klang oder Zeichen, zum Beispiel einem großen Klavier-Cluster in hoher und tiefer Lage. Es empfiehlt sich, eine ungefähre Dauer (je nach Zahl der Mitwirkenden) zu vereinbaren.

Entstehung und Erarbeitung

Peter Hochs *Pattern Piece I* (1999) als Vorlage

Das Improvisationskonzept *Kleine trotzige Motive* basiert auf dem *Pattern Piece I* (1999) von Peter Hoch, das aus 14 kurzen Motiven bzw. Klangmustern (Patterns) besteht, die von variabel zu besetzenden Instrumenten auf der Basis eines ostinaten Grundpulses beliebig oft wiederholt werden. Die Spieler entscheiden selbst, wann sie einsetzen und in welcher Reihenfolge und Registerlage, Dauer und Dynamik sie die Patterns spielen. Zu einzelnen Patterns gibt es Spezialhinweise (siehe Notenbeispiel 2 und Spielanweisung von Peter Hoch).

Einige Patterns bestehen aus recht einfachen rhythmischen und tonalen Elementen, daher können auch Nicht-Instrumentalisten und Spieler der instrumentalen Unterstufe mitmachen. Die spieltechnisch anspruchsvolleren Patterns übernehmen fortgeschrittene Schüler und Profimusiker.

Das *Pattern Piece I* stellt ein gut übertragbares Modell elementaren Improvisierens und Komponierens im Ensemble dar. Es regt die Spieler an, eigene Patterns zu erfinden und zum *Pattern Piece* zu ergänzen, wie es zum Beispiel drei Sängerinnen einer 9. Klasse der Staudinger Gesamtschule Freiburg getan haben: „Fly, fly over the sea" lautete der Text eines 15. Motivs, das den schwingenden, pulsierenden Charakter des *Pattern Piece I* gut charakterisiert. Dabei lässt sich das Stück vielfältig gestalten, sparsam bis dicht, mit verschiedenen dynamischen Verlaufskurven und spannenden Pausen, mannigfachen Instrumentenkombinationen und Steigerungen bis zum kollektiven Spielrausch.

Erfindung eigener Patterns und Motive

Denkt man diese Anregungen weiter, ergibt sich wie von selbst die Idee zur Erfindung eines eigenen *Pattern Piece* mit einfachen bis komplexen Motiven, Skalenausschnitten, Rhythmen. So entstand das Improvisationskonzept *Kleine trotzige Motive* für Anfängerensembles, die mit einem oder wenigen Tönen bereits ein schönes Stück Musik gestalten und ggf. auch Nicht-Instrumentalisten einbeziehen möchten (z. B. bei der Arbeit mit einer Schulklasse, in der nicht jede/r ein Instrument spielt). Da der Entwicklungs- und Schwierigkeitsgrad nach oben offen ist, bietet sich das Improvisationskonzept auch für das Zusammenspiel von Laien und Profis an.

Denn das Ausgangsmaterial und die Vorgaben für das Erfinden der Motive können sehr variabel gehandhabt werden: einfache Töne, Tonfolgen und Rhythmen für Anfänger, komplexere Skalen, Skalenausschnitte und Rhythmen für Fortgeschrittene.

Für Anfängerensembles bietet sich eine zusätzliche Motivation durch Geschichten, Szenen, Bilder, Assoziationen und Anlässe aller Art an. Auch Motive aus Liedern können als Patterns Verwendung finden oder die Erfindung neuer Motive inspirieren. Die übernommenen oder selbst erfundenen Motive können ggf. tonal verfremdet („fremde Intervalle") und durch neue Spieltechniken erweitert werden. Dazu zählt auch das Experimentieren mit extremen dynamischen Kontrasten bis hin zu einer „Flüsterfassung" oder einem „Schattenriss" ohne Töne, nur mit Rhythmen und Geräuschen - und plötzlichem Tutti-Einsatz im Fortissimo.

Setzt sich das Ensemble aus wenigen, zum Beispiel drei oder vier Spielern zusammen, erfindet jeder Spieler zwei oder mehr Motive, sodass das gemeinsame Spielmaterial aus mindestens sechs bis acht Patterns besteht.

Vorbereitende Übungen

Da das Modell für Anfänger entwickelt wurde, sind vorbereitende Übungen zum Metrum und Rhythmus sinnvoll, beispielsweise nach dem Rhythm-Solfège von Edwin Gordon (vgl. Tappert-Süberkrüb 1999 und 2000). Die Mitwirkenden verständigen sich auf ein Tempo Viertel = ca. 80–88. Alle schaukeln im Grundpuls (Macrobeat) Halbe = 40–44 von einem Bein aufs andere und klatschen oder patschen die Viertel auf den Zählzeiten 2 und 4 (Microbeat = metrische Unterteilung, hier im 2er-Metrum). Über diesem metrischen Gerüst wird der konkrete („melodische") Rhythmus ausdrucksvoll auf neutralen Silben gesprochen (z. B. baa - baa - ba-ba - baa, mit gutem Einsatzatem vorweg). Jeder Spieler erfindet zweitaktige rhythmische Patterns und macht sie deutlich vor, die anderen imitieren und erfinden reihum eigene Patterns, die nach dem Call-and-Response-Verfahren vorgemacht und von allen beantwortet werden. Dies kann in einem nächsten Schritt auf tonale Motive mit den Tönen des jeweiligen Ausgangsmaterials übertragen werden. Das Erfinden von einfachen rhythmisch-tonalen Zweitaktmotiven macht dann umso mehr Freude, als es gut vorbereitet ist und allen leicht fällt. So kann ein schönes neues Stück Musik entstehen.

Einbindung in Konzert und Unterricht

Das Konzept eignet sich für Improvisationskurse und Konzerte, Vorspiele und Unterricht gleichermaßen. Es schult Metrum und Rhythmus, Intonation, Dynamik, Erfindungsgeist, Aufeinanderhören, formales Gestalten und vieles mehr. Und es macht Spaß, weil es grundlegende künstlerisch-ästhetische Erfahrungen ermöglicht, alle zum Mitmachen einlädt und von Anfängern und Fortgeschrittenen, Laien und Profis in einem gemeinsamen Ensemble aufgeführt werden kann.

Literatur

Konovalova, Olga (2013), *Sesam öffne dich! Ein Projekt verbindet „Ali Baba und die 40 Räuber" mit Peter Hochs „Pattern Piece I".* In: Üben & Musizieren 4/2013, S. 30–33.

Tappert-Süberkrüb, Almuth (1999), *Music Learning Theory. Edwin Gordons Theorie des Musiklernens.* In: Diskussion Musikpädagogik 2/1999, S. 75–98.

Tappert-Süberkrüb, Almuth (2000), *Musik denken. Edwin Gordons Theorie zum Musik denken und Musik lernen.* In: Üben & Musizieren 4/2000, S. 14–24.

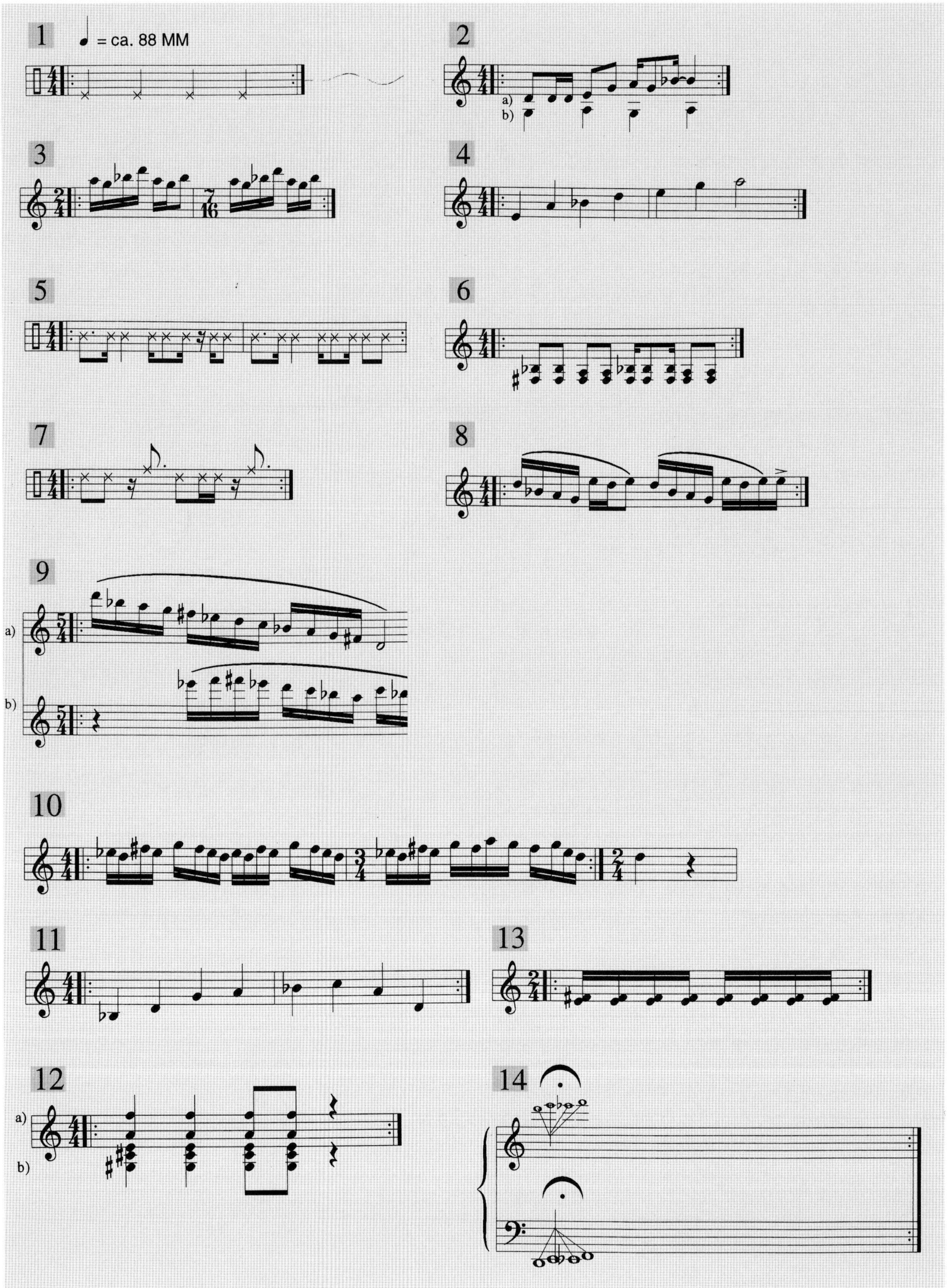

■ **Notenbeispiel 2: Peter Hoch,** ***Pattern Piece I***

Spielanweisung

Das Spielmaterial besteht aus 14 kurzen Notationen (Pattern).

Die Notationen können von beliebigen Instrumenten ausgeführt werden. Nr. 1, 5 und 7 sind für Percussionsinstrumente vorgesehen. Wobei die Nr. 1 möglichst von einem gutklingenden tiefen Fellinstrument gespielt werden sollte. Nr. 7 kann nach Belieben auf zwei Spieler aufgeteilt werden.

Die Reihenfolge der zu spielenden Notationen kann frei gewählt werden, die Numerierung dient lediglich zur Orientierung.

Die Nr. 1, bestimmt das Tempo. Sie beginnt, spielt das Metrum einige Takte voraus und bleibt das ganze Stück über ohne Unterbrechung als Taktgeber dabei.

Alle Patterns werden beliebig oft wiederholt. Dabei kann die Notation auch nach oben oder unten oktaviert werden.
Nr. 10 soll nur einmal original, wie notiert gespielt werden, Wiederholungen nur, wenn sie sich in Tonlage (nach oben oder unten oktaviert), Dynamik und Artikulation deutlich unterscheiden.

Nr. 2 und 12 können von einem oder - aufgeteilt - von 2 Spielern übernommen werden.

Nr. 9 nicht mit Nr. 8 zusammen und Nr. 9b) nur mit Nr. 9a) zusammen spielen oder beide nacheinander.

Nr. 14 soll in einer extremen Lage, der tiefen Baß-Lage oder der hohen Diskant-Lage gespielt werden, notfalls auch in einer dazwischenliegenden Oktave. Dabei kann einer der Töne ausgewählt werden oder es können alle Töne zusammen als Cluster dem ganzen Stück als langklingender oder immer wieder angeschlagener „Grundklang" (Klangteppich), zugrundegelegt werden.

Reihenfolge, Einsätze und Dauer können der Entscheidung der Spieler überlassen bleiben oder vorher abgesprochen werden. Eine weitere Möglichkeit ist, daß der Ensembleleiter anzeigt wer was, wann und wie lange zu spielen hat. Schließlich können mehrere Fassungen ausprobiert und ein bestimmter Ablauf festgelegt werden.

Die Spieler sollten nicht vergessen auch Pausen einzulegen, um den anderen zuzuhören und sich ergebende, interessante Klang- und Rhythmuskombinationen wahrzunehmen; nur die Nr. 1 sollte nicht pausieren.

■ **Peter Hoch, *Pattern Piece I* – Spielanweisung**

10 Kofferpacken und Unisono–Multisono – nach Max E. Keller (1995)

Spielanweisung

1. Die Spieler sitzen oder stehen im Kreis; die Instrumente sind gut gestimmt. Spieler/in 1 beginnt: „Ich packe meinen Koffer und nehme ein x mit" (Ton benennen); Spieler/in 1 spielt seinen / ihren Ton in Form eines Tenuto-Klangs vor (1–2 Sekunden); alle hören zu und greifen den Ton stumm auf ihren Instrumenten mit. Spieler/in 1 gibt mit Blickkontakt, Atem und Geste den Einsatz für das gemeinsame Spielen des Tons und winkt den Unisono-Klang ab.

2. Spieler/in 2 fährt fort: „Ich packe meinen Koffer und nehme ein x mit – und ein y" – und spielt seine/ihre zwei Töne in ruhigem Tempo gut artikuliert vor; alle hören zu und greifen die Töne stumm auf ihren Instrumenten mit. Spieler/in 2 gibt den Einsatz für das gemeinsame Spielen beider Töne mit klarer Geste für Einsatz und Tonwechsel – und winkt ebenso ab.

3. Spieler/in 3 setzt das Spiel fort: „Ich packe meinen Koffer und nehme mit: ein x, ein y und ein z" – und spielt seine / ihre drei Töne langsam vor; alle hören zu, greifen mit und erhalten den Einsatz für das gemeinsame Spielen der Dreitongruppe --- usw., bis jede/r Spieler/in an der Reihe war. Bei wenigen Mitwirkenden können zwei oder mehr weitere Durchgänge gemacht werden, sodass jeder Spieler zwei oder mehr Töne „einpackt".

4. Ein Ton darf nur einmal in den Koffer gepackt werden, sodass sich eine Reihe von bis zu zwölf verschiedenen Tönen bildet.

5. Am Ende steht eine von allen Spielern/-innen langsam und intonationsrein gespielte Unisono-Melodie. Um beim folgenden Improvisationsverlauf die Orientierung zu behalten, kann die Tonreihe an die Tafel geschrieben werden.

6. Die gemeinsam erfundene Unisono-Tonfolge oder -Melodie erfährt klangliche Verschiebungen zum Unisono – Multisono, indem das Fortschreiten von Ton zu Ton nicht mehr gemeinsam geschieht, sondern individuell freigelassen wird. Nach dem gemeinsamen Beginn und Verharren auf dem ersten Ton geht ein Spieler spontan, ohne vorherige Absprache, einen Ton weiter. Die anderen hören höchst aufmerksam

Material
Töne, die sich zu einer Tonfolge verbinden

Mitwirkende
3 bis 12 Spieler ab ca. 10 Jahren bzw. ab ca. zwei Jahren Instrumentalunterricht

Musikalische Vorkenntnisse
Notenkenntnisse und Notenlesefähigkeit

Instrumentale Vorkenntnisse
Grundlegende Spielfertigkeiten im Oktavraum

Instrumente
Melodieinstrumente, Klavier, Gitarre, Schlaginstrumente mit unterscheidbaren Tonhöhen

Probenumfang
je nach Alter und Vorkenntnissen ca. zwei bis drei Proben

Aufführungsdauer
je nach Zahl der Mitwirkenden ca. 5–10 Minuten

Verwendung
Improvisationskurse und Klassenunterricht, Schülervorspiele und professionelle Konzerte

Variationsmöglichkeiten
Solistisches Hervortreten und Improvisieren einzelner Spieler; Einführung weiterer Regeln zur Gestaltung der Reihe, z. B. Vermeidung dur-molltonaler Tongruppen; Originalfassung *Unisono – Multisono* von Max E. Keller

Gattung
Verbale Spielanweisung mit Anleitung zur gemeinsamen Erfindung einer Tonreihe mit Notation

Verwandte Modelle
6, 7, 8

zu und folgen innerhalb von zwei bis drei Sekunden nach, so dass sich die Melodie wieder zum Unisono fügt. Dies setzt sich mit den nächsten Tönen der Reihe fort.

7. Nach einiger Übung kann das spontane Voranschreiten bis zu drei Tönen gesteigert werden, auch mit Wiederholungen, hin und zurück, in Gestalt von deutlichen Tonwechseln und Motiven etc. (Achtung: zuhören, warten, Orientierung bewahren, immer wieder treffen).

8. Über einzelne Reihentöne und Tonverbindungen wird mit alten und neuen Spieltechniken improvisiert (Triller, Tremoli, mikrotonale Färbungen, Multiphonics etc., je nach Instrument), sodass das Unisono – Multisono-Klangband klangfarblich in Bewegung gerät.

9. Bei Anfänger-Ensembles improvisiert jeder Spieler mit seinem Ton in vorher vereinbarter Reihenfolge, während die anderen Spieler sich dynamisch zurückhalten, pausieren und/oder sparsam die Improvisation des jeweiligen Spielers begleiten (kleine Kommentare, Dialoge etc.).

10. Fortgeschrittene, aufeinander eingespielte Ensembles nutzen die selbst erfundene Unisono-Reihe als melodischen Orientierungsrahmen, in dem sie ihrer improvisatorischen Fantasie freien Lauf lassen.

Nr. 1: Unisono - Multisono
für 4 Spieler (A, B, C, D)

Die Melodie, ohne Rhythmus notiert, wird im Prinzip zusammen (resp. in Oktaven), aber heterophon gespielt. Wenn ein Spieler zum nächsten Ton schreitet, müssen die anderen ebenfalls weitergehen, spätestens nach etwa zwei Sekunden. Der einzelne Ton kann von jedem eigenständig gestaltet werden: dynamisch oder farblich variiert, mit Verzierungen oder mit Rhythmisierungen versehen werden. Maximal 3 Töne können relativ kurz genommen, zu einer Gruppe verbunden werden. Keinesfalls alle Töne mehr oder weniger gleich lang spielen, sondern eine grosse Varietät anstreben.

Melodie

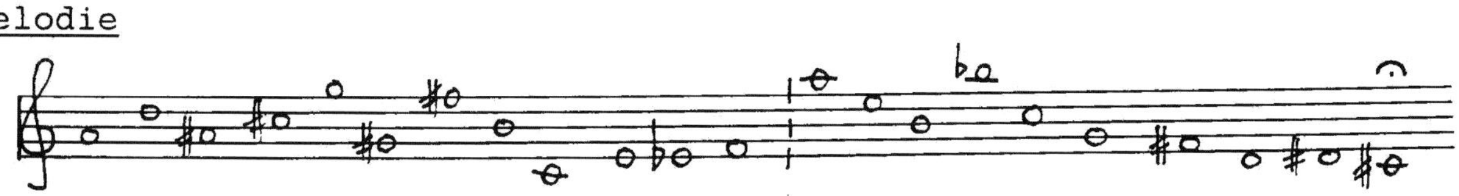

Formschema (Mel = Melodie, Imp = Improvisation)

A:	Mel forte	Mel piano	---	Mel	Imp	Mel	---	Mel piano
B:	Mel forte	Mel piano	Mel	Imp	Mel	---	Mel forte	Mel piano
C:	Mel forte	Mel piano	Imp	---	Mel	Imp		Mel piano
D:	Mel forte	Imp	Mel	Mel	---	---	Mel forte	Mel piano

Max E. Keller: ***Unisono – Multisono für 4 Spieler***

Entstehung und Erarbeitung

Ein kombinatorisches Modell

Das Musiziermodell *Kofferpacken mit Unisono–Multisono* ist eine Kombination des beliebten Kinderspiels „Einpacken eines Koffers", auf Töne übertragen, mit dem zeitgenössischen Improvisationsmodell *Unisono–Multisono* des Schweizer Komponisten Max E. Keller (s. Notenbeispiel mit Spielanweisung). Das Ergebnis ist ein vielfarbig schillerndes Klangband auf der Basis einer von den Spielern erfundenen, versetzt voranschreitenden Ensemble-Melodie, deren Einzeltöne und Tonverbindungen durch alte und neue Techniken improvisatorisch variiert und in Bewegung gebracht werden. Die Herausforderung liegt, neben guter Intonation, darin, zu agieren und zu reagieren, zu führen und zu folgen, mit Tönen fantasievoll umzugehen und immer achtsam auf die anderen zu hören, das heißt die Spur nicht zu verlieren. So kann mit etwas Übung ein ruhiger magischer Melodiestrom von großer innerer Weite entstehen, dessen klangfarbliches Fluktuieren einzelner Töne und Tonverbindungen an die Musik von Giacinto Scelsi erinnern mag.

Rituale der Erarbeitung und mentale Repräsentationen

Das „Packen des Koffers" bzw. Entwickeln der Tonfolge vollzieht sich dabei in stets gleichen Handlungsschritten: klares Benennen des Tons bzw. der Töne – deutliches Vorspielen – aufmerksames Zuhören und stummes Mitgreifen aller Spieler – Spielen im Tutti unter deutlicher Leitung des ansagenden Spielers, der mit Atem und Geste den Einsatz gibt und mit sparsamer Spielgestik den Wechsel der Töne anzeigt. Dies schult bereits eine Fülle von Ensemblequalitäten, ebenso wie das Aufbauen der Tonfolge nach dem Prinzip des Kofferpackens ein gutes Gedächtnis erfordert und fördert zugleich. Beim freien individuellen Voranschreiten und kollektiven Folgen sind gutes Aufeinanderhören und Reagieren gefordert. Am Anfang sollte Spielanweisung Nr. 6, das freie Voranschreiten lediglich mit einem Ton, gut geübt und dann erst die Zahl der Töne bis zu drei erhöht werden, alles in einem ruhigen, metrisch freien Tempo.

Das Modell funktioniert in fortgeschrittenem Stadium auch ohne Worte, nur durch Vormachen und Nachmachen, Hören, Melodie-Aufbauen, Auswendiglernen, mentales Repräsentieren der Reihe, Zusammenspielen, nonverbales Kommunizieren und Improvisieren mit den einzelnen Tönen und ihrem Zusammenhang. Bei erfahrenen Instrumentalisten mit musiktheoretischem Hintergrund bietet sich eine strukturelle Analyse der mehr oder weniger zufällig entstandenen Melodiereihe an. Ertragreich für das musikalische Verstehen und innere Repräsentieren ist die Untersuchung von Intervallfolge und Intervallspannung, Struktur und Ausdruckscharakter der Reihe in ihren Teilen und im Ganzen, ein Stück angewandte Musiktheorie. Als zusätzliche Regel kann hier eingeführt werden, dass keine tonale Reihe entstehen soll (d. h. jeder dritte Ton in keinem tonalen Bezug zum jeweils ersten steht).

Das Modell bildet eine vorzügliche Schule des Improvisierens im Ensemble, für das einige grundsätzliche Regeln gelten wie:

- handeln / nicht handeln (aktiv pausieren)
- zuhören und abwarten / Initiative ergreifen
- alle / wenige / einzelne
- viel Aktion (Variation) / wenig Aktion
- Tempo / Aktionsdichte / Dynamik verändern, variieren
- verschiedene Interaktionsgruppen bilden und variieren von 2 bis mehreren und allen Spielern.

Einbindung in Konzert und Unterricht

Das Improvisationskonzept eignet sich für Ensembles, bestehend aus Anfängern und Fortgeschrittenen, Kindern, Jugendlichen und Erwachsenen, Laien und Profis gleichermaßen. Es hat sich im Rahmen von Klassenunterricht und Workshops mit Schülern ebenso wie in der Arbeit mit Studierenden bewährt und kann in Klassenvorspielen und Konzertprogrammen von Laien und Profis aufgeführt werden.

Die Lernziele sind vielfältig und erstrecken sich von personalen Aspekten wie Selbstwahrnehmung, Wahrnehmung der anderen und Gedächtnisschulung über musikalische Ensemblefähigkeiten wie Aufeinanderhören, Ansagen, Anschauen, Tongestaltung, Artikulation und Intonation, Einton-Improvisation und Klangbalance bis zu sozialen Fähigkeiten wie Initiative ergreifen, Führen und Folgen und Kommunizieren mit Musik. Wichtig ist es, aus der Vielzahl der Lernziele einige wenige bewusst auszuwählen, in klare Handlungsanweisungen resp. musikalische Tätigkeiten zu übersetzen und darauf den methodischen Probenschwerpunkt zu legen, damit der gewünschte Lernerfolg ebenso gewährleistet ist wie das Endziel, das Konzept eigenständig zu realisieren und qualitätvoll aufzuführen.

Literatur

Keller, Max E. (1973), *Improvisation und Engagement*. In: Melos 40, IV, S. 198–203.

Nimczik, Ortwin/Rüdiger, Wolfgang (1997), *Einstimmige Vielstimmigkeit. Drei Improvisationsmodelle von Max E. Keller (1995)*. In: Musik & Bildung 1/1997, S. 27–29.

11 Tonkörper im Raum mit name pieces – nach John Cage

Spielanweisung

1. Alle Spieler verteilen sich im Raum. Ein Dirigent mit Stoppuhr gibt als gestischer Uhrzeiger mit den Armen, die einen Kreis beschreiben, den Zeitverlauf an (z. B. ein Viertelkreis gleich eine Minute). Jede/r Spieler/in führt eine festgelegte Anzahl von singulären Klangereignissen – Tonkörpern verschiedener Art – in einem festgelegten Zeitraum aus (bei 10 Spielern z. B. 4 Tonkörper pro Spieler in 4 Minuten). Die einzelnen Klänge werden in diesem Zeitraum nach individueller Wahl und Verantwortung frei platziert und voller Präsenz und Achtsamkeit gespielt, mit langen Pausen zwischen den Aktionen und aktivem Hören auf die eigenen Klänge und die der anderen.

2. Beginn auf ein Zeichen hin – freie Einsätze – verschieden lange Pausen – Horchen

3. Verschiedene Oktavlagen in jeder Klangaktion

4. Die singulären Tonkörper entstehen aus einer Kombination von Dauern und Lautstärken:
· so kurz wie möglich
· von mittlerer Dauer
· von langer Dauer (z.B. ein langes Ausatmen)
· so leise wie möglich
· in mittlerer Lautstärke
· so laut wie möglich
Das sind insgesamt 9 Wahlmöglichkeiten.

5. Innerhalb des festgelegten Zeitraums spielt jede/r sein/ihr persönliches *name piece*: eine Tongruppe aus den Tonbuchstaben des eigenen (Vor-)Namens, frei und ausdrucksvoll gestaltet (verschiedene Tondauern, Rhythmen, Dynamiken, Artikulationsformen, Oktavlagen, Spielweisen). Die *name pieces* sind kleine expressive Improvisationskompositionen, die sich von den singulären Tonkörpern abheben.

6. Die Tonkörper im Raum sollen ohne Vibrato, die *name pieces* können mit Vibrato gespielt werden.

7. In den *name pieces* können konventionelle und neue Spieltechniken kombiniert werden. Als subjektive Ausdrucksgestalten treten sie dynamisch etwas hervor, stehen für sich oder überlappen sich und verbinden sich miteinander.

■ Material
Einzelklänge und Eigenkompositionen aus den Tonbuchstaben des Namens

■ Mitwirkende
3 bis 30 Spieler und mehr ab ca. 12 Jahren, 1 Dirigent mit Stoppuhr als gestischer Uhrzeiger

■ Musikalische Vorkenntnisse
Notenkenntnisse erwünscht

■ Instrumentale Vorkenntnisse
Grundlegende Spielfertigkeiten im Oktavraum; für Anfänger, Fortgeschrittene und Profis gleichermaßen geeignet

■ Instrumente
Melodieinstrumente, Stimme, Körperklänge, Klavier, Gitarre, Schlag- und Alltagsinstrumente aller Art

■ Probenumfang
je nach Alter und Vorkenntnissen ca. zwei bis fünf Proben

■ Aufführungsdauer
je nach Zahl der Mitwirkenden ca. 5 bis 10 Minuten

■ Verwendung
Improvisationskurse und Klassenunterricht; Schülervorspiele und professionelle Konzerte

■ Variationsmöglichkeiten
name pieces pur

■ Gattung
Verbale Spielanweisung mit Anleitung zu eigenen Kompositionen in traditioneller Notation

■ Verwandte Modelle
1, 2, 3, 7, 12, 13, 14, 18

Entstehung und Erarbeitung

Atlas Eclipticalis und *number pieces* von John Cage als Inspirationsquellen

Das Improvisationsmodell *Tonkörper im Raum mit name pieces* ist inspiriert von John Cages Ensemblestück *Atlas Eclipticalis* aus dem Jahr 1961 und von Cages späten *number pieces*, das sind nach Anzahl der Spieler benannte „Zahlenstücke", in denen Einsatz und Ende eines vorgeschriebenen Klangereignisses in einem bestimmten zeitlichen Rahmen stattfinden, der von Zeitklammern angezeigt wird (Beginn eines Klangs z. B. zwischen 0 und 45 Sekunden). Bei genauen Vorgaben und Spielanweisungen eröffnen *Atlas Eclipticalis* ebenso wie die *number pieces* etliche Spielräume der Realisation, von der variablen Besetzung bis zur zeitlichen Gestaltung, und regen zur Erfindung neuer Ensemblestücke in freier Besetzung, ohne Metrum und feste Tonskala, an. Benötigt werden lediglich Stoppuhren oder ein Dirigent (mit oder ohne Stoppuhr), der mit seinen Armen einen gestischen Uhrzeiger darstellt. Je nach Vereinbarung kann ein Viertelkreis des lebendigen Uhrzeigers zum Beispiel 15 Sekunden, eine Minute oder mehr dauern, ein voller Kreis mit beiden Armen entsprechend 1 Minute, 4 Minuten oder mehr. In diesem Zeitraum können je nach Vorgabe, Absprache und individueller Entscheidung die Spieler ihre verschiedenen Klangereignisse platzieren, gepaart mit Pausen und aktivem Zuhören.

John Cage war ein Meister der Naturnachahmung und des freigelassenen Klanges, der immer wieder auf Steine und Sterne, Wasser und Pflanzen als Quellen seiner aus Zufallsoperationen entstandenen Werke zurückgriff. Cages variables Ensemblestück *Atlas Eclipticalis* geht auf die gleichnamige Sammlung von Sternenkarten zurück und entstand durch Auflegen transparenten Notenpapiers und Transkribieren der Positionen der Sterne und ihrer Konstellationen. Die 86 Instrumentalparts des Stücks können frei kombiniert und in beliebiger Dauer und Besetzung aufgeführt werden. Die einzelnen Stimmen – jede ist einem Freund oder Kollegen gewidmet – sind in Streckennotation geschrieben, das heißt die Musiker bestimmen ihre Einsätze nach den horizontalen Abständen der Töne und Tongruppen weitgehend selbst. Anders verhält es sich mit den Dauern innerhalb der einzelnen

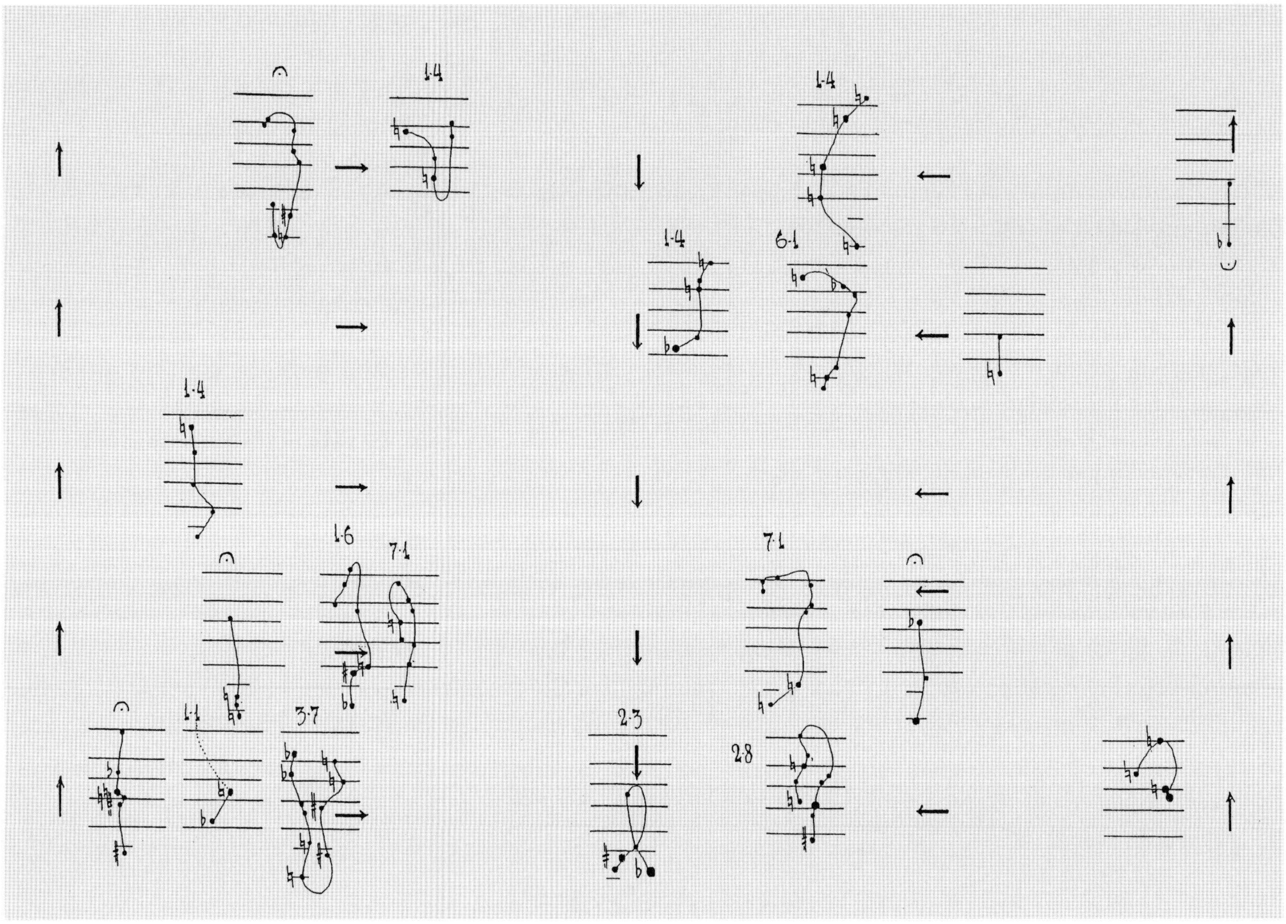

John Cage, *Atlas Eclipticalis* (1961) – 3. Seite der Stimme des Fagott 1
Abdruck mit freundlicher Genehmigung von C. F. Peters Musikverlag Leipzig, London, New York

Sternen-Aggregate, für die Cage klare Angaben macht: *so kurz wie möglich*, von *erkennbarer Dauer* und von *einer gewissen Dauer* (z.B. etwa eine Atemlänge, angezeigt durch eine Fermate). Die vertikale Achse zeigt die Tonhöhen an, wobei unscharfe Zwischenpositionen im Liniensystem als Vierteltöne oder Achteltöne zu interpretieren sind. Die Lautstärken richten sich nach der Größe der Noten bzw. abgepausten Sternenpunkte.

Entwicklung des *Tonkörper*-Modells

Das Konzept *Tonkörper im Raum mit name pieces* greift in einem ersten Schritt Cages ästhetische Idee und kompositorische Verfahrensweise von *Atlas Eclipticalis* auf und entwickelt aus dem freigelassenen Umgang mit Tönen, Dauern und Dynamiken ein neues Improvisationsmodell mit kompositorischen Elementen.

Übernommen und etwas umformuliert wird die Idee der drei Dauern: so kurz wie möglich – so lang wie möglich – von mittlerer Dauer. Diese können mit drei entsprechenden Lautstärken kombiniert werden: *ppp – fff – mf*. Die Wahl der Tonhöhen bleibt freigestellt, ein Metrum gibt es nicht. Jeder Spieler hat also einen Vorrat von insgesamt neun Tongestalten oder Tonkörpern zur Verfügung:
so kurz wie möglich im *ppp – fff – mf*
so lang wie möglich im *ppp – fff – mf*
von mittlerer Dauer im *ppp – fff – mf*.

Jeder Spieler sucht sich mehrere verschiedene Dauern-Lautstärken-Kombinationen aus und übt diese gut; die Anzahl der verschiedenen Tonkörper, die jeder zur Verfügung hat, richtet sich nach der Zahl der Mitwirkenden und nach der festzulegenden Spieldauer. Einzelne Kombinationen wie etwa „so kurz wie möglich im *ppp*" oder „von mittlerer Dauer im *mf*" sollten gemeinsam im Tutti-Ensemble geübt werden, damit die Dynamik angeglichen werden kann. Dabei werden die entsprechenden Tonkörper in vorher festgelegter Zahl in einem bestimmten Zeitraum gespielt, ohne Metrum und vorherbestimmte Tonhöhen wie auf eine leere Leinwand „gemalt" – eine Musik blitzender Tonpunkte oder Halteklänge laut und leise, im Raum verteilt, von nah und fern. Eine grundlegende Arbeit an der körperlich-klanglichen Intensität und Präsenz von Einzeltönen ist hier hilfreich.

Objektive *Tonkörper* und die Komposition subjektiver *name pieces*

Das Modell *Tonkörper im Raum* allein führt schon zu einem spannenden Klangergebnis, das immer wieder anders ausfällt. Schöner und tiefgründiger wird das *Tonkörper*-Konzept, wenn es in einem zweiten Schritt mit *name pieces* verbunden wird: kurzen, in Freiarbeit erstellten Eigenkompositionen aus den Tonbuchstaben des Vornamens (ggf. auch Nachnamens) eines jeden Spielers. Im Namen Rahel Rüdiger beispielsweise sind die Töne A H E und D G E enthalten; sie bilden das Material kleiner kompositorischer Stücke, mit denen jede/r sich auf seine eigene individuelle Weise klanglich präsentiert.

Dies kann ja nach Ausbildungsstand und instrumentalem Können und Wollen ganz pur geschehen, nur mit den klingenden Namens-Tönen (wie in Robert Schumanns *Sphinxes* aus dem Klavierzyklus *Carnaval* op. 9: den „drei Gruppen archaischer Pfundnoten" (Appel 2005, S. 49) aus vier, drei und vier Tonbuchstaben: (E)S – C – H – A, (A)S – C – H und A – (E)S – C – H , die Schumann selbst und den Heimatort Asch seiner damaligen Verlobten Ernestine von Fricken symbolisieren).

Es können aber auch verschiedene Dauern und rhythmische Muster sowie neue Spieltechniken ausprobiert und für die Komposition der *name pieces* verwendet werden: Vibratoformen und mikrotonale Schwankungen, kleinere und größere Glissandi in verschiedene Richtungen, Triller und Tremoli, Umspielungen, Wellenbewegungen und Intervallspannungen um den Ton herum, Klangfarbenwechsel und all die spezifischen avantgardistischen Spieltechniken der einzelnen Instrumente, die das *name piece* expressiv aufladen: frullato (Flatterzunge), con voce (mit Stimme), Slaps, Flautando, Flageolett- und Mehrklänge bei den Blasinstrumenten, (Bartók-)Pizzicato, col legno, sul ponticello etc. bei den Streichern, im Innern des Klaviers, die Saiten streichend, mit Pedalisierungen und Präparationen und vieles mehr.

In ihrem subjektiven und expressiven Charakter heben sich die *name pieces* von den „objektiven" punktuellen Ereignissen der sternenförmig aufleuchtenden Einzelklänge ab. Die Musik der Sterne verbindet sich auf ergreifende Weise mit der Musik der Menschen.

Dauer und „Dirigent" – „Mit etwas Extremismus" und Hingabe

Die Gesamtdauer wird vorher festgelegt und von einem „Dirigenten", der auch ein Schüler sein kann, in Form eines gestischen Uhrzeigers angegeben: Der linke Arm nach oben zeigt den Beginn an; jeder vom zunächst linken, dann rechten Arm beschriebene Viertel- und Halbkreis bezeichnet eine vorher festgelegte Dauer, in deren Verlauf die Klänge im wachen Horchen auf die Entstehung des Ganzen, mit erfüllten Pausen, so gespielt werden, als würden sie von selbst geschehen.

Zur Einstimmung auf den Geist und die Spielweise des Ganzen ist John Cages Empfehlung für Orchestermusiker anlässlich einer Aufführung von *Atlas Eclipticalis* sehr hilfreich:

Und wenn Sie Klänge zu machen haben, spielen Sie sie mit etwas Extremismus, als ob Sie in einem Wald wären und einen solchen Klang vorher nie angetroffen hätten, so daß seine plötzliche Entdeckung Sie entzückt.
(John Cage 1978, S. 61)

Wenn Sie einen leisen Klang erzeugen, erzeugen Sie ihn so leise, daß Sie nicht sicher sind, ob er tatsächlich anspricht. Planen Sie das Ergebnis nicht, helfen Sie ihm nicht gewaltsam nach, bringen Sie es einfach zur Existenz, lassen Sie den Vogel aus seinem eigenen Nest fliegen. Und lassen Sie die meisten Klänge so leise sein, wie Sie noch keine gehört haben. Wenn Sie allerdings einen lauten Klang von jemand anderem hören, verändern Sie Ihren leisen Klang nicht automatisch in einen weniger leisen. [...] Und wenn Sie gerade im Begriff sind, einen lauten Klang zu spielen, spielen Sie ihn so laut, daß man geradezu aufspringt. Statt uns das Leben langweilig zu machen, können wir es auch überraschend anlegen, und es wird uns mehr überraschen, wenn wir es nicht mit unseren Intentionen vollstopfen, sondern uns selbst hingeben gerade bei der Erledigung unserer einfachen Arbeiten.
(Ebd., S. 60 f.)

Zur Erarbeitung – Übungen – Transparenz und Dichte

Bei der Erarbeitung und Ausfeilung des Konzepts spielen die Anknüpfung an die musikalisch-ästhetische Erfahrungswelt der Schüler sowie elementare körperlich-klangliche Übungen eine entscheidende Rolle. Im Vergleich mit Steve Reichs metrisch-minimalistischer *Clapping Music* etwa kann das a-metrische freie Zeitempfinden und -gestalten bei Cage als Gegenmodell erfahren werden und zu ersten Lautstärkenübungen führen, zum Beispiel: Dauer „so kurz wie möglich" mit gelöstem und zugleich zentriertem Körper-Klang-Bewusstsein: je drei Klatsch-, Schnips- und Finger-Clapping-Klänge im Fortissimo, Pianissimo und Mezzoforte innerhalb von ca. einer Minute (ein Arm-Viertelkreis = 15 Sekunden). Übertragen auf Instrumente aller Art und gut geprobt, blitzt hier schon ein musikalisches „Himmelsgefunkel" auf, ohne dass die einzelnen Klänge allzu naturalistisch mit Sternen assoziiert werden sollten; der Vergleich reicht vollkommen aus.

Ähnlich intensive Übungen und Erarbeitungsschritte erstrecken sich im Folgenden auf

a) die drei Dauern und ihre Kombination mit den drei Lautstärken;
b) die individuellen *name pieces*, deren Ausgestaltung durch die Schüler nach ersten Ideen ggf. weiterer Anregungen, Vorbilder und Hilfestellungen bedarf (was z. B. mit einem bis zwei Tönen alles möglich ist, Vorbild Giacinto Scelsi, Eintonkompositionen, neue Spieltechniken etc.);
c) die Überzeugungskraft und Stimmigkeit des regelgeleiteten und zufallsgeladenen Ganzen; hier kann es hilfreich sein, die (Zwischen-)Ergebnisse aufzunehmen, abzuhören und zu diskutieren. Der Umgang mit Pausen und erfüllter Stille – auf dass die Klangereignisse sich entfalten, atmen können –, die Dramaturgie verschiedener sich ergebender Dichtegrade und das Verhältnis der je drei Einzelklänge zum komponierten Namen spielen dabei eine wichtige Rolle.

Und wenn das Konzept nach manchen Proben gelingt und glückhaft erklingt, so entsteht eine leuchtende Skulptur aus Klängen verschiedenster Tonkörper und Namensstücke im Raum, die sich begegnen, überlagern, durchdringen oder für sich stehen. Ähnlich wie in *Atlas Eclipticalis* spannt sich im *Tonkörper*-Konzept zwischen Stille und sparsamen Klangereignissen, die sich verdichten können, eine Musik des „gestirnten Himmels über uns" auf, die die Hörer zu aktiver Meditation einlädt und von den Ausführenden eine Haltung gelöster Intensität verlangt, wie sie für Cages Musizierideal charakteristisch ist.

Einbindung in Konzert und Unterricht

Das Improvisationsmodell eignet sich für alle möglichen Anlässe kreativen Musizierens und Erfindens von Musik zwischen Improvisationskurs und Klassenunterricht, Schülerkonzert und Profi-Aufführung. Für das Abschlusskonzert des Interpretationskurses Neue Musik im Rahmen der 67. Frühjahrstagung des Instituts für Neue Musik und Musikerziehung 2013 haben Jugendliche verschiedenen Alters und Ausbildungsstands (zwischen 12 und 15 Jahren) sehr unterschiedliche *name pieces* komponiert, die gute Beispiele dafür bieten, was alles möglich ist und wie motiviert Schüler sind, ihre eigene Musik zu erfinden und aufzuführen (siehe die *name pieces* auf den Seiten 69 und 70).

Als Variationsmöglichkeit bietet es sich an, *Tonkörper im Raum* und *name pieces* voneinander zu trennen und letztere beispielsweise pur aufzuführen (vgl. das folgende Modell *name pieces pur*). In einem experimentellen Konzertformat des *Ensemble Aventure* 2008 konnte das in mehreren Proben erarbeitete Konzept *name pieces* mit professionellen *Aventure*-Musikern und Laien, das heißt

Name Piece

(2013)

Franz Rieks
(*1998)

♩ = 50

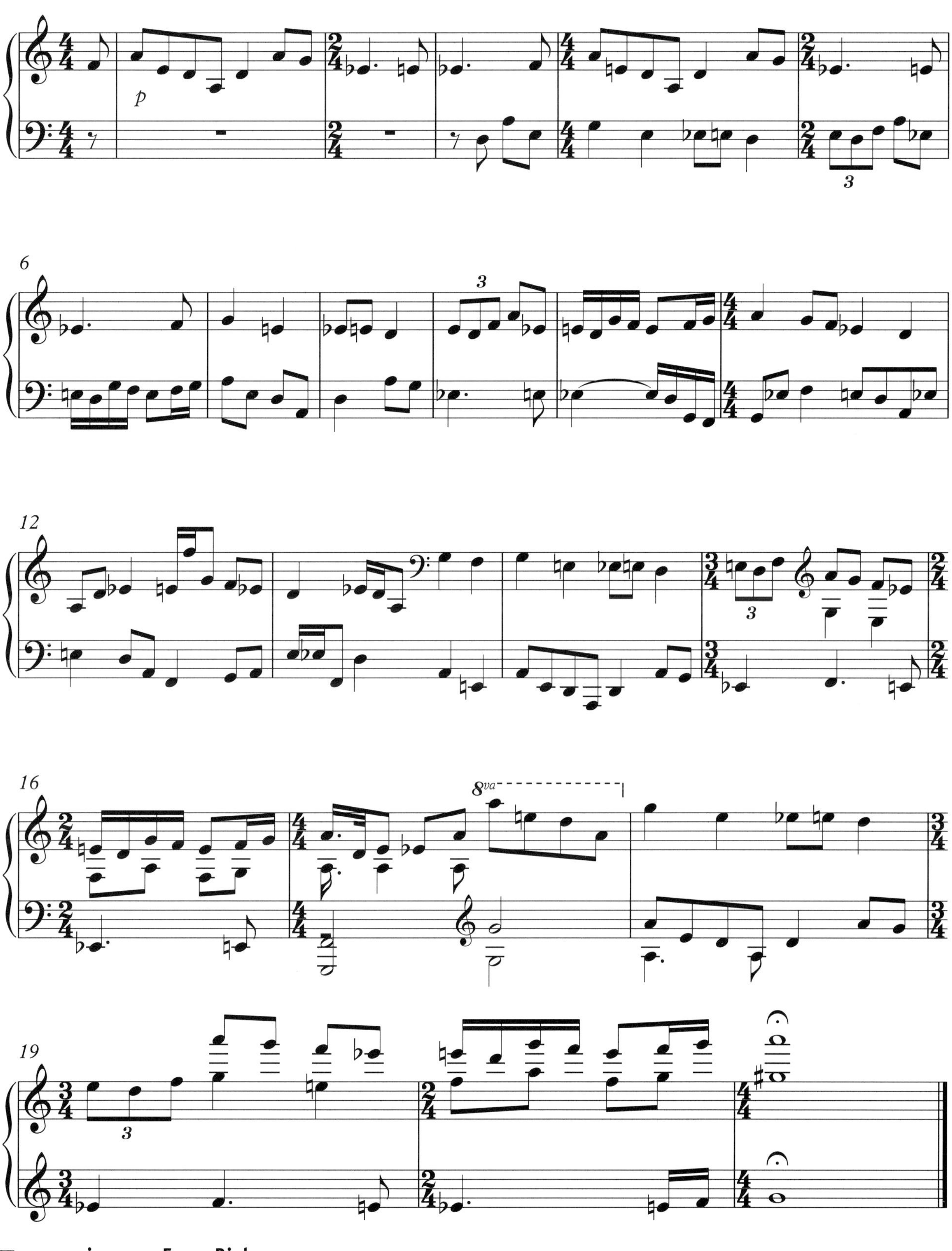

■ *name piece* von Franz Rieks

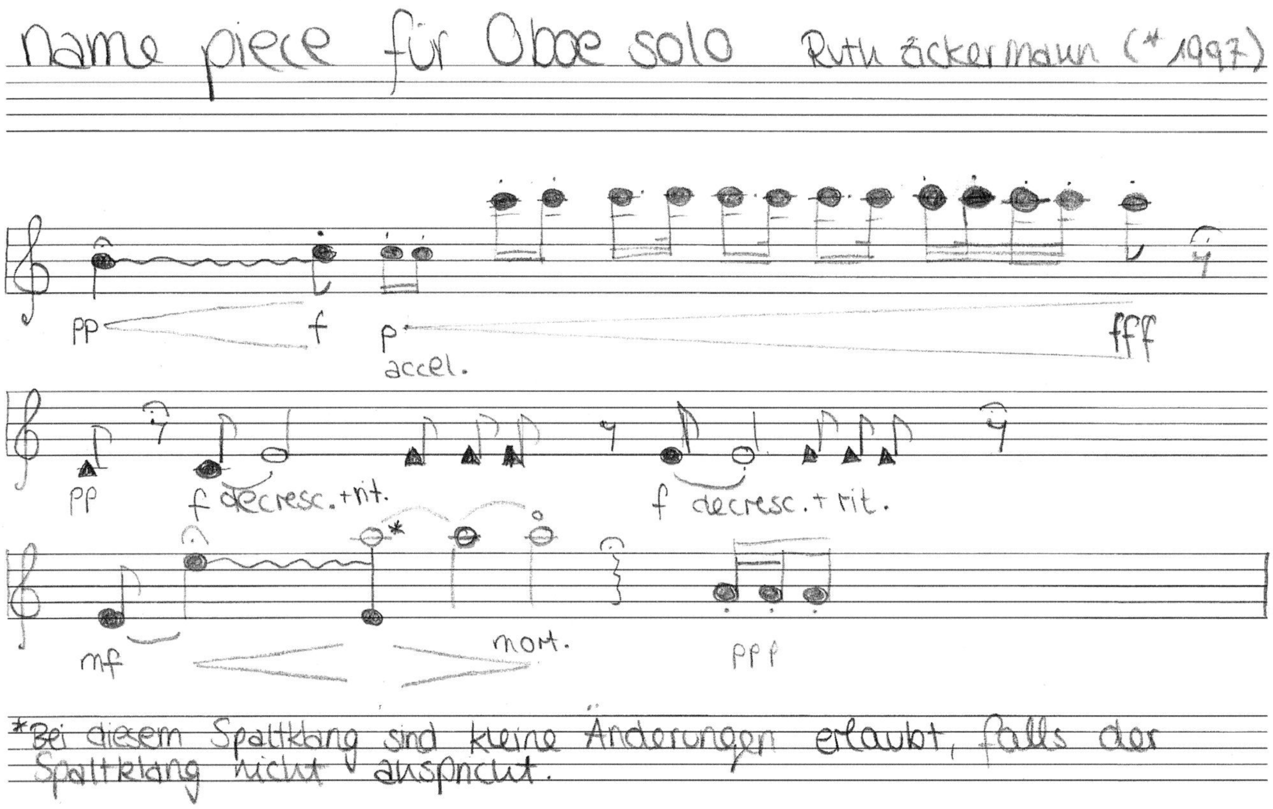

■ ***name piece* von Ruth Zickermann**
Abdruck mit freundlicher Genehmigung der Komponistin.

musizierenden Hörerinnen und Hörern, überzeugend aufgeführt werden. Ein besonderer Reiz bestand darin, dass ein Mitwirkender mit nur drei Tonbuchstaben in seinem Namen – C, H und F – eine solche Fülle von gestalterischen Möglichkeiten erfand, dass ein ausdrucksvolles *name piece* entstand, das durchaus an die durchgestalteten Ein- bis Zwei-Ton-Kompositionen Scelsis und Ligetis erinnerte.

Literatur

Appel, Bernhard R. (2005), *Artikel „Carnaval. Scènes mignonnes sur quatre notes für Klavier op. 9"*. In: Robert Schumann. Interpretationen seiner Werke, hg. von Helmut Loos. Laaber, S. 49–55.

Cage, John (1978), *Rede an ein Orchester*. In: Musik-Konzepte Sonderband John Cage I, hg. von Heinz-Klaus Metzger und Rainer Riehn. München, S. 56–62.

Rüdiger, Wolfgang (2007), *Schumann als Prophet. Ein Improvisationskonzept für Ensemble*. In: Üben & Musizieren 5/2007, S. 30–33.

12 name pieces pur – nach Jorge Horsts *Crisoles* (2013)

Spielanweisung

1. Jeder Spieler schreibt die Tonbuchstaben seines Namens in Form von Buchstaben oder Noten auf (Beispiel: Franz Rieks = f – a – e – es)

2. Diese Töne bilden das Material einer *name piece*-Improvisation. Jede Oktavlage ist möglich. Die Töne können auch gesungen werden.

3. Die Grunddynamik bewegt sich zwischen *pp* und *mp*; lautere Ereignisse bilden die Ausnahme.

4. Sparsame Klangaktionen wechseln mit verschieden langen Pausen ab.

5. Atemgeräusche ergänzen die Töne; es kann von Atem in Ton moduliert werden und umgekehrt.

6. Mit den Tönen und Atemklängen wird in folgender Weise improvisiert:

- Haltetöne – kurze Tonrepetitionen von 1 bis 3 Tönen
- Dynamik: Tenuto oder Crescendo–Decrescendo, alleine und kombiniert
- Glissando von einem Ton zum nächsten
- Klangfarbenwechsel auf einem Ton (Bisbigliando)
- Mikrotöne: einen Viertelton oder Achtelton höher oder tiefer (plus Glissando)
- Neue Spieltechniken: frull. (frullato = Flatterzunge), M (weiche Multiphonics = Mehrklänge), Flageolett, col legno, Singen beim Spielen u. a.
- Verschiedene Vibratoformen

Material
Tonbuchstaben des Namens und Notationszeichen

Mitwirkende
3 bis 10 Spieler ab ca. 12 Jahren

Musikalische Vorkenntnisse
Notenkenntnisse und Kenntnisse musikalischer Zeichen

Instrumentale Vorkenntnisse
Grundlegende Spielfertigkeiten im Oktavraum; für Anfänger, Fortgeschrittene und Profis gleichermaßen geeignet

Instrumente
Instrumente aller Art, Atemklänge

Probenumfang
je nach Alter und Vorkenntnissen ca. zwei bis drei Proben

Aufführungsdauer
je nach Zahl der Mitwirkenden ca. 3–5 Minuten

Verwendung
Improvisationskurse und Klassenunterricht; Schülervorspiele und professionelle Konzerte

Variationsmöglichkeiten
Erweiterung der musikalischen Zeichen und Spieltechniken

Gattung
Verbale Spielanweisung mit Notationszeichen

Verwandte Modelle
1, 3, 11, 13

Entstehung und Erarbeitung

Der Einzelne und die Vielen – Jorge Horsts *Crisoles* als Vorbild

Das Musiziermodell *name pieces pur* ist inspiriert sowohl von John Cages späten *number pieces* (vgl. das Modell *Tonkörper im Raum mit name pieces*) als auch von der Ensemblekomposition *Crisoles* (2013) des argentinischen Komponisten Jorge Horst (*1963). Eine Passage daraus besteht aus einer Improvisation über die Töne C – H (englisch B) – E – G (das sind die Tonbuchstaben von Che Guevara, ein Zeichen für den kritischen, widerständigen Ansatz der Musik von Jorge Horst). Einige wenige Spielanweisungen geben an, wie mit den Tönen improvisiert werden soll (siehe Notenbeispiel rechts).

Der Titel *Crisoles* bedeutet „Schmelztiegel" oder „melting pot", was soziologisch „den Prozess der Assimilation und Integration von Einwanderern bezeichnet" (Beimel 2014), ein Grundmerkmal des „mestizischen" Kontinents Lateinamerika. In Jorge Horsts Stück verbindet sich der Respekt vor der Individualität des einzelnen Menschen mit dem Hören auf die Stimmen der Anderen:

Diese Idee des Einzelnen und der Vielen – des Einen und des Vielfältigen – hat mich schon immer begeistert. Das Einzelne als Ausgangspunkt, von dem aus zentrifugal das Vielfältige erreicht wird. Das Vielfältige wäre in diesem Fall die Gesamtheit aller Orchestermitglieder; das Eine wäre ein einzelnes Instrument, das inmitten aller anderen erklingt. Mit dieser Idee arbeite ich schon seit langer Zeit, denn ich habe festgestellt, dass ich beim Zuhören ein besonderes Vergnügen empfinde, wenn ich ein einzelnes Instrument höre, das nur einen einzigen Ton oder eine winzige melodische Linie spielt, während alle anderen anwesend sind. Das hat für mich etwas mit Freude, mit Genuss zu tun.
(Jorge Horst, zit. nach Beimel 2014)

Zu Beginn von *Crisoles* erzeugen die sieben Instrumente – in der symmetrischen Besetzung Englischhorn, Bassklarinette, Fagott, Klavier, Viola, Violoncello, Kontrabass – Atemgeräusche, „so als seien sie lebendige Wesen", später werden ihnen einzelne signifikante Töne zugewiesen. „In diesem Stück geht es unter anderem um die Aspekte von Gemeinschaft und Zugehörigkeit, die über das Prinzip der Wiederholung ausgelotet werden: wobei die Wiederholungen entweder genau – also quasi wortgetreu sind, im Sinne einer Zustimmung – oder durch Variationen das Phänomen der Abweichung thematisieren. Kontraste werden dabei als belebende Einsprüche erfahrbar." (Beimel 2014)

Melodische Qualitäten von Einzeltönen und Klanglinien

Diese Beschreibung trifft auch auf das von der *Crisoles*-Passage abgeleitete Improvisationskonzept zu. Das gemeinsame Tonmaterial, gewonnen aus den Tonbuchstaben des Namens eines Spielers (oder eines anderen Namens), spiegelt die Idee des Einen und Vielen. In leiser, gut durchhörbarer Dynamik werden die Töne durch Wiederholung und Variation (verschiedene Tonverbindungen und Spielweisen), Bezugnahmen und Brüche, Korrespondenz und Kontrast zu einem poetischen Klangamalgam geformt; jeder Spieler kann hier bereits mit einem Ton „melodisch" hervortreten:

Ich kann mir in der Musik eine Linearität vorstellen, ohne dass es sich dabei um eine Melodie handeln muss – also eine Linie, der ein Melos innewohnt, das aktiviert wird durch eine bestimmte Anzahl verschiedener Töne und Intervalle, die sich in einem Register ausbreiten und die eine erkennbare Richtung aufweisen. Eine musikalische Linie: Das kann für mich auch ein einzelnes Instrument sein, das eine halbe Minute lang einen einzigen Ton spielt, vielleicht mit einem winzigen Glissando von einem Viertelton – das ist keine Melodie, nur eine Linie, aber diese kann eine außerordentliche Ausdruckskraft besitzen –, ohne dass es sich im traditionellen Sinn um eine Melodie handeln würde.
(Jorge Horst, zit. nach Beimel 2014)

Bei der Erarbeitung kommt es zunächst darauf an, ein Gespür für diese „melodische" Qualität des Einzeltons und elementarer Tonverbindungen zu entwickeln und die Schönheit der Begrenzung auf wenige leise Klänge, durchsetzt von Pausen, zu erfahren.

Ich habe immer gesagt, dass die Musik gemacht wird aus Klängen, Stille, Gesten und Absichten. Und man kann dafür alles benutzen: Steine, Pflanzen, traditionelle oder nicht traditionelle Instrumente, akustische oder elektronische Klänge – darauf kommt es nicht an.
(Jorge Horst, zit. nach Beimel 2014)

Im nächsten Schritt werden die Möglichkeiten der Veränderung von Einzelklängen und Klangverbindungen erforscht. Ein erster Improvisationsdurchgang in vereinbarter Dauer, innerlich empfunden, schließt sich an; ein gemeinsamer Austausch darüber führt zu weiteren Ergebnissen, die aufgezeichnet, abgehört und besprochen werden. Eine Erweiterung kann das Konzept erfahren, indem zwei und mehr Namens-Tonbuchstaben kombiniert werden, ggf. bis zur Fülle aller *name pieces* der beteiligten Spieler. Und so wie der Komponist Jorge

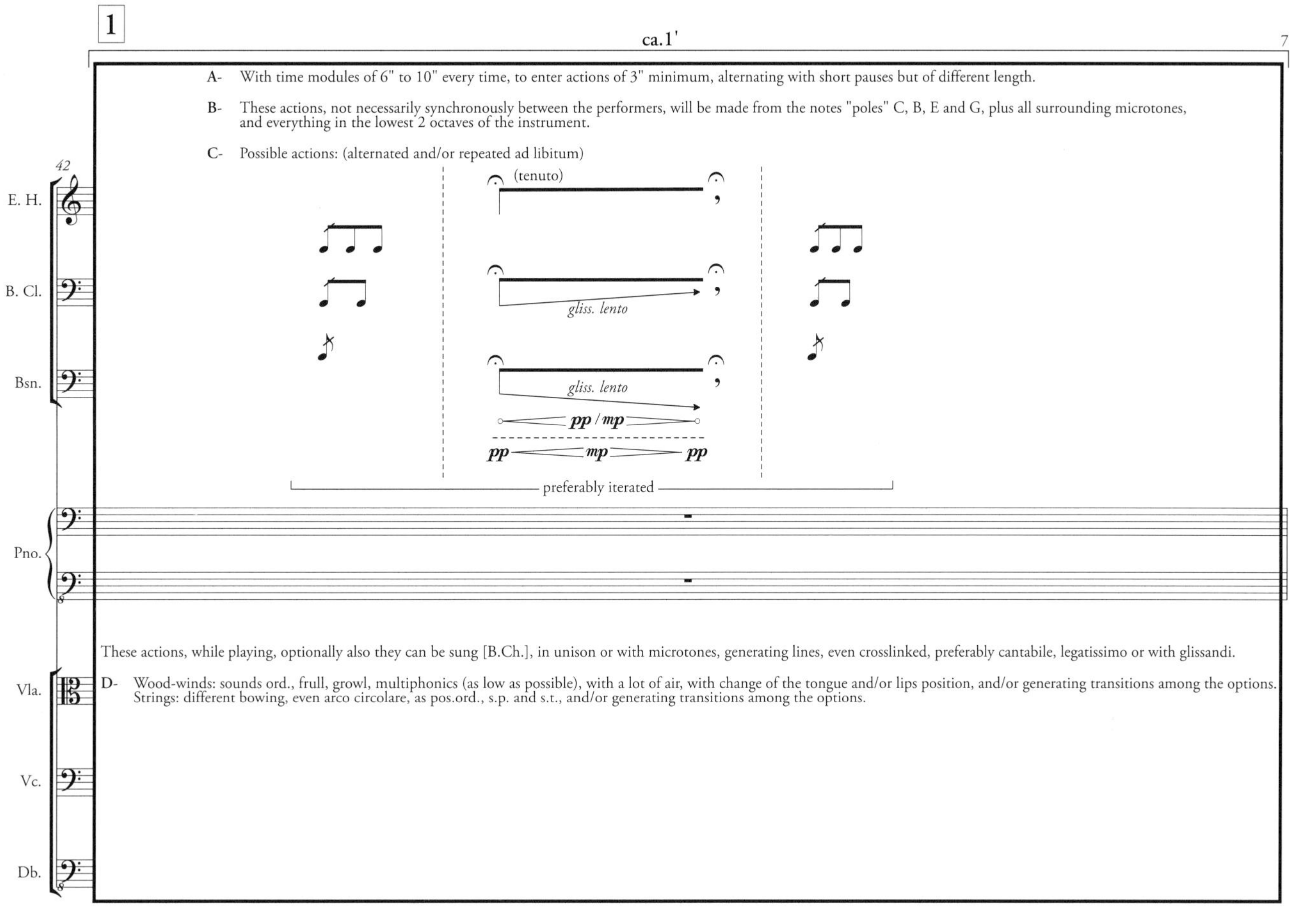

Jorge Horst, *Crisoles* (2013) für Ensemble (Auszug)

Horst seinen Improvisationsteil im folgenden Abschnitt des Werkes in ein Klaviersolo überführt – die anderen Instrumente improvisieren auf beschriebene Weise weiter –, so kann das *name piece*-Ensemble mit Simultankonzepten experimentieren und dabei erforschen, was zum alchemistischen Gesang von Einzelnen und Vielen in „Gemeinschaft und Zugehörigkeit" noch alles passt.

Einbindung in Konzert und Unterricht

Das Musiziermodell eignet sich für Improvisationskurse und Klassenunterricht ebenso wie für jedes neue Vorspiel- und Konzertformat, das sich nicht auf die Reproduktion von Werken beschränkt, sondern Ereignisse inszeniert, die Menschen bewegen und verändern. Im Unterricht an Schulen und Musikschulen bildet es einen hervorragenden musikpraktisch-ästhetischen Einstieg in improvisatorische Richtungen neuer Musik, in Formen reduktiver Musik und in die neue Musik Lateinamerikas am Beispiel Argentinien.

Literatur

Beimel, Thomas (2014), *Ketzerische Wut. Der argentinische Komponist Jorge Horst*, Deutschlandfunk, Atelier neuer Musik, Samstag, 1. Februar 2014.

13 Zwischen Fenstern zum Hof – Chico Mellos *„Oh, my windows“* (2004)

Spielanweisung

■ Aufstellung der Musiker in 3 Gruppen:
Gruppe I links vorne – Gruppe II Mitte hinten – Gruppe III rechts vorne
Die Gruppen sollen so weit wie möglich voneinander entfernt platziert werden. Innerhalb der Gruppen sollen die Musiker so nah wie möglich beieinander stehen. Die Koordination geschieht durch Stoppuhren.

Die **Partitur** (siehe S. 78f.) enthält Zeichen für Improvisationen mit 5 verschiedenen Materialien: lange Töne, Lieder, Gesten, Geräusche, Stille. Diese in Sekundendauern angegebenen Improvisationen sind dreistimmig notiert, so dass jede Gruppe immer die gleiche Art von Elementen spielt; innerhalb der Gruppen kann jede/r Spieler/in seine/ihre eigene Wahl treffen (siehe unten).

1. *Lange Töne*: Jede/r Spieler/in sucht sich nur diatonische Töne aus (Beispiel: weiße Tasten des Klaviers). Die Töne, fast immer in der mittleren und tiefen Lagen des jeweiligen Instruments, sollen so lang wie möglich gehalten werden (jeder Einsatz ein neuer Ton). Die hohe Lage soll sehr sparsam eingesetzt werden (hauptsächlich Flageolett-Klänge, wenn möglich). Die Dynamik ist immer *pp*. Das Klavier soll wie ein Streichinstrument klingen (nur im Inneren des Klaviers bzw. des Flügels, keine Tastatur).

2. *Lieder*: Jede/r Spieler/in sucht sich 5 bis 15 Töne aus einem Lied, das er/sie besonders liebt (nur ein Lied pro Spieler während des ganzen Stücks). Das Lied kann mit oder ohne instrumentale Begleitung (z.B. Streicher-Pizzicato) in einer beliebigen Tonart gesungen oder auch abwechselnd gesungen und gespielt werden. Die Art des Singens oder Spielens ist stets fragmentarisch, d. h. die Liedelemente sollen tendenziell kurz und von Pausen unterschiedlicher Dauer durchsetzt sein (bei langen Zeitstrecken bitte sparsam vorgehen). Wiederholungen sind willkommen. Die Ergebnisse sollen wie singendes Stottern klingen, die Lieder jedoch erkennbar bleiben. Die Dynamik ist frei.

3. *Gesten*: Jede/r Spieler/in wählt 3 verschiedene Gesten aus, die typische Merkmale von Instrumentalisten (z. B. bestimmte Tics oder schlechte Angewohnheiten) oder allgemeine körperliche Ausdruckssignale bezeichnen (Gesten mit Händen, Schultern, Brust, auch Gesichtsausdrücke etc.). Die Gesten sollen in drei verschiedenen Geschwindigkeiten ausgeführt werden: langsam (Zeitlupenbewegungen mit großer

■ Material
Lange Töne, Liedfragmente, Gesten und Geräusche

■ Mitwirkende
3 bis 12 Spieler und mehr ab ca. 15 Jahren

■ Musikalische Vorkenntnisse
Kenntnisse von Liedern und Ausdrucksgesten

■ Instrumentale Vorkenntnisse
Grundlegende Spielfertigkeiten; für Anfänger, Fortgeschrittene und Profis gleichermaßen geeignet

■ Instrumente
Melodieinstrumente, Stimme, Körperklänge, Klavier, Gitarre, Schlag- und Alltagsinstrumente – Stoppuhren

■ Probenumfang
je nach Alter und Vorkenntnissen ca. drei bis fünf Proben

■ Aufführungsdauer
5 Minuten 30 Sekunden

■ Verwendung
Improvisationsworkshops, Schülervorspiele und professionelle Konzerte

■ Variationsmöglichkeiten
längere Fassung *entre janelas* (1997) und eigene Abwandlungen

■ Gattung
Eigene Notation mit Spielanweisungen

■ Verwandte Modelle
3, 7, 9, 11, 12

Amplitude), in mittlerer Geschwindigkeit („normal") und schnell (zerhackte, maschinelle Bewegungen mit kleiner Amplitude), je nach Angaben. Die Anzahl und Reihenfolge der Gesten ist frei; lange Strecken können beispielsweise mit nur einer Geste gefüllt werden und umgekehrt. Kurze Pausen, in denen die Bewegungen quasi einfrieren, und Wiederholungen von einzelnen oder mehreren Gesten sind willkommen. Als Alternative zur rein körperlichen, visuellen Fassung der Gesten ist in Rücksprache mit dem Komponisten auch eine Version mit vokalen und/oder instrumentalen Ausdrucksgesten in drei verschiedenen Geschwindigkeiten möglich. Die klanglichen Gesten sollten jedoch sehr sparsam eingesetzt werden.

4. *Geräusche*: Jede/r Spieler/in sucht sich 2 Geräusche auf dem Instrument oder mit Mund, Stimme oder Körper aus. Die Geräusche sollen entweder kontinuierlich gespielt werden (glatte Geräusche) oder mit kurzen Unterbrechungen (stotternde Geräusche). Die Dynamik ist frei.

5. *Stille*: Die vorherige Aktion wird unterbrochen und quasi eingefroren: Stille, kein Ton, keine Bewegung, die Spieler bleiben so entspannt wie möglich in der gleichen Haltung. Danach geht es lückenlos mit der nächsten Aktion weiter.

Entstehung und Erarbeitung

Der Hintergrund des Stückes

Stellen wir uns ein Haus vor, zum Beispiel in Berlin-Neukölln, in dem Menschen aus verschiedenen Ländern und Kulturen leben. Einige Wohnungen gehen zu einem Hinterhof hinaus: Viele Stimmen, Lieder, Klänge, Gesten und Geräusche sind hier zu vernehmen. Man muss nur die Fenster öffnen und hinaushören und schauen, und schon hat man die schönste Multi-Kulti-Klangkulisse zwischen Rock 'n' Roll und türkischer Musik, traditionellen Liedern und neuen Musikformen, Geräuschen, Gesprächsfetzen, Gefühlskundgebungen aller Art.

Dieses reale Szenario bildet den Hintergrund eines achtzehnminütigen Improvisationsstückes für variables Ensemble mit dem Titel *entre janelas* („zwischen Fenstern"), das der in Berlin lebende brasilianische Komponist, Musiker und Mediziner Chico Mello 1997 geschrieben hat. Einige Jahre später entstand eine kürzere Fassung mit dem Titel *„Oh, my windows" for OMI friends* (2004). Die Spielanweisung ist für beide Fassungen gleich und kann in Absprache mit dem Komponisten je nach Ensemble leicht abgewandelt werden.

Die Widmung „für die OMI Freunde" bedeutet eine Hommage an eine Künstlerkolonie in dem Dörfchen Omi nicht weit von New York, wo auf herrlichem Farmland 1992 das Omi International Arts Center gegründet wurde. Hier können sich Bildende Künstler, Schriftsteller, Musiker und Tänzer auf Stipendienbasis frei austauschen und ohne ökonomische Zwänge neue Ausdrucksformen entwickeln (vgl. Homepage Omi International Arts Center). Jeden Sommer kommen auf Einladung des Omi-Musikdepartments Musiker, Komponisten, Improvisatoren, Performer aus aller Welt zusammen, um zweieinhalb Wochen lang neue Kunstformen zu entwickeln und die entstandenen Werke oder Konzepte aufzuführen. Kulturelle Diversität, die Vielfalt der Kulturen steht dabei im Vordergrund.

Das Improvisationsstück *„Oh, my windows"* trägt dies in sich – die Omi-Ideen werden hier gleichsam auf einen Berliner Hinterhof übertragen, dessen Klänge das Material für ein Improvisationskonzept bilden, in dem Vieles und Verschiedenes zusammenkommt: Liedfetzen und lange Töne, objekthafte Geräusche und expressive Lautgesten, Stimme, Körper, Instrument, Klangfülle und gespannte Stille.

Hinweise zur Erarbeitung

Da sich jede/r Mitwirkende das Klangszenario eines multikulturellen Hinterhofs mit Liedern, Gesten und Geräuschen gut vorstellen kann oder aus eigener Erfahrung kennt, kann nach Erläuterung der Idee und Notationsweise des Improvisationsstücks sofort mit der Arbeit an den Klängen begonnen werden. Die folgenden Hinweise basieren auf Erfahrungen mit einer Version des Stückes, bei der jede der drei Stimmen doppelt besetzt war (Mehrfachbesetzungen sind möglich). Als Instrumente standen Klavier (2 Spieler), Geige, Gesang, Schlagzeug und Fagott zur Verfügung – plus Perkussions- und Alltagsinstrumente wie etwa ein Windschlauch aus Plastik, der durch Drehen in der Luft wunderbare Klänge erzeugt. So kann der gehaltene leise Klang des Anfangs bereits eine magische Mischung eingehen: tiefer Bläserton und Geigenklang, vokaler Summton, leises Tremolo im Schlagzeug, im Inneren des Klaviers erzeugter Saiten-Klang („string piano", mit Fingern oder Bogenhaaren gestrichen) und Sirren eines Klangschlauchs – 25 Sekunden lang, auf die eine gespannte Stille folgt.

Darauf folgt in Stimme I die erste Geste als rein visuelle oder auch klangliche Schicht der Improvisation, zunächst in normalem Tempo ausgeführt. Die Ursprungsfassung von *„Oh, my windows"* sieht Körpergesten und Mienenspiele ohne Klang vor, also eine stille Pantomime in drei verschiedenen Tempi (in der die Zuschauer die entsprechenden Klänge assoziieren können). Diese ‚Augenmusik' verleiht dem Stück ein musiktheatralisches Element, das sehr wirkungsvoll und mit mehreren Mitwirkenden sehr gut realisierbar ist. Für jüngere Schülerinnen und Schüler, vor allem pubertierende, kann die rein visuelle Fassung jedoch etwas problematisch bis ‚peinlich' sein. Daher hat Chico Mello auf meinen Vorschlag hin als Alternative auch eine Version mit klanglichen Ausdrucksgesten und Affektdarstellungen vorgesehen, bei denen Körpergestik und Mimik freilich stets mitspielen. Die folgenden Hinweise beziehen sich auf diese klangliche Fassung der Gesten.

Gleichviel welche Fassung gewählt wird: Das expressive Material der Körpergesten – hier auch nicht im Sinne von Musiker-‚Tics', sondern als emotionale Ausdrucksgesten verstanden – sollte mit den Schülern ausführlich besprochen und geübt werden. Dafür bietet es sich an, zunächst zu sammeln, welche Gefühle und Ausdrucksgesten es gibt, welche am meisten vorkommen und wie sie klingen. Einige der zur Sprache kommenden Grundgefühle wie Freude, Trauer, Angst, Zorn/Wut oder auch Ausdrucksformen wie „tänzerisch heiter" können in Adjektivform auf Kärtchen notiert und an die einzelnen Schüler verteilt werden. Daraufhin wird jede/r Schüler/in gebeten, das spezifische Haltungs-, Bewegungs- und Klangmuster des jeweiligen Gefühls zunächst gestisch, mit Stimme und Körper, und dann auf dem Instrument, darzustellen; die anderen raten, welches Gefühl zum Ausdruck kommt, und beschreiben, mit welchen Mitteln dies geschieht.

So entsteht eine Sammlung musikalischer Affekte oder Ausdruckscharaktere, die in der Musik in je verschiedener historischer und kultureller Ausprägung häufig vorkommen, allen voran die Grundgefühle Freude und Trauer. Freude in ihrer extrovertierten Form zum Beispiel drückt sich musikalisch in schnellem Tempo, abwechslungsreichem Rhythmus, höherer Lautstärke und heller Klangfarbe, melodisch in aufwärts strebenden Motiven und sprunghaften Intervallen etc. aus, Trauer umgekehrt in langsamer Bewegung, tiefer Lage, enger, oftmals chromatischer Melodieführung mit Seufzerfiguren und Pausen etc. (vgl. Rösing 1993, S. 579 f.). Jeder Spieler sucht sich aus der Vielfalt der Ausdrucksformen drei Gesten aus und übt sie in drei verschiedenen Tempi: normal, in Zeitlupe und in hoher Geschwindigkeit, wie bei schnellem DVD-Vorlauf, mit kleinen, quasi „maschinellen" Bewegungen. Dann können bereits die mit B bezeichneten Gesten-Abschnitte auf der ersten Seite des Improvisationsstücks geprobt werden, wobei besonders Wert auf die Klangbalance und das schnittartige Abbrechen und Erstarren („Einfrieren") am Ende der Aktionen (bei nachfolgenden Pausen) zu legen ist. Im Sinne der Idee kultureller Vielfalt können bestimmte Gesten mit Instrumenten aus anderen Kulturkreisen realisiert werden, „tänzerisch bewegt" beispielsweise mit einer lateinamerikanischen Steeldrum oder Marimbula, die auch Nicht-Instrumentalisten spielen können. Damit das konzentrierte Stück in den gestischen Teilen jedoch klanglich nicht ausbricht, sollten die Spieler mit den instrumentalen Gesten insgesamt etwas vorsichtiger und ökonomischer umgehen als mit den stillen Körpergesten in der rein visuellen Fassung. Ein deutliches, aber distanziertes, mehr zeigendes als übertreibendes Ausdrücken der Gesten und Gefühle am Instrument ist der Ursprungsidee am angemessensten.

Auch die beiden anderen Klangelemente: das stockende Singen der Liedfragmente und die stehenden oder wie ein kaputter Motor stotternden Geräusche mit Mund, Stimme, Körper oder Instrument sind gut zu üben und aufeinander abzustimmen. Wenn jede/r Mitwirkende sein Material für das Stück ausgewählt und geübt hat, sodass es gut klingt, kann mit der Probe an den einzelnen Abschnitten begonnen werden, zu Beginn am besten noch ohne Stoppuhr. Ab der dritten Akkolade wird es richtig schwer, denn hier steigern sich Aktionstempo, Ablösung der Stimmen und Verschiedenheit der Materialien in den drei Gruppen. Wichtig ist es beim Üben ohne und mit Stoppuhr sowie bei der Aufführung, dass der Wechsel wirklich schnittartig geschieht, in Form einer filmischen Montage gleichsam – so wie das Improvisationsstück mit einer fulminanten Gestenvielfalt in schnellem Tempo schnittartig endet, Abbild des Lebens in all seiner Verschiedenheit.

Einbindung in Konzert und Unterricht

Chico Mellos Improvisationsstück eignet sich für Improvisationskurse, Klassenunterricht und Konzerte aller Art, auch und besonders in einem Multi-Ability-Ensemble aus Schülern und Profis. Gern erinnere ich mich an die Erarbeitung und Aufführung mit einem Ensemble aus vier jugendlichen Schülern/-innen und Musikern des *Ensemble Aventure* im Rahmen eines Konzertprogrammes *Eine Reise ins Land der Klänge Lateinamerikas* 2010, in dem Chico Mellos Stück für Brasilien stand.

Zugleich eröffnet das Stück eine Menge von Bezügen, die Thema eines fächerübergreifenden Unterrichts werden können. Eines davon ist die Frage nach den Grundlagen von Kunstschaffen, die Chico Mello in seiner Dissertation behandelt.

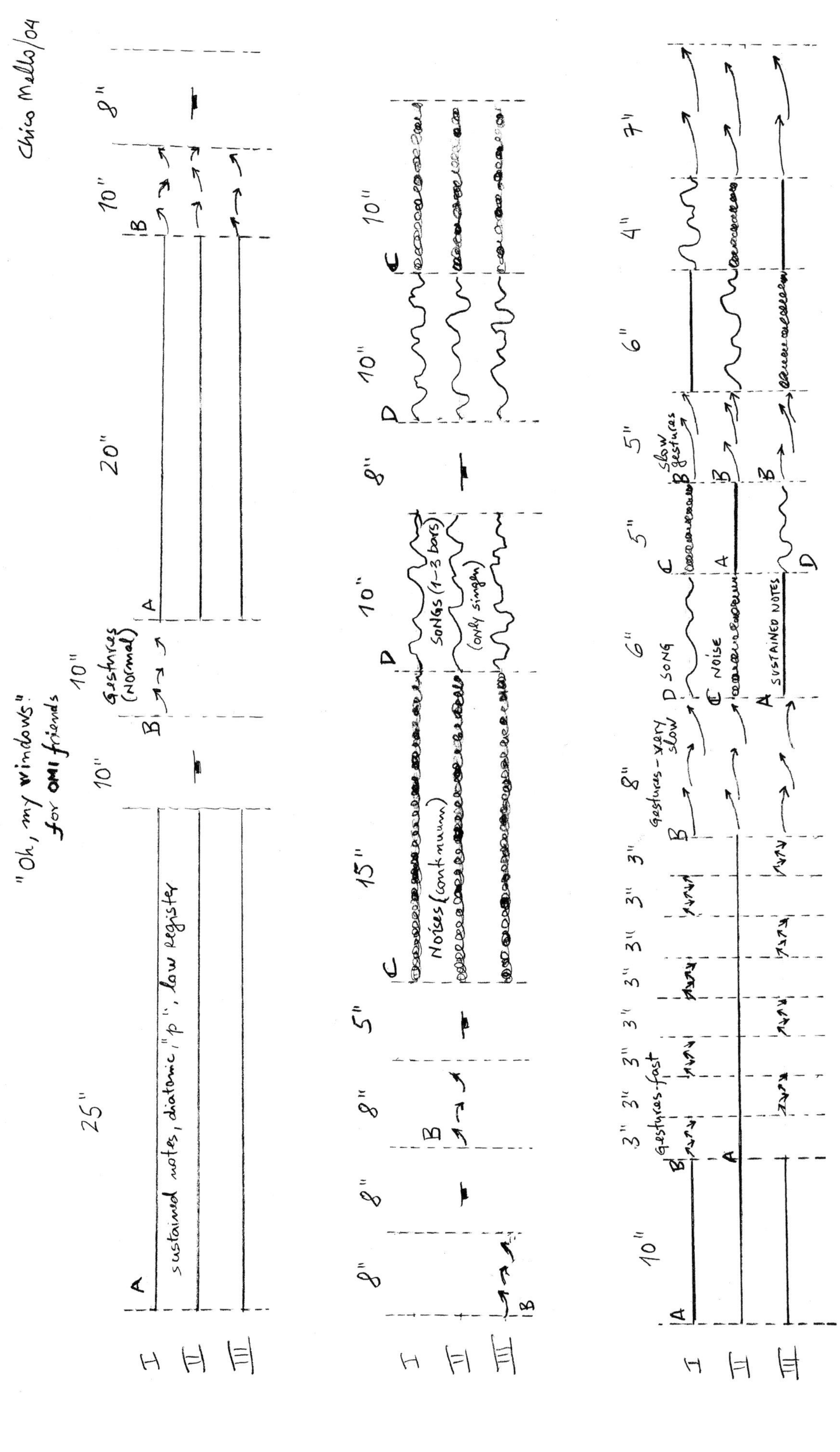
"Oh, my windows"
for OMI friends
Chico Mello/04
sustained notes, diatonic, "p", low register
Gestures (Normal)
Noises (continuum)
SONGS (1–3 bars)
(only singer)
gestures-fast
gestures-very slow
D SONG
C NOISE
A SUSTAINED NOTES
slow gestures
I
II
III

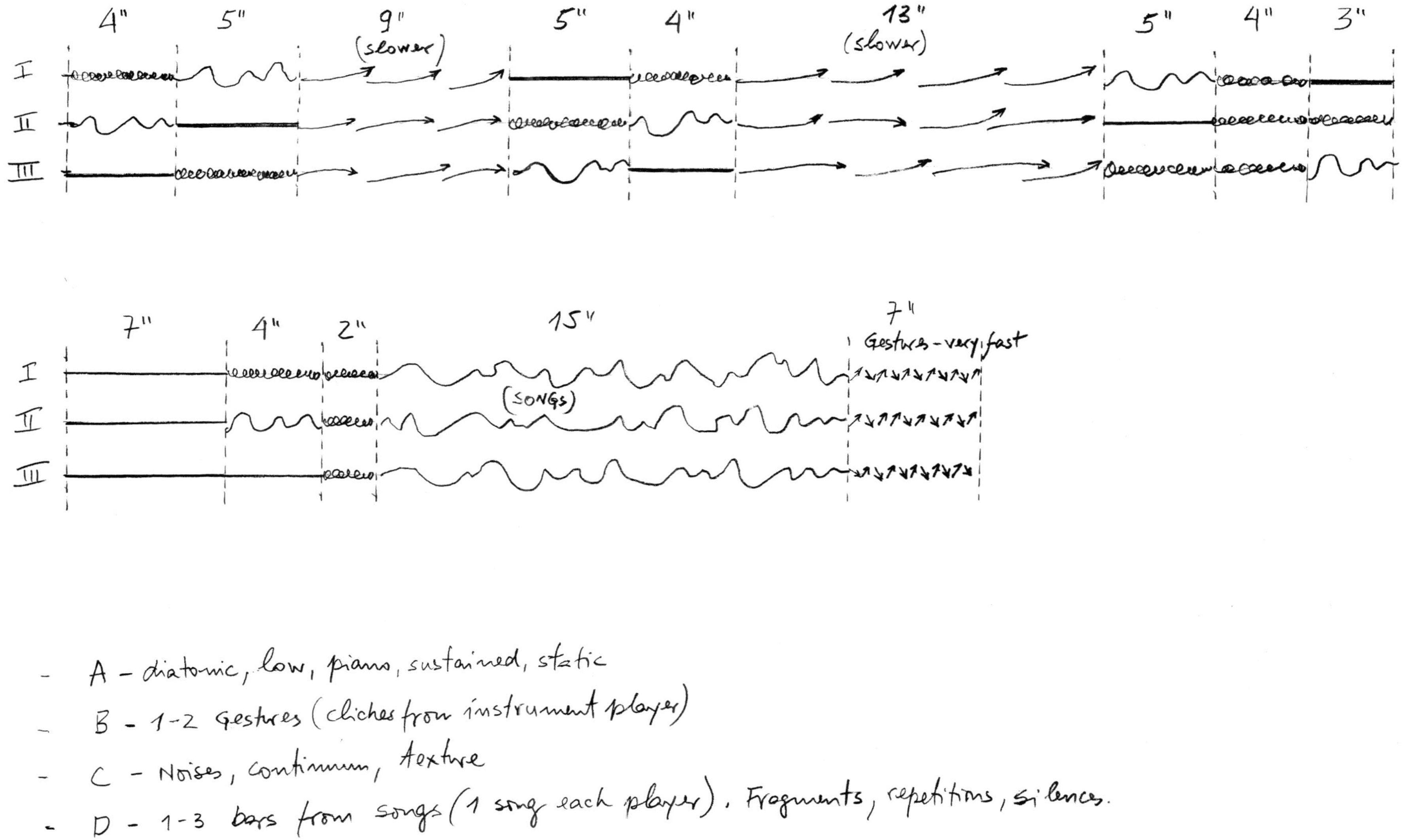

Chico Mello, „Oh, my windows" *for OMI friends* (2004)

Der Impuls, sich ästhetisch zu äußern, kommt von frühen körperlichen Erfahrungen: Das Kind erlebt die Welt als multimediales Reizphänomen. Die Trennung zwischen Außen- und Innenwelt erfolgt erst allmählich. [...] In ästhetischen Aktivitäten kann die durch Symbolisierung entstandene, aber körperlich erfahrene Ich-Welt-Trennung zeitweise aufgehoben werden. Solche ‚Dazwischen'-Zustände sind mimetisch und sind der Motor der künstlerischen Aktivität.
(Mello 2010, S. 85)

Ein anderes Thema ist die anthropologische Bedeutung von Gesten als älteste Ausdrucksformen des Menschen und Ursprung von Sprache und Musik. Der Begriff „Geste" gründet im lateinischen Wort „gestus", das auf das Verb „gerrere" = „machen, handeln, sich verhalten" zurückgeht. Auf der Basis eines Gestus, der inneren und äußeren Gesamthaltung eines Menschen (nach B. Brecht), verhalten wir uns zu uns selbst und zu anderen. In Gesten, die individuell und allgemein, zum Teil historisch-kulturell geprägt, zum Teil kulturübergreifend sind, eignet sich der Mensch Welt an, macht sich ihr ähnlich und bringt sie zur Darstellung. Gesten sind reproduktiv und künstlerisch-produktiv zugleich: Indem der Einzelne sie nachahmt, gestaltet er sie neu. Und Gesten sind eine Art „Musik für das Auge" (J. J. Engel, *Ideen zu einer Mimik*, Berlin 1786) – sie gehören zum Aufführen und Genießen von Musik als einer Kunst für Ohren und Augen dazu. Genau das ist Thema des klangvollen und gestenreichen Improvisationsstücks.

Literatur

Corballis, Michael C. (2003), *From Hand to Mouth: The Gestural Origins of Language*. In: Language Evolution (Studies in the Evolution of Language), edited by Morten H. Christiansen, Simon Kirby. Oxford, p. 201–218.

Flusser, Vilém (1994), *Gesten. Versuch einer Phänomenologie*. Frankfurt am Main.

Gebauer, Gunter/Wulf, Christoph (1998), *Spiel – Ritual – Geste. Mimetisches Handeln in der sozialen Welt*. Reinbek bei Hamburg, S. 80ff. (Kapitel 3, Gesten)

Mello, Chico (2010), *Mimesis und musikalische Konstruktion*. Aachen.

Rösing, Helmut (1993), *Musikalische Ausdrucksmodelle*. In: Bruhn, Herbert/Oerter, Rolf/Rösing, Helmut (Hg.), Musikpsychologie. Ein Handbuch. Reinbek bei Hamburg, S. 579–588.

Tomasello, Michael (2009), *Die Ursprünge der menschlichen Kommunikation*. Frankfurt am Main.

Wulf, Christoph (1997), Artikel *Geste*. In: Vom Menschen. Handbuch Historische Anthropologie, hg. von Christoph Wulf. Weinheim und Basel, S. 516–524.

Homepage Omi International Arts Center: http://www.artomi.org/index.php (Stand: 28.10.2014)

14 Körpermasse – Dick Higgins' *Der fetteste Mann der Welt* (ca. 1963)

Spielanweisung

Dick Higgins (1938–1998), *Der fetteste Mann der Welt*

1. Eine beliebige Anzahl Spieler. Jeder benutzt ein Musikinstrument in konventioneller, d. h. in der für das Instrument vorgesehenen Weise. Jeder spielt nur die vier oder fünf tiefsten Töne seines Instruments.

2. Die Spieler beginnen auf ein Signal hin, danach spielen sie wann immer sie wollen, zu einer bestimmten Zeit oder auf ein bestimmtes Signal hin endet die Aufführung.

3. Jeder Spieler versucht durch sein Spiel oder sonstwie auszudrücken oder zu suggerieren, er sei der fetteste Mann der Welt.

in: Becker und Vostell 1965, S. 176 (auch in: fluxus-partituren, in: Neue Zeitschrift für Musik 4/2001, S. 17)

Entstehung und Erarbeitung

Fluxus – „Das ganze Leben als Musik auffassen"

Dick Higgins' Textkomposition *Der fetteste Mann der Welt* ist ein Fluxus-Stück mit Instrumenten in konventioneller Spielweise und mit klarer Angabe des Tonmaterials. Das ist nicht gerade typisch für Fluxus, denn diese radikale Kunstbewegung Anfang der 60er-Jahre des letzten Jahrhunderts entstand aus dem Protest gegen die exklusive Ästhetik der bürgerlichen Musikkultur und ihren Fetisch, das klassische Instrument. Fluxus-Kunst benutzte bevorzugt Alltagsgegenstände und Objekte zur meist unkonventionellen Klangerzeugung und künstlerischen Aktion – oder verfremdete, manipulierte und „missbrauchte" traditionelle Instrumente, allen voran Klavier und Geige, bis zu ihrer mutwilligen Zerstörung – eine Anti-Haltung, die die Zuschauer irritieren, schockieren und zum Nachdenken über die Rolle von Kunst in der Gesellschaft bewegen sollte (Beispiel: *Solo for Violin* von 1962 von Fluxus-Begründer George Maciunas).

Für Fluxus konnte alles, jeder Gegenstand, jede Geste, jeder Körper zur Kunst, genauer: zum Material künstlerischer Handlungen werden. Denn alles klingt – man muss nur genau hinhören und hinschauen. Mit dieser Ausweitung unterwanderte Fluxus das traditionelle Kunstverständnis, brachte alles ins Fließen und gestaltete das Leben in seiner kruden bis

Material
Die vier bis fünf tiefsten Töne eines jeden Instruments; instrumentale Gesten

Mitwirkende
„Eine beliebige Anzahl Spieler" ab ca. 12 Jahren

Musikalische Vorkenntnisse
keine

Instrumentale Vorkenntnisse
Grundlegende Spielfertigkeiten im tiefsten Register des Instruments; für Anfänger, Fortgeschrittene und Profis gleichermaßen geeignet

Instrumente
Melodieinstrumente, Klavier, Gitarre, Schlaginstrumente mit Tonhöhen und tiefen Registern (z. B. Mallet-Instrumente, das heißt mit Schlägeln zu spielende Schlaginstrumente, Pauken mit Stimmhebel u. a.)

Probenumfang
je nach Alter und Vorkenntnissen ca. drei bis fünf Proben

Aufführungsdauer
je nach Zahl der Mitwirkenden ca. 5–10 Minuten

Verwendung
Improvisationskurse, Klassenunterricht, Schülervorspiele und professionelle Konzerte

Variationsmöglichkeiten
Kombination mit weiteren Fluxus-Stücken

Gattung
Verbale Spielanweisung / Fluxus-„Wortpartitur" / „event score"

Verwandte Modelle
3, 11, 12, 15

kreativen, banalen bis brutalen Alltäglichkeit als Kunst. Fluxus, das sind als Kunst zelebrierte, zur Kunst geformte Lebensphänomene: alltägliche Ereignisse und Aktionen von Menschen, Körpern, Dingen, die zum klingenden Material künstlerischer Praxis werden. Das ist nicht ganz neu – Vorläufer und Bezugsgrößen von Fluxus sind Marcel Duchamp mit seinen Ready-mades, Dada, Konzeptkunst, John Cage u. a., und ganz von ferne lässt Novalis grüßen, der „dem Gemeinen einen hohen Sinn, dem Gewöhnlichen ein geheimnisvolles Ansehn, dem Bekannten die Würde des Unbekannten" geben wollte (vgl. *Fragmente und Studien* 1797–1798). Aber Fluxus intendierte noch mehr: „das ganze Leben als Musik aufzufassen. Als einen musikalischen Prozess, bei dem der akustische und der visuelle Teil sich die Waage halten. Ein fliegender Schmetterling ist ebenso ein musikalisches Ereignis wie das Tropfen eines Wasserhahns" (R. Filliou, zit. nach Knapstein 2002, S. 89). Dieses Zitat des Fluxuskünstlers Robert Filliou macht deutlich, dass Fluxus letztlich eine einzigartige Schule der Wahrnehmung mit allen Sinnen und ein Labor kreativer Anverwandlung von Welt ist, in dem jeder mitarbeiten, Kunst schaffen und das Leben als Musik begreifen kann. Der zeitweilig Fluxus nahestehende Künstler Michael von Biel wird Jahre später Fluxus mit Lebenskunst in Verbindung bringen, ja identifizieren (vgl. das Modell 16 *Die Aggressivität der Welt* in diesem Band).

Beispiele für Fluxus-Aktionen – Facetten des Begriffs

Das gesamte Leben als Musik auffassen – das gelingt am besten, wenn man offenen Sinnes ist für die stete Bewegung und Veränderung, den fließenden Strom, der das Leben ist. Sein Inbegriff ist das feuchte, flüssige Element. Ihm verdankt Fluxus seinen Namen (lat. fluere = fließen), und entsprechend arbeiten etliche Fluxus-Events mit dem Element Wasser in seinen verschiedenen Aggregatzuständen und Gebrauchsformen. Einige sinnfällige, zur Aufführung empfohlene Beispiele seien hier genannt; sie alle sind dem Leben abgelauscht, dessen sinnliche Dimensionen sie als Kunst zelebrieren, und alle vermögen die Alltagswahrnehmung immens zu schärfen.

- George Brecht (1926–2008), *Drip Music (Drip Event)* (1959–1962, in: *Water Yam*, arranged by George Brecht in expandable box, works from 1963–ca. 1965, s. Fluxus Codex, S. 216 ff.): Aus einem Behälter, zum Beispiel einer Kanne, wird Wasser in ein leeres Gefäß gegossen – eine sehenswerte und klangvolle Aktion, zumal von einer Leiter aus (vgl. das Foto von George Maciunas in Becker und Vostell 1965, S. 126);
- Tomas Schmit (1943–2006), *Zyklus für Wassereimer (oder Flaschen)* (1962): eine ritualhafte Aktion, bei der Wasser in Kreisrichtung von einem Eimer oder einer Flasche in den / die andere(n) umgefüllt wird (vgl. das Foto in Becker und Vostell 1965, S. 137);
- George Maciunas (1931–1978), *Duet for full bottle and wine glass* (1962): eine Performance aller Klänge und Klangaktionen, die mit gefüllten Flaschen und Weingläser möglich sind, sehr gut als Simultanaktion mit mehreren Ensemblegruppen realisierbar;
- Yoko Ono (*1933), *Disappearing Piece* (1966) mit der Spielanweisung: „Boil water".

Als einen Teil des Lebens kann man auch den Konzertbetrieb, das „Konzert-Leben" betrachten. Seine choreographischen und szenisch-theatralischen Aspekte lassen sich wunderbar als Fluxus-Stücke gestalten, besitzt doch alles, was zu Auftritten und Aufführungen gehört, eine eigene Klangkultur und Ästhetik. So zelebrieren etliche Fluxus-Aktionen szenische Elemente wie Bühnenverhalten und Publikumskontakt als eigenständige künstlerische Handlungen:

- Von Emmett Williams (1925–2007) stammen die *Counting Songs* (1962): Ein Ausführender zählt, berührt und begrüßt die Hörerinnen und Hörer auf verschiedene Weise – und das *Duet for Performer and Audience* (1961), bei dem der Ausführende still auf hörbare Reaktionen des Publikums wartet und diese imitiert.
- In George Brechts *String Quartet* (1962) reichen sich die Spieler auf der Bühne die Hand und treten wieder ab.
- In Ben Vautiers (*1935) *Piano Piece 1* (1964) tritt der Ausführende auf, setzt sich ans Klavier, steht sofort wieder auf, flieht und wird von zwei weiteren Mitwirkenden eingefangen und zurück ans Klavier gezerrt.
- Und last not least das berühmteste Fluxus-Vorläufer-Stück: das „stille Stück" *4'33"* (1952) von John Cage (1912–1992) mit seinen drei Tacet-Sätzen, das nichts anderes braucht als die Präsenz von Hörern, die sich der Klänge ihrer Körper, der Umgebung, der Anderen bewusst werden.

All diese und viele weitere szenisch-musikalische Aktionen veranschaulichen die Idee von Fluxus als:

- künstlerische Handlungen im fließenden Übergang von Leben in Kunst und umgekehrt;
- künstlerische Inszenierungen flüchtiger (Alltags-)Ereignisse;
- fließende „Übergänge zwischen Gattungen und Disziplinen" (Knapstein 2002, S. 86);

- Ideenfluss zwischen Menschen und Ideen, „stetige Veränderungen und Bewegungen im weit verzweigten Fluxus-Netzwerk" (ebd.).

Dass solche Kunstpraxis schon immer war, bevor sie einen Namen erhielt, und für jedermann zugänglich ist und sein wird, ja dass Menschen immer an Kunst und Kultur partizipieren können, auch wenn sie kein klassisches Instrument spielen, dies fasst ein schönes Wort von Jon Hendricks zusammen: „Fluxus begins before it begins and ends, one hopes after it ends." (Jon Hendricks, foreword, in: *Fluxus Codex* 1988, S. 21)

Dick Higgins' Fluxus-Aktion *Der fetteste Mann der Welt* – Tipps zur Erarbeitung und Aufführung

„Im Grunde können wir solche Arbeiten als Fluxus bezeichnen, die von ihrer Anlage her intermedial sind: visuelle Poesie und poetische Bilder, Aktionsmusik und musikalische Aktion und auch Happenings und Events, sofern sie Musik, Literatur und bildender Kunst konzeptuell verpflichtet sind." (Dick Higgins, zitiert nach Knapstein 2002, S. 86; vgl. auch *Fluxus Codex* 1988, S. 268 ff.)

Alle genannten Aspekte von Fluxus: die Feier des Lebens als Kunst, die Inszenierung alltäglicher Ereignisse, Erscheinungen, Situationen in Form künstlerischer Handlungen und die intermediale Verschmelzung von Kunstformen – Musik und Körperbild, Bewegung, Szene –, dies alles findet sich im Fluxus-Stück *Der fetteste Mann der Welt* des Cage-Schülers Dick Higgins, der als Komponist und Performancekünstler, Autor und Verleger die Kunstbewegung maßgeblich mitgeprägt hat. Die dreiteilige Spielanweisung bildet eine Vorlage für offene musikalisch-szenische Aktionen, die auf vielfältige Weise Gestalt annehmen können. Im Unterschied zu vielen Fluxus-Aktionen ist Higgins' Werk ein Stück *instrumentales* Theater; es vereint Instrumentalspiel und Aktionsmusik, traditionelle Töne und Theaterspiel, und ist daher für jedes instrumentale Ensemblemusizieren ein geeigneter Einstieg in die Welt von Fluxus und Improvisation. Dass es die Vorstellung des *fettesten Mannes der Welt* ist, die hier die Bezugsgröße einer „Lebensmusik" darstellt, darf freilich nicht dazu führen, dass aus Fluxus ein Juxus wird und Dickleibigkeit zum Gegenstand der Belustigung. Ganz im Gegenteil: Gerade dem Vorurteilsbeladenen und Belächelten „die Würde des Unbekannten" (Novalis) zurück zu geben, durch ästhetische Darstellung Voreingenommenheit abzubauen und den Nächsten auch in seiner körperlichen Eigenart anzunehmen, das wäre im Sinne von Fluxus („Let me have men about me that are fat" – „Lasst wohlbeleibte Männer um mich sein" heißt es in Shakespeares *Julius Cäsar*, 1. Aufzug, 2. Szene, gegen die Hageren ohne Sinn für Musik und Spiel). Denn Fluxus ist von reinigender Kraft wie Wasser, eine große Befreiung und Verjüngungskur von Wahrnehmung und Bewusstsein, nicht eine Verfestigung des Gewohnten. So kann sich Gleichgültigkeit in Gewahrwerden wenden und Vorurteil in Einfühlung und Fantasie. (Dass *Fat Man* der Name der Atombombe auf die Stadt Nagasaki am 9. August 1945 war, lässt möglicherweise auf eine subkutane politische Dimension des Konzepts schließen und verweist auf die politische Seite von Fluxus insgesamt – mit Dank an Stefan Fricke für den Hinweis).

In diesem Sinne kann sich das beliebig große Ensemble zunächst darüber verständigen, wie die „Körpermusik" des dicksten Menschen, den man sich vorstellen kann, beschaffen ist (vgl. Oliver Sacks 1987, S. 36): Wie sieht der Mann aus? Wie bewegt er sich, wie geht und atmet er? Wie klingt er? Welchen Raum nimmt er ein? Wie verhalten sich mehrere dicke Männer im Raum zueinander und miteinander? Welche Bewegungs-, Haltungs- und Verhaltensmuster kann man mit den vier bis fünf tiefsten Tönen der Instrumente auf welche Weise darstellen? Danach können sich die Mitwirkenden gegenseitig ihre vier bis fünf tiefsten Töne vorspielen (bei Anfängern diejenigen, die sie können) und zunächst im Sinne der zweiten Spielregel mit dem Tonmaterial improvisieren. Dabei sollten wie stets die Grundregeln jeder guten Ensembleimprovisation beachtet und geübt werden: handeln/nicht handeln (aktiv pausieren) – zuhören und abwarten / Initiative ergreifen – alle/wenige/einzelne – Stille/Fülle – viel Aktion/wenig Aktion – Tempo/Aktionsdichte/Rhythmen/Lautstärken verändern – verschiedene Interaktionsgruppen bilden und variieren von wenigen bis mehreren und allen Spielern – auf verschiedene Weise agieren und interagieren: unabhängig voneinander spielen – sich improvisatorisch zueinander verhalten: gleich (imitieren), ähnlich (variieren), verschieden (transformieren), gegensätzlich (kontrastieren), neutral, gleichgültig, abweisend und usw.

Als letzter Schritt – der auch am Anfang stehen kann – wandelt sich das „reine" Instrumentalspiel in musikalische Gestik; das Stück wird zum instrumentalen Theater und gewinnt eine klare Form. Dazu gilt es, die dritte Spielanweisung ernst zu nehmen und zu realisieren: Jeder Spieler soll *durch sein Spiel oder sonstwie* (Hervorhebung W.R.) versuchen auszudrücken oder zu suggerieren, er sei der fetteste Mann der Welt. Was heißt hier „Spiel", und was heißt „sonstwie"? Spiel kann hier durchaus doppelt verstanden werden, als Instrumentalspiel und als Schauspiel. Im ersten Sinne könnten zum Beispiel dynamische Crescendo-Decrescendo-Schwellbewegungen, ggf. mit

Glissandi, verschiedene Körperumfänge charakterisieren (wobei ein Paradox des Stückes darin liegt, dass der Superlativ „fettester Mann“ durch die Darstellung mehrerer Spieler gewissermaßen ad absurdum geführt wird). Im Sinne von Schauspiel können sich die Körperbewegungen, Mienen und Gesten der Spieler den Bewegungen ihrer Tonkörper angleichen. Und „sonstwie“? Dies könnte in Richtung Improvisationstheater verstanden (auch wenn Musiker darin in der Regel nicht ausgebildet sind) und ggf. mit Unterstützung eines Profis aus dem Bereich geübt und einstudiert werden. Eine einfache Möglichkeit, dem Ganzen eine Form zu geben, besteht etwa darin, aus verschiedenen Richtungen gleichzeitig oder nacheinander aufzutreten (in festgelegter Reihenfolge), den Raum in unterschiedlichen Tempi und Bewegungsmustern zu durchmessen, sowohl klanglich als auch gestisch miteinander zu kommunizieren und am Ende wieder auseinanderzugehen (oder im Gegenteil am Schluss einen geballten wohlbeleibten Ensemblekörper zu bilden). Weitere gestische und formale Anregungen kann man sich durch die Beobachtung und Vorstellung von Sumo-Ringern (rikishi) holen. Auch wenn beim zirka 1.500 Jahre alten rituellen Sumo-Kampfsport (aus dem Japanischen: „sich wehren“) nicht die fettesten Männer mitwirken, sondern klare Alters- und Gewichtsbegrenzungen gesetzt werden, können Bestandteile der beeindruckenden Eingangszeremonie wie das Anheben der Arme und feste Aufstampfen mit den Füßen zu musikalischen Ideen inspirieren; viel mehr noch der von einer langen Beobachtungsphase (shikiri) eingeleitete Kampf in abgestecktem Kreis, mit einer Vielzahl von Bewegungsvarianten und Griffen. Der Geist des Sumo selbst, mehr Religion als Sport, trägt musikalische Züge, die sich auch in der japanischen Musik spiegeln: Auf eine lange statische Phase der Stille und Konzentration mit fließenden Energieströmen folgt die plötzliche gestische Entladung und die Dynamik des kurzen Kampfes. Auch dies mag einen Teil der improvisatorischen Umsetzung prägen, z. B. in Form einer spannenden Inszenierung des Wechselspiels von (Verschnauf-)Pausen und plötzlicher Aktion.

Eine besondere Variante bietet eine instrumentale Bewegungsimprovisation des „fettesten Mannes der Welt“ nach dem „lese- und sprechgedicht“ *body-building* von Ernst Jandl (1925–2000) (in: Jandl 1970, S. 101, siehe rechts).

Mit seiner starren, staccatoartigen Folge von Ruheposition, Stillstand und Bewegung entlarvt das Gedicht Geistferne und Drill gängigen Body-Buildings, kann aber in unserem Zusammenhang auch in eine Lebens- und Bewegungsmusik des „fetten Mannes“ mit Instrumenten verwandelt werden, die die Körperpositionen und -bewegungen in instrumentale Klänge übertragen (z. B. liegen = tiefer Halteklang – stehen = hoher, lauter, intensiver Klang, ggf. in sich bewegt, mit Klangfarbenwechsel oder als Mehrklang – gehen = schwere non-legato-Artikulationen zwischen Repetition und Skala). So wird aus Higgins' Fluxus-Vorlage eine musikalisch-ästhetische Übung des Körpers im achtsamen Zusammenspiel mit anderen und aus dem Body-Building eines beleibten Vertreters unserer Gattung eine instrumentale Körper-Bildung im Ensemble.

body-building

liegen

stehn

gehn

stehn

liegen

stehn

gehn

stehn

liegen

stehn

gehn

stehn

liegen

Das Stück ist selbstverständlich auch von Frauen aufführbar, sollte gegen jede Art von Diskriminierung ankämpfen und könnte auch mit seinem Gegenmodell: der Darstellung des „dünnsten Menschen der Welt“ kombiniert werden (eine Improvisation z. B. nach Figuren von Alberto Giacometti).

Einbindung in Konzert und Unterricht

„Fluxus ist ja nicht nur Musik, Lebensmusik oder Verhaltensmusik, nichtinstrumentelle Objektmusik, Aktionsmusik vor dem Publikum, sondern Fluxus ist außerdem Lebenseinstellung, Lebensphilosophie." (Wolf Vostell, zitiert nach Fricke 2004, Teil 1) Dieses Zitat kann im Zusammenhang mit der Erarbeitung der Verbalpartitur von Dick Higgins in die Welt der großen Avantgardebewegungen von Dada bis Fluxus einführen – im Klassenunterricht, auf Improvisationskursen oder als Zitat in Fluxus- oder anderen Konzertveranstaltungen. Dabei kann zur Sprache kommen, dass die Performance von *Der fetteste Mann der Welt* nicht voraussetzungslos ist, sondern eine längere Vorgeschichte hat. Vorläufer sind ohne Zweifel die Dada-Stücke und Körpermusiken von Erwin Schulhoff (*Sonata erotica* und *Symphonia germanica zur Anwendung sämtlicher Gliedmaßen und Auffrischung des Dresdner Musiklebens!* von 1919), Stefan Wolpe (*An Anna Blume*, 1929), Hans Jürgen von der Wense, Jefim Golyscheff (*Keuchmaneuver*, 1919) u.a. Und auch in seinen Dada-Prologen, z.B. zur *Baßnachtigall* (1922), proklamierte Schulhoff Fluxus-nahe Überzeugungen: „Der göttliche Funke kann wie in einer Leberwurst auch in einem Kontrafagott vorhanden sein."

Einen weiteren zentralen Einfluss übte das Werk von John Cage aus, der die gesamte Welt in Musik verwandeln wollte und Musik sehr natürlich, als Teil des Theaters all der verschiedenen Dinge betrachtete, die gleichzeitig um uns geschehen. In Peter Greenaways Cage-Porträt *A Music Circus* (London 1983) etwa gibt es eine Szene mit „12 sounds manufactured by the human body" (12 Klänge vom menschlichen Körper), die sehr nach Fluxus aussehen und klingen. Hier wie dort und im frühen 20. Jahrhundert wird – nicht zuletzt als Reaktion auf die Gräuel des Ersten Weltkriegs – der bare Körper in all seinen Facetten und Erscheinungsformen zur Kunst. Und dies kehrt in verschiedenen Phasen und Formen in der Musik des 20. und 21. Jahrhunderts immer wieder – ein Zeichen für die Lebendigkeit der Fluxusbewegung, die Kunst und Leben unwiderruflich aufmischte, auffrischte und erneuerte.

Literatur

Becker, Jürgen/Vostell, Wolf (Hg., 1965), *Happenings. Fluxus, Pop Art, Nouveau Réalisme. Eine Dokumentation*. Reinbek bei Hamburg.

Fluxus Codex (1988). The Gilbert and Lila Silverman Fluxus Collection, Detroit, Michigan, compiled by Jon Hendricks, with an introduction by Robert Pincus-Witten. New York.

fluxus-partituren (2001), zusammengestellt von Stefan Fricke. In: Neue Zeitschrift für Musik 4/2001, S. 16f.

Fluxus Performance Workbook (2002), edited by Ken Friedman, Owen Smith and Lauren Sawchyn, Performance Research e-Publications. http://www.deluxxe.com/beat/fluxusworkbook.pdf (Stand: 14.9.2014).

Fricke, Stefan (2004), *Front gegen die „seriöse" Kultur – Die Entkunstung der Kunst am Beispiel von Fluxus, Teil 1 und 2*. In: Vom Innen und Aussen der Klänge. Die Hörgeschichte der Musik des 20. Jahrhunderts. Die Texte (= edition neue zeitschrift für musik), CD-ROM. Baden-Baden und Mainz.

Fricke, Stefan (1999), *Musik mit Ei – ein Guckheft über Fluxus und anderes*. Saarbrücken.

Jandl, Ernst (1970), *der künstliche baum*. Neuwied/Berlin.

Knapstein, Gabriele (2002), *Fluxus*. In: Hubertus Butin (Hg.), DuMonts Begriffslexikon zur zeitgenössischen Kunst. Köln, S. 86–90.

Sacks, Oliver (1987), *Der Mann, der seine Frau mit einem Hut verwechselte*. Reinbek bei Hamburg.

Art. „Fat Man". In: http://de.wikipedia.org/wiki/Fat_Man (Stand: 25.9.2014).

15 Ein musikalisches Sportstück – nach Uwe Raschs *walk, man* (1997)

Spielanweisung

1. Alle Mitspieler suchen sich verschiedene Sportgegenstände und -geräte aus (z. B. in einer Turnhalle) und/oder bringen selber welche mit. Darunter sollte sich ein Medizinball oder ein ähnlich präzise aufschlagender Gegenstand befinden (als klares Einsatzzeichen und Schlussklang).

2. Diese Sport-Instrumente werden von allen auf ihre Klangeigenschaften und „Spielweisen" hin untersucht, und zwar so, dass der objekthafte Eigenklang im Vordergrund steht. Dabei spielt auch der Resonanzboden – die Art des Bodenbelags oder des Gegenstands, mit dem das Sportinstrument in Berührung kommt (aufprallt, aufditscht, fällt etc.) – eine wichtige Rolle.

3. Die Spieler verteilen die Sportgegenstände in einem möglichst großen Raum, in dem genügend Platz für Wege und Bewegungen der Mitwirkenden ist.

4. Jede/r Spieler/in wählt eine Sportart und führt deren Bewegung in Zeitlupe aus.

5. Diese Zeitlupen-Pantomimen werden von hörbarem Aus- und Einatmen, z. B. auf *fff, sss* oder *sch*, und Ziehen der Füße über den Boden begleitet.

6. Jede/r Spieler/in wählt seine/ihre Ausgangsposition an einem Sportinstrument im Raum. Alle nehmen ihre Positionen ein und halten ihre Sportinstrumente hoch.

7. Das Stück beginnt, indem der Medizinballspieler seinen Ball fallen lässt, ggf. eingeleitet von einem anschwellenden Trommelwirbel oder einer vergleichbaren Klangaktion (Trillerpfeife, Tremolo am Klavier o. Ä.). Auf dieses Zeichen hin lassen alle Spieler ihre Sportgeräte fallen und beginnen mit ihren Zeitlupenbewegungen inklusive Zischen und Ziehen.

8. In Zeitlupe rudern, robben, ringen, schwimmen, tanzen, drehen sich die Spieler zu einem Sportgegenstand ihrer Wahl im Raum und achten dabei auf die Anderen. Am Zielort normalisieren sie ihre Bewegungen zu einer natürlichen Ausführung der Klangaktion mit dem jeweiligen Sportgerät. Diese kann verschieden lange dauern und auch

Material
Sportgegenstände und -klänge aller Art; Atem- und Bewegungsklänge der Spieler

Mitwirkende
5 bis 20 Spieler und mehr ab ca. 12 Jahren; ein Spieler als „lebender Uhrzeiger" ad libitum

Musikalische Vorkenntnisse
keine

Instrumentale Vorkenntnisse
keine

Instrumente
Sportgeräte und Körperklänge, kleine Trommel, Klavier u. a. ad libitum

Probenumfang
je nach Alter und Vorkenntnissen ca. drei bis fünf Proben

Aufführungsdauer
je nach Zahl der Mitwirkenden ca. 5–10 Minuten

Verwendung
Improvisationsworkshops, Schülervorspiele und professionelle Konzerte

Variationsmöglichkeiten
Wahl anderer Materialien und Bewegungsformen; Kombination mit weiteren musikalischen Sportkonzepten

Gattung
Verbale Spielanweisung

Verwandte Modelle
3, 4, 11, 14, 18

mehrmals wiederholt werden (Beispiele: Ball mehrmals von oben fallen und aushüpfen lassen; einen Federball verschieden lange in der Luft halten; kürzeres oder längeres Seilspringen). Wenn die Aktion beendet ist, kehren die Spieler übergangslos zu ihren stilisierten Zeitlupenbewegungen zurück.

9. Die Gesamtdauer richtet sich nach der Anzahl der Mitwirkenden und wird durch Zeitklammern in mehrere Stationen gegliedert. Ein Ensemble aus sieben Mitwirkenden einigt sich beispielsweise auf eine Gesamtdauer von etwa sechs bis sieben Minuten – mit jeweils sieben Aktionen an den Sportgegenständen, von denen jede innerhalb einer Minute mit Überlappungen stattfindet: die erste von 0'00" bis 1'00", die zweite von 50" bis 2'00" usw. (d. h. die folgende Klangaktion kann schon beginnen, bevor die Zeitspanne der vorhergehenden abgelaufen ist). In der Mitte, bei drei bis dreieinhalb Minuten, kann zur Orientierung der Trommelwirbel oder ein anderer Signalklang ertönen.

10. Den Schluss markiert wie zu Beginn der Aufprall des Medizinballs. Kurz vor Schluss hebt der Medizinball-Spieler seinen Ball hoch, ggf. angekündigt durch Trommelwirbel, Trillerpfeife oder Tremolo. Die anderen Spieler merken auf und setzen ihre Klangaktionen und Bewegungen fort. Wenn der Ball fällt, erstarren alle Spieler zu einem „lebenden Bild" („tableau vivant") oder, wenn sich alle nahe beieinander befinden, zu einer Menschen-Skulptur, die sich nach gespannter Stille im Applaus des Publikums auflöst.

Entstehung und Erarbeitung

Uwe Raschs Vorlage und ihre improvisatorische Erweiterung

Die große Entdeckung der Avantgardebewegungen des frühen 20. Jahrhunderts: dass jeder vorfindbare Gegenstand zum Material von Kunst und Musik werden kann (denn alles hat seinen eigenen Klang), bildet auch den Ausgangspunkt der Improvisation mit Sportgeräten und -bewegungen. Als Vorlage dient ein Konzept des Bremer Komponisten Uwe Rasch (*1957): *walk, man* von 1997 „besteht wesentlich aus einem Zeitrahmen, der sehr unterschiedlich ‚gefüllt' werden kann [...] Jeder Spieler sucht sich einen Zeitpunkteverlauf und ordnet ihm kurze Aktionen zu, die mit Materialien ausgeführt werden, die im Raum (am einfachsten: auf dem Boden liegend) verteilt sind. Jeder Akteur bewegt sich in Zeitlupe von einer Station zur anderen, ohne die anderen zu behindern, greift sich an der erreichten Position seinen Klangerzeuger, führt mit ihm in Normalgeschwindigkeit eine kurze Klangaktion aus, legt ihn wieder zurück und beginnt von neuem in Zeitlupenbewegung die nächste Position zu erreichen. Der ausgewählte Zeitpunkterahmen wird auf einen walk-man oder ähnliches gesprochen, wobei der nächste Zeitpunkt angegeben wird und, in Intervallen, wie viel Zeit noch bis zur Erreichung der nächsten Position bleibt, sowie die auszuführende Aktion." (Uwe Rasch) Dieses offene Konzept, das mit John Cages Prinzip der Zeitklammern („time brackets") arbeitet, innerhalb derer bestimmte Klangereignisse frei platziert werden (vgl. Gronemeyer 1993), hat Uwe Rasch zu einer Fassung für Sportgeräte ausgearbeitet. So entstand ein höchst originelles Musiktheaterstück mit Sounds und Bewegungen verschiedener Sportarten, grundiert durch hörbar zischendes Aus- und Einatmen und den durchgehenden Klang „schlurfend über den Boden gezogener Füße" – ein stilisiertes Klang-Szenario, das an eine Traumsequenz oder einen Buñuel-Film erinnert. Dazu spielt ein Schlagzeuger eine kleine Trommel, deren Einsätze immer kürzer und lauter werden (vgl. Material 1, S. 91 f.: Version des Komponisten mit vollständigem Sportmaterial-Set, Verteilung und Verlauf für die einzelnen Darsteller sowie einem Aufbauplan).

Nachdem ich diese auskomponierte Version mit Anweisungen auf Walkman-Cassetten mehrmals mit Schülern und Studierenden erprobt und aufgeführt habe, konnte ich den Komponisten dazu anregen, sein Stück zu einer Improvisationsvorlage zu erweitern, die auf mediale Oldtimer wie Walkman-Geräte verzichtet und freie Zeit-, Material- und Gestaltungsformen in einem beliebig großen Ensemble ermöglicht, unter Beibehaltung der Grundidee des Stückes (vgl. Material 2, S. 93: Anregungen des Komponisten zur improvisatorischen Erweiterung von *walk, man*).

Diese Anregungen geben Anlass, das Konzept wiederum zu erweitern und die Fantasie spielen zu lassen. Zur zeitlichen Orientierung und Gliederung des Ablaufs kann zum Beispiel – zusätzlich oder anstelle der akustischen Signale von Trommelwirbel o. Ä. – ein Spieler als lebende Uhr (à la Cage) eingesetzt werden, der in diesem Falle jedoch nicht mit zu Uhrzeigern mutierten Armen agiert, sondern große, für alle sichtbare Sportbewegungen vollführt. Die nach oben gestreckten Armbewegungen des Brustschwimmens etwa bieten sich hierfür an: Arme in Zeitlupe zirka eine bis zwei Minuten nach oben führen, weitere ein bis zwei Minuten zur Seite und Ellenbogen nach hinten und dann genau so langsam wieder nach vorne in die Ausgangsposition – eine klare Gliederung in drei „Akte", die durch Zeitklammern jeweils in kleinere Einheiten („Szenen") unterteilt werden.

Hinweise zur Erarbeitung

Für die Arbeit mit Schülerinnen und Schülern ist es sinnvoll, zunächst zu überlegen, was Sport und Musik gemeinsam haben, und von da aus die Idee eines Musikstückes mit Sportinstrumenten und -bewegungen zu entwickeln: „mit Sportgegenständen musizieren, weil sie klingen und weil die Leute klingen, wenn sie Sport machen", wie eine Schülerin formulierte. Sehr viel Spaß macht es dann, die Sportgegenstände auszusuchen (ggf. mit Hilfe eines Sportlehrers), mit ihnen zu experimentieren und sie auf ihre vielfältigen Klangmöglichkeiten und Spieltechniken hin zu untersuchen. Wichtig ist dabei, dass man immer *hört*, wie es klingt, was man tut, und darauf achtet, wie man es tut. Um einen Überblick über das Klangmaterial zu gewinnen, empfiehlt sich eine Aufstellung, mit welchen Sportgegenständen welche Klänge erzeugt werden können, zum Beispiel:

- Sportschuhe: quietschen – laufen – trippeln – stampfen – aufschlagen beim Fallenlassen aus bestimmter Höhe
- Bälle: werfen – aufprallen – prellen – rollen lassen – fallen lassen – hüpfen lassen
- Springseil: auf den Boden peitschen – Seil springen – fallen lassen
- Hula Hoop Reifen: aufstellen, drehen und auf dem Boden ausdrehen lassen
- Federballschläger und -bälle: gleichmäßig in die Luft schlagen – federnde Hin-und-her-Klänge von zwei Spielern
- Trillerpfeifen: verschiedene Tonhöhen, Dauern und Dynamiken

Nach einer Phase der Erkundung dessen, was alles möglich ist, sollten mehrere klare Klangaktionen ausgewählt und geübt werden. Einen Ball, einen Hula-Hoop-Reifen oder einen Federballschläger, auch Turnschuhe kann man in diesem Sinne wie Musikinstrumente behandeln, mit denen ganz besondere Klänge erzeugt werden können.

Gut zu üben sind auch die Sportbewegungen in Zeitlupe, das zischende Aus- und Einatmen und das Ziehen der Füße über den Boden (am besten mit Unterstützung eines Schauspielers oder Improvisationstheater-Pädagogen); auch hier ist die oberste Regel das Zuhören und Spüren, wie etwas klingt und was man dabei tut. Beides, Bewegen und Atmen, sollte einzeln und zusammen geübt werden, vorbereitet ggf. von körperlich wohltuenden und klangvollen Atemübungen.

Die nächsten Schritte betreffen die Raumgestaltung, das heißt die Anordnung der Sportinstrumente im Raum und die Positionierung der Spieler. Zum Schluss werden die Dauern der einzelnen Aktionen und die Gesamtdauer, das heißt die Struktur und der Formverlauf der Improvisation festgelegt. Steht als Ziel eine Aufführung fest, so stellt sich auch die Frage der Kleiderordnung; hier plädieren die Schüler in der Regel für „Sportklamotten" inklusive gut klingenden (quietschenden etc.) Sportschuhen.

Entscheidend für eine gelingende Aufführung ist, neben der kontrollierten Spielweise der Sportinstrumente, das gekonnte und disziplinierte Körperverhalten: die stilisierten Zeitlupenbewegungen mit Zischen und Ziehen einerseits, das plötzliche, übergangslose Normalisieren der Bewegungen und kunstvoll „natürliche" Ausführen der Klangaktionen bei Erreichen der Sportgeräte andererseits (und zurück zur Zeitlupenbewegung). Wenn man es wirklich gut machen will, ist das Stück nicht leicht, aber es lohnt sich!

Aspekte der Ästhetik

Denn die Sportimprovisation gibt ganz neue Aufschlüsse über die musikalischen Aspekte des Sports und über die sportiven Anteile des Musizierens und schult dabei Körper und Geist gleichermaßen. Beide, Sport und Musik, arbeiten mit gekonnten Bewegungen des Körpers als erstem Empfindungs-, Klang- und Ausdrucksinstrument; beide benutzen „Instrumente", mit denen sie mehr oder weniger geschickt umgehen, und beide verfügen „über ein Repertoire an Klängen" und Bewegungsmustern, die für ihr Spiel typisch ist: „Klänge des Spiels selbst: der Aufprall des Basketballs auf dem Linoleum, das Schleifen der Schlittschuhe auf dem Eis, der dumpfe Aufprall des Boxhandschuhs". Hinzu kommen die „Klänge der Sportler": Ihr „Antrieb kommt musikalischer Energetik" und ihr Spiel „auf einem sportmusikalischen Instrument" der Körperbeherrschung eines Virtuosen gleich (Gottstein 2012, S. 55). Jede Sportart hat ihren eigenen Sound, ja Sport insgesamt ist ein musikalisch-ästhetisches Ereignis, wenn nicht Gesamtkunstwerk sui generis. Dazu zählen das Zusammenspiel von Ball und Boden, Fuß und Kopf, Hand und Schläger etc., die etlichen „auch akustische Bedeutung tragenden Immobilien des Spiels: Tore, Netze und Körbe" (ebd.), die verschiedenen Regeln und dramaturgischen Verlaufsformen, die Spielstättenakustik, die Schiedsrichteraktionen (Trillerpfeife!), die Balance von Teamgeist und Genie der Einzelnen (wie beim Ensemblespiel) und last not least die Beteiligung des Publikums zwischen Fangesängen, Trommelklängen, Applaudieren, Protestieren, Raunen, Pfeifen, Jubelschrei und entsetzter Stille.

Wie Musik bedeutet Sport „in erster Linie, das Geschehen an Ort und Stelle zu verfolgen und dabeizusein, wenn Formen durch Körper entstehen, als reale Präsenz und in der Zeitform des Augenblicks" (Gumbrecht 2005, S. 16). Und einer der Gründe für die Faszination, die von Sport und Musik gleichermaßen ausgeht, liegt sicherlich darin, dass beide improvisatorische Züge tragen, nicht voraussehbar, nicht berechenbar und auf die Gunst des Augenblicks angewiesen sind – auf das unverfügbare Miteinander der Spieler, bei denen man nie weiß, was kommt, was geht, wer wie agiert und reagiert – Spannung pur wie in einem guten Konzert, von dem man auch nie genau weiß, wie's wird und ausgeht.

Durch seine Ästhetik der Klänge und Bewegungen macht das Sportstück zudem eine der ursprünglichen Ideen des Sports wieder erfahrbar: die Lust an der Schönheit von Bewegungen, die ebenso wichtig ist, wenn nicht wichtiger als die leicht zu pervertierenden Motivationsfaktoren von körperlicher Steigerung, Spannung, Wettkampf, Sieg… Im musikalischen Gewande des Improvisationsstücks erweist sich Sport als eine zutiefst ästhetische Form des Handelns und Erlebens, die ebenso wie Musizieren das Gefühl der „Versunkenheit in fokussierte Intensität" zu vermitteln vermag (Pablo Morales, zitiert nach Gumbrecht 2005, S. 33) und Zuschauern wie Ausführenden Momente eines verdichteten, geballten, zum Bersten vollen Daseins schenkt – ein Modell von Kunst und Leben, bei dem Körper, Sinne, Seele, Geist gleichmächtig zusammenwirken, mit möglichen Folgen für das alltägliche Leben. „Aber doch sind alle Bewegungen anders als vorher; als hätte ein Horchen sich über sie gelegt" (Rilke 1902/1993, S. 13) – ist dies vielleicht der Kern der ästhetischen Erfahrung, die die musikalische Sportimprovisation vermittelt?

Einbindung in Konzert und Unterricht

Die Sport-Improvisation nach Uwe Raschs *walk, man* lässt sich an den verschiedensten Orten und Spielstätten sowie zu unterschiedlichen Anlässen erproben und aufführen: in Klassenzimmern, Konzertsälen, Probenräumen, Turnhallen, draußen auf Sportplätzen, in Innenhöfen, Unterführungen etc. – ein wunderbares Stück szenischer Musik für traditionelle und alternative Konzertorte, das Ohr und Auge gleichermaßen anspricht und fasziniert. Mit Schülern und Studierenden habe ich es einmal sogar im Petri-Dom zu Bremen im Rahmen eines Konzertprogramms zum Thema *Musik und Szene* aufgeführt – und 2014/15 mit Schülerinnen der Klasse 9g der Staudinger Gesamtschule Freiburg, die auf wunderschöne Ideen kamen und ein wahrhaft ergreifendes Sportstück gestalteten.

Das Konzept eignet sich für Improvisationsworkshops und Konzerte sowohl im Bereich der (neuen) Musik als auch des Improvisationstheaters und lässt sich mit vielen anderen musikalischen Sportstücken und sportiven Musikstücken kombinieren.

Literatur

Gottstein, Björn (2012), *Sport hören*. Zur Ästhetisierung seiner akustischen Dimension. In: Neue Zeitschrift für Musik 6/2012, S. 54–56.

Gronemeyer, Gisela (1993), *„I'm finally writing beautiful music". Das numerierte Spätwerk von John Cage*. In: MusikTexte. Zeitschrift für Neue Musik Heft 48, Februar 1993, S. 19–24.

Gumbrecht, Hans Ulrich (2005), *Lob des Sports*. Frankfurt am Main.

Musil, Robert (1931/1993), *Als Papa Tennis lernte* (1931). In: Der Kinnhaken. Sportgeschichten. Aus aller Welt zusammengetragen von Walter Nowojski. Mit einem Geleitwort von Hilmar Hoffmann. Berlin, S. 154–160.

Rasch, Uwe (2012), *Musik als Leibesübung (1993 – 2009)*, CD/DVD, Booklettext von Carolin Naujocks. Bremen.

Rilke, Rainer Maria (1902/1993), *Die Turnstunde* (1902). In: Der Kinnhaken. Sportgeschichten. Aus aller Welt zusammengetragen von Walter Nowojski. Mit einem Geleitwort von Hilmar Hoffmann. Berlin, S. 10–14.

Rüdiger, Wolfgang (2004), *Zerrissene Liebe*. Uwe Rasch: *„Herzblättern"* (aus dem Zyklus „Herzblätter"). In: Rüdiger, Wolfgang/Nimczik, Ortwin, Teamwork! Sprache, Bild, Bewegung, Szene: neue Musik für Schülerensemble (= Musik & Bildung Spezial). Mainz, S. 6–13.

MATERIAL 1

Version des Komponisten mit vollständigem Sportmaterial-Set, Verteilung und Verlauf für die einzelnen Darsteller sowie Aufbauplan

walk, man für einen Schlagzeuger mit kleiner Trommel und bis zu 16 Darstellern

Die einzelnen Stationen (s. Aufbauplan) werden in Zeitlupe erreicht und die angegebenen Aktivitäten übergangslos in Normalgeschwindigkeit ausgeführt. Die Zeitlupenbewegungen werden Sportarten nachempfunden: wie ein Langstreckenskiläufer, wie ein Eisschnellläufer, wie jemand, der ein Seil um den Bauch geschlungen hat und sich an ihm zur nächsten Station hinzieht; um die eigene Achse drehend wie ein Diskuswerfer etc.; möglichst kontrastreiche Bewegungsabläufe. Jeder Darsteller hat einen Walkman, nach dessen Start Zeitangaben und Instruktionen für seinen Parcours von einer Kassette abgespielt werden.

Der Beginn des Stückes kann durch einen Knall markiert werden (Starterpistole, Schlagzeugpeitsche o. Ä.); auf dieses Zeichen schalten alle Darsteller möglichst gleichzeitig ihren Walkman ein. Von Beginn bis zum Schluss wird tonlos, leicht zischend geatmet und werden die Füße schlurfend über den Boden gezogen, so dass der gesamte Verlauf durch eine Geräuschtextur grundiert wird.

Benötigte Materialien:

- 1 Blechschrank
- 1 Paar hölzerne Beachball-Schläger (mit Tischtennisball)
- 1 Turnmatte (dick, oftmals blau)
- 1 kleines Trampolin
- 1 große Pappröhre (z.B. für Teppichböden)
- 1 Paar Staffelhölzer
- 1 Paar Federballschläger (mit einigen Federbällen)
- 1 Gymnastikreifen
- 1 Tambourin ohne Schellen
- 1 Hundepfeife
- 1 Trillerpfeife
- 1 Turnschuh
- 1 Paar Turnringe am Seil
- 1 Medizinball
- 1 Paar Gymnastikkeulen
- 1 Paar Klettverschlüsse
- 1 Springtau
- 1 Deospray
- 1 Volleyball

Uwe Rasch, *walk, man*

Der jeweilige Verlauf für die einzelnen Darsteller:

1. Kampfsportart-Bewegungen oder Schattenboxen
2. Kampfsportart-Bewegungen oder Schattenboxen
3. Blechschrank – Keulen – Volleyball
4. Trillerpfeife – Reifen – Federball – Beachball
5. Turnmatte – Beachball – Federball – Keulen
6. Turnschuh – Tambourin – Klettverschlüsse – Taue
7. Taue – Trillerpfeife – Ringe - Turnschuh – Trampolin (und Pappröhre)
8. Klettverschlüsse – Beachball – Ringe – Tambourin – Staffelhölzer
9. Keulen – Volleyball – Federball – Tambourin – Turnmatte
10. Reifen – Turnschuh – Staffelhölzer – Volleyball – Hundepfeife
11. Federball – Reifen - Volleyball – Klettverschluss – Staffelhölzer – Blechschrank
12. Staffelhölzer – Beachball – Blechschrank – Federball – Matte – Tambourin
13. Tambourin – Hundepfeife – Federball – Keulen – Taue – Ringe
14. Beachball – Tambourin – Federball – Volleyball – Taue – Medizinball
15. Volleyball – Turnschuh – Klettverschluss – Ringe – Beachball – Federball
16. Ringe – Staffelhölzer – Matte – Keulen – Trillerpfeife – Deospray

Ungefähre Verteilung der auf den Boden gelegten Materialien:

Blechschrank

Trillerpfeife

Beachball Turnmatte

Trampolin

Gymnastikreifen

Pappröhre

Staffelhölzer Federballschläger Volleyball

Tambourin Hundepfeife Turnschuh

Turnringe Medizinball

Gymnastikkeulen

Klettverschlüsse Springtaue

Deospray

Schattenboxen Schattenboxen

MATERIAL 2

Anregungen des Komponisten zur improvisatorischen Erweiterung von *walk, man*

Materialien können ersetzt/erweitert werden, die Materialien können anders auf dem Boden verteilt werden, wobei darauf zu achten ist, dass nicht nur optimale Entfernungen entstehen, sondern auch kurze Wege für lange *walk*-Zeiten (dadurch gibt es Staus, „Verdickungen", Unzulänglichkeiten).
Es können weniger Mitspieler teilnehmen; es ist dann sinnvoll, vom Schluss her zu planen, wie das Stück enden soll, und nicht auf den Spieler mit dem Medizinball zu verzichten.
Es können mehr Spieler teilnehmen, die dann einen eigenen Verlauf aus Ritardando-Accelerando-Punkten entwerfen müssen.

Die Walkman-Steuerung kann ersetzt werden, indem sich jeder einen eigenen Zeitverlauf zurechtlegt: Entweder zählt jeder unhörbar für sich oder – was wahrscheinlich leichter ist –, es werden große Uhren oder Bildschirme mit einer Uhr o. Ä. für jeden einsehbar aufgestellt. Es muss dann darauf geachtet werden, dass durch eine andere Zeitstruktur kein paralleler Materialiengebrauch verlangt wird.

Der Verlauf kann in seiner Struktur verändert werden, indem neue Verabredungen getroffen werden, wie z.B. der Bau von Klangskulpturen: Es werden bestimmte Zeitpunkte ausgemacht, an denen sich mehrere Teilnehmer treffen und durch eine Körper/Materialballung für eine kurze Zeit eine Art Skulptur bauen (z.B. einer bückt sich und pendelt mit den Keulen, ein anderer lehnt sich halb auf diese Figur und schlägt Beachball-Schläger aneinander, während ein dritter einen Arm auf den Kopf dieses Teilnehmers legt und den anderen freien Arm mit einem Federballschläger in die Luft reckt etc.; der Phantasie sind nur Grenzen durch die Anzahl der Spieler gesetzt).

Das Stück lebt von seiner Strenge, die auch nach Veränderungen wieder hergestellt werden sollte.

Uwe Rasch, *walk, man*

16 Die Aggressivität der Welt – Michael von Biels *Welt 2* (1965)

Spielanweisung

Michael von Biel (*1937) *Welt 2* (1965) Lotte Stahl gewidmet
(in: *scratch anthology of compositions*, o. O. 1971, S. 38)

Es werden mindestens sechs Spieler benötigt. Jeder Spieler verwendet ein (oder mehrere) Instrument(e). Gleichzeitig können Artikulationen durch andere Mittel erfolgen.

Artikulationen (maximal 2 Sekunden):
1. Ein (oder mehrere) Geräusch(e) ohne erkennbare Tonhöhe.
2. Geräuschhafte Tonhöhe bei mehreren Anschlägen.
3. Klare Tonhöhen bei mindestens 16 Anschlägen pro Sekunde.

Dynamik: Aggressiv und so laut wie möglich.

Wenn die Spieler eine Artikulation beendet haben pausieren sie solange bis die Pause von einem Spieler durch eine neue Artikulation gebrochen wird.

Nach 15 Minuten Spielzeit kann eine Entscheidung über die Gesamtdauer gefällt werden.

Entstehung und Erarbeitung

Die Wandlungen des Michael von Biel

Wir müssen uns Michael von Biel (*1937) als einen zeitlebens Suchenden vorstellen – einen vielseitigen, völlig unangepassten Komponisten, Musiker und Maler, der verschiedene künstlerische Wege einschlägt, ohne sich auf eine Richtung festzulegen, einmal Erreichtes alsbald wieder verlässt und selbst fixierte Werke je nach Situation und Aufführungsmoment verändert. Eine solche Wandelbarkeit und selbstkritische Sensibilität für die Prozesshaftigkeit von Kunst und Leben kann als Merkmal der Fluxus-Bewegung Anfang/Mitte der 1960er-Jahre verstanden werden, der von Biel nahestand, um sich bald wieder von ihr zu distanzieren – eine konsequente Realisierung von Fluxus selbst. Und wie von Biel in seinen zunächst experimentellen, später bewusst einfach gehaltenen musikalischen Werken immer wieder angefangen hat einen „Weg zu begehen und […] immer wieder aufgehört" hat (von Biel 2013, S. 157), so beschreibt seine künstlerische

Material
Geräusche, geräuschhafte Tonhöhen und klare Tonhöhen mit wenigen, mehreren und vielen Anschlägen pro Sekunde

Mitwirkende
6 bis ca. 15 Spieler ab ca. 12 Jahren

Musikalische Vorkenntnisse
Schnelle Reaktionsfähigkeit bei der Erzeugung kurzer Klangereignisse zwischen Geräusch und Ton

Instrumentale Vorkenntnisse
keine für Nicht-Instrumentalisten; für Instrumentalisten grundlegende Spielfertigkeiten im Oktavraum; für Anfänger, Fortgeschrittene und Profis geeignet

Instrumente
Melodieinstrumente, Stimme, Körperklänge, Klavier, Gitarre, Schlaginstrumente und Alltagsgegenstände aller Art

Probenumfang
je nach Alter und Vorkenntnissen ca. zwei bis drei Proben

Aufführungsdauer
nach Angabe des Komponisten mindestens 15 Minuten

Verwendung
Improvisationskurse, Schülervorspiele und professionelle Konzerte

Variationsmöglichkeiten
Offen für Veränderungen, dem flexiblen Umgang des Komponisten mit seinen Werken entsprechend, z. B. Einigung auf eine kürzere Spieldauer

Gattung
Verbale Spielanweisung – Aktionspartitur („action score")

Verwandte Modelle
15, 17

Entwicklung insgesamt einen Prozess von der Musik weg zur Zeichnung und Malerei, mit sporadischer Wiederaufnahme des Komponierens in späteren Jahren.

Einen solchen Wechsel von plötzlichem Anfangen und Aufhören kennzeichnet auch das radikale Konzeptstück *Welt 2*, dessen sekundenschnelle Geräusch-Ton-Ausbrüche eine aggressive Intensität besitzen, die ebenso aufrüttelt und verstört wie fasziniert und aufhorchen lässt auf die hektischen, brutalen Züge unserer Welt.

Welt 2 zwischen Fluxus und Scratch Orchestra

Welt 2 ist (zusammen mit *Welt 1*) eine von zwei „action scores" (Aktionspartituren), die vermutlich während von Biels zweitem USA-Aufenthalt 1965/66 entstanden sind (nach Studien bei Morton Feldman in New York und Cornelius Cardew in London sowie Erfolgen bei den Darmstädter Ferienkursen für Neue Musik Anfang der 1960er-Jahre). In Buffalo, wo Michael von Biel composer-in-residence war, unternahm er zusammen mit dem Pianisten und Cage-Freund David Tudor Klangexperimente mit Gegenständen wie Vibratoren, Gartengrills und anderen, die später Eingang in seine Werke fanden (vgl. Müller 2003, S. 124 ff.). Die Erweiterung des musikalischen Materials auf Gebrauchsgegenstände, Geräusche und Aktionen aller Art ist sowohl typisch für die Fluxus-Bewegung als auch für die experimentelle Musikpraxis des legendären Londoner Scratch Orchestra, in dessen Anthologie die Aktionspartitur *Welt 2* zum Glück erschienen ist (die originalen Notate der *Welt*-Stücke in Form von kleinen Karten sind anscheinend verschollen, vgl. Henck 1983, S. 103). Dort passt von Biels Stück auch gut hinein, denn die *scratch anthology of compositions* (June 1971) ist eine überaus anregende Sammlung von offenen Spielanweisungen in verschiedenen Notationsformen zwischen Textkomposition, Graphik und Notenblatt, wie sie für die Musikpraxis des Scratch Orchestra charakteristisch ist (scratch = reiben, kratzen, streichen, auch: ohne Vorgabe; start from scratch = von vorne anfangen).

In diesem offenen Improvisationsensemble, gegründet 1969 von Cornelius Cardew, Michael Parsons und Howard Skempton, konnte jeder mitmachen, der Musik spielen, erfinden, komponieren wollte, unabhängig von musikalischer Ausbildung und instrumentalen Vorkenntnissen. In Abgrenzung vom elitären Musikbetrieb wollten sich die Spieler des Scratch Orchestra in egalitärer, demokratischer Musikpraxis auf die Ursprünge des Musikmachens mit Stimme, Schlagzeug, einfachen Instrumenten und Klangmaterialien zurück besinnen (so zu Beginn bei der Aufführung eines „Paragraphen" von Cardews Hauptwerk *The Great Learning*), und da schien es sogar besser, musikalisch nicht zu ge- und „verbildet" zu sein; Neugier und Offenheit für neue Klänge und Aufführungsformen konnte man eher von Laien, bildenden Künstlern, Schauspielern, gleichgesinnten Musikern und Komponisten erwarten. Im Zusammenhang mit seiner graphischen Partitur *Treatise* notiert Cornelius Cardew: „Idealerweise sollte diese Art Musik von einer Gruppe musikalisch Unschuldiger gespielt werden, aber in einer Kultur wie der unsrigen, in der musikalische Erziehung so weit verbreitet ist (nicht zuletzt unter Musikern) und immer weiter zunimmt, sind solch Unschuldige nur schwer zu finden. Die Komposition ‚Treatise' bemüht sich diese musikalisch Unschuldigen ausfindig zu machen, wo immer sie überleben, indem sie ihnen eine Notation anbietet, die nicht notwendig die Fähigkeit, Musik zu lesen, erfordert. [...] Meine besten Erfahrungen mit ‚Treatise' verdanke ich Leuten, die mit einigem Glück eine Ausbildung zum bildenden Künstler gemacht haben, einer musikalischen Erziehung entronnen und dennoch Musiker geworden sind – das meint, Musik mit der ganzen Überzeugung ihres Seins spielen." (*Treatise Handbook*, zitiert nach Müller 2007)

Und in der *Draft Constitution* des Scratch Orchestra formuliert Cardew sein Credo einer demokratischen Musik- und Aufführungspraxis: „Ein ‚Scratch Orchestra' ist eine große Anzahl von Enthusiasten, die ihre Mittel (nicht vorrangig materielle Mittel) und ihre Fähigkeiten sammeln und für Aktionen wie Musikmachen, Vorführungen und Bildung zusammenbringen. Notiz: Das Wort Musik und ähnliche Begriffe stehen hier nicht allein für Klang und verwandte Phänomene wie beispielsweise Hören. Worauf sie sich beziehen, ist variabel und hängt gänzlich von den Mitgliedern des ‚Scratch orchestra' ab." (*The Musical Times*, Juni 1969, zitiert nach ebd.)

„Weltstück" und „Lebenskunst"

Eine solche Variabilität der Bezugnahme und Besetzung ermöglicht auch das Konzeptstück *Welt 2*, bei dem es vor allem auf die Intensität der Ausführung zwischen Strenge und Freiheit sowie auf die „Welthaltung" im Spannungsfeld von damals und heute ankommt. Zeigte die „Welt" sich 1965 von ihrer brutalsten Seite – es ist das Jahr des Beginns der systematischen Bombardierung Nordvietnams durch die USA –, so stellt sie sich heute nicht minder aggressiv dar. Vor solch aktuellem Hintergrund ist auch von Biels Aktionsstück zu sehen und stets aufs Neue zu thematisieren.

Bereits 1970, nach seinem Rückzug von der Avantgarde und Hinwendung zur Improvisation und Popmusik, spricht der Komponist aus einer gewissen Distanz über seine „Weltstücke" in der „Beziehung zu der Zeit, 65/66": „Dann dachte ich, es wäre ein Fortschritt von der Musik zu einer Art ‚Happening Musik', Fluxus Musik, Weltstücke nannte ich die damals." (von Biel 1971, S. 32)

Gut fünfzig Jahre nach seiner Teilnahme an George Maciunas' Fluxus-„Festspielen Neuester Musik" 1962 in Wiesbaden erinnert sich von Biel 2013 im Zusammenhang mit „Lebenskunst" an seine Fluxus-Zeit, die ihm aus der Distanz in neuem Lichte erscheint: „Wenn Sie den Begriff Fluxus kennen, das ist Lebenskunst. Das ist dasselbe. Man muss andauernd eine ungeheure Aufmerksamkeit haben. Dann ist das Lebenskunst. Dann betreibt man das Leben als Kunst. Es ist aber gleichzeitig auch Fluxus. Man hat es in der Kunst angestrebt und entdeckt, dass die Lebenskunst eine Art Kunstrichtung ist. Aber man hat es Fluxus genannt, was glaube ich zu sehr großen Missverständnissen geführt hat. Es wäre besser gewesen, wenn man es Lebenskunst genannt hätte. Und so ist das Denken aufgekommen, dass Fluxus wiederum eine Art Kunstrichtung ist. Aber es ist tatsächlich Lebenskunst. [...] Manchmal denke ich jetzt, ich müsste den Weg des Fluxus wieder gehen im Alltag, aber es braucht sehr viel Bewusstsein und Aufmerksamkeit."

Und dieser wieder zu begehende Weg der Aufmerksamkeit auf Welt, in welcher Kunstform auch immer, könnte möglicherweise, im Sinne der Vision von Biels, zu einer neuen Avantgarde eines „allgemeinen Friedens" führen, „den es noch nicht gegeben [hat]. Das wäre etwas wirklich Neues"; „Frieden als Kreativität. Wie auch immer das möglich ist" (von Biel 2013, S. 156 f. und 161, siehe auch das Textmaterial S. 99). Solche allgemeinen Ideen und Diskussionspunke sollten auch die Erarbeitung von *Welt 2* in Schüler- und/oder Profi-Ensembles leiten und begleiten.

Aufschlussreich und charakteristisch für Michael von Biel ist in diesem Zusammenhang sein Antwortbrief vom 8. Januar 2015 auf ein Schreiben, in dem ich von einigen Aufführungen von *Welt 2* berichtet und um Erläuterung des Begriffs „Welt" gebeten hatte. Da dieser schöne Brief die ganze Wandelbarkeit und Generosität des Komponisten offenbart, in dessen Erinnerung *Welt 2* indes – Reflex der Friedensutopie? – in einem milden Mezzopiano-Licht erscheint, und zudem das Geschenk eines *Welt 3*-Stückes enthält, sei er hier in Gänze wiedergegeben.

Lieber Herr Wolfgang Rüdiger

Danke Ihnen für Ihren sehr enthusiastischen Brief. Es ist nun sehr lange her, daß ich diese Weltstücke machte. Damals ging es um Improvisation, von einem Konzept ausgegangen, das möglichst ohne Gedanken aufgeführt sein sollte. Nur Töne und Geräusche & Flageolets. Und nicht laut noch leise, also mf, mp. Welt bedeutet daß man irgendetwas suchen kann zur Klang Erzeugung. Auch Handlungen ohne Klang sind möglich. So ungefähr. Hier bin ich, und hier vor mir ist die „Welt", und ich kann irgendetwas, sogar Musikinstrumente verwenden um einer Aufführung willen. Die möglichst nicht zu laut ist. (Weniger Initiative)
Hab eine Welt 3 Komposition für Sie. Spiele auf irgendwelchen Musikinstrumenten einzelne Töne, und höre ihnen zu. Dauer etwa 5–10 Minuten.

Mit lieben Grüßen
Ihr Michael von Biel

Hinweise zur Erarbeitung

Im Ensemble mit mindestens sechs Spielern werden zunächst die Instrumente geklärt, die jede/r Mitwirkende verwendet, jede/r am besten mehrere. Das können sowohl klassische Musikinstrumente, Schlaginstrumente und Klangerzeuger mit klaren Tonhöhen als auch alle möglichen Alltagsgegenstände für „Artikulationen durch andere Mittel" sein (z. B. Stimme, Stühle, Geräuschmacher aller Art).

Sodann werden die drei „Artikulationen" von *Welt 2* besprochen, die in Klangcharakter, Anzahl und Anschlagsart genau kalkuliert und zugleich frei sind in der Ausführung. Klare Tonhöhen (im Plural), *eine* geräuschhafte Tonhöhe (im Singular) und ein oder mehrere Geräusch(e) stehen sich unvermittelt gegenüber (ähnlich wie in von Biels erstem Streichquartett von 1962). Dieses Klangmaterial wird zunächst von allen erprobt und einander vorgestellt: schnelle Ton-Repetitionen und/oder -Skalen (3. Artikulation), Mehrklänge auf Blasinstrumenten und geräuschhafte Spieltechniken mit Tonanteil auf Streichinstrumenten (Spielen mit erhöhtem Bogendruck oder hinter dem Steg, Bartók-Pizzicato etc., 2. Artikulation), ein bis zwei Geräusche auf dem Haupt- und/oder dem Zusatzinstrument (1. Artikulation); Geräusche können zum Beispiel auch durch Schreie oder fallende Stühle etc. erzeugt werden.

Sodann kommt der Faktor Zeit ins Spiel: die extrem kurze Dauer von maximal zwei Sekunden pro Artikulation, gefolgt von einer Spannungspause in freier Dauer. Differenziert werden diese musikalischen Handkantenschläge in die Zeit durch die unterschiedliche Anzahl und Geschwindigkeit der Klangereignisse („Anschläge" im doppelten Wortsinne). Die klaren Tonhöhen sollen in dem rasenden Tempo von „mindestens 16 Anschlägen pro Sekunde" ausgeführt werden, was spieltechnisch kaum realisierbar ist, die Geräusche hingegen nur einmal oder wenige Male, die *eine* geräuschhafte Tonhöhe mehrmals; d. h., je klarer und „tonaler" das Material, desto wirbeliger und wirrer, je mehr Geräusch, desto klarer und konzentrierter sind die Artikulationen. Es empfiehlt sich, diese drei Kombinationsformen von Klangmaterial und Anzahl der Ereignisse einzeln gut zu üben.

Das Gegeneinander von rasenden Tönen, wenigen Geräuschen und mehreren Geräusch-Ton-Mischungen wird dynamisch gleichgeschaltet durch die extreme Anweisung „Alles in aggressiver Lautstärke und Ausdruckskraft". Hier müssen die Spieler, gleichviel auf welchem Instrument, körperlich und klanglich alles geben und aufs Heftigste agieren.

Als letzter Schritt muss das plötzliche, laute Agieren und das schnelle, aggressive Reagieren geübt werden, um im Ensemble die volle Explosivkraft zu entfalten. Die Spieler beginnen mit einer vereinbarten oder freigelassenen heftigen Artikulation, die nach maximal zwei Sekunden hart abgeschnitten wird – Pause, Erstarren, Stille – ein Spieler durchbricht die Pause mit einer neuen aggressiven Artikulation, auf die in Bruchteilen von Sekunden alle reagieren, sich einklinken oder eine andere dagegen setzen – Spannungspause – usw. So entsteht eine irreguläre Impulsfolge eruptiver Klangpartikel von höchster Anspannung und Ausdruckskraft mit Pausen unterschiedlichster Dauer – eine archaische bis anarchische Ästhetik der Plötzlichkeit, die jeden, Spieler und Hörer, aufs Äußerste beansprucht und „mitnimmt". Die Haltung zur Welt, die damit angeregt wird, kann nur eine der gesteigerten Aufmerksamkeit und Reaktionsbereitschaft sein.

Einbindung in Konzert und Unterricht

Mit *Welt 2* kann im Klassenunterricht und auf Improvisationskursen die Aktualität von Fluxus- und Scratch Orchestra-Konzepten als Formen engagierter und alle einbeziehender Musikpraxis thematisiert werden, die weitergedacht und auf unsere Zeit bezogen werden muss. In einer von Globalisierung und politischer Gewalt geprägten Welt stellt das Stück ein Modell extremer musikalischer Aktion dar, das in seiner Heftigkeit und Härte der Gegenwart einen Spiegel vorhält und Aggression entlarvt, ja möglicherweise abbaut, indem es sie ins Bild setzt. Mit Musikern des *Ensemble Aventure* habe ich *Welt 2*, umrahmt von ruhigeren Stücken, in einem Improvisationskonzert in Freiburg 2012 und nach dieser Erfahrung mit Schülern und Studierenden zwischen 12 und 20 Jahren im Rahmen des Interpretationskurses auf der Frühjahrstagung des Instituts für Neue Musik und Musikerziehung 2012 in Darmstadt erprobt und aufgeführt, mit großer Resonanz und Wirkung.

Diese Erfahrungen zeigen, dass das Ensemble-Aktionsstück *Welt 2* sich hervorragend für spannende Unterrichtsthemen sowie für Probenarbeiten und Programme von Schüler- und Profikonzerten in Kombination mit anderen Werken eignet.

TEXTMATERIAL
Auszug aus einem Interview mit Michael von Biel

Können Sie etwas mit dem Begriff der Lebenskunst anfangen?

Was ist damit gemeint?

Damit ist jetzt gar nichts Bestimmtes gemeint. Können Sie mit dem Begriff etwas anfangen, hat er für Sie eine Bedeutung? Oder ist es ein Wort, mit dem Sie einfach nichts anfangen können?

Doch, ich kann damit etwas anfangen, aber ich habe es für meine Person nicht erreicht. Lebenskunst, das ist etwas, das mich an Fluxus erinnert. Wenn Sie den Begriff Fluxus kennen, das ist Lebenskunst. Das ist dasselbe. Man muss andauernd eine ungeheure Aufmerksamkeit haben. Dann ist das die Lebenskunst Dann betreibt man das Leben als Kunst. Es ist aber gleichzeitig auch Fluxus. Man hat es in der Kunst angestrebt und entdeckt, dass die Lebenskunst eine Art Kunstrichtung ist. Aber man hat es Fluxus genannt, was glaube ich zu sehr großen Missverständnissen geführt hat.
Es wäre besser gewesen, wenn man es Lebenskunst genannt hätte. Und so ist das Denken aufgekommen, dass Fluxus wiederum eine Art Kunstrichtung ist. Aber es ist tatsächlich Lebenskunst.

Sie haben die Fluxus-Bewegung in Deutschland ja auch wesentlich mit geprägt und erlebt…

Ein bisschen, ja, nur ein bisschen.

…und wenn Sie sagen, Fluxus ist gleich Lebenskunst – wie kommen Sie dann darauf, dass Sie das für sich nicht erreicht hätten?

Weil ich einfach die Entwicklung damals bei mir nicht weiter studiert habe. Ich habe die Disziplin einfach losgelassen. Ich bin nicht den Weg gegangen. Das ist ein bestimmter Weg, den man gehen muss oder sollte. Also, man braucht nicht Fluxus-Künstler zu sein, aber wenn man unbedingt Lebenskunst will, dann muss man den Weg der Lebenskunst gehen und ich bin diesen Weg nicht gegangen. Aber ich war in der Fluxus-Zeit dabei, Fluxus als Lebenskunst so zu begreifen. Also nicht umgekehrt. Fluxus habe ich als Lebenskunst begriffen und dann wollte ich den Weg gehen, habe ihn aber dann wieder verworfen. Ich bin also keinen Weg gegangen. Manchmal denke ich jetzt, ich müsste den Weg des Fluxus wieder gehen im Alltag, aber es braucht sehr viel Bewusstsein und Aufmerksamkeit. Es braucht Energie. Ich habe oft die Energie nicht dazu. [...]

In der Architektur kann ich mir aber schon denken, dass noch eine Avantgarde möglich ist. Ein allgemeiner Frieden wäre auch sehr avantgardistisch. Den hat es noch nicht gegeben. Das wäre etwas wirklich Neues, wenn es nur Frieden gebe, auch in allen Überlegungen und Richtsprüchen. Wenn es nur Frieden geben würde als Punkt. Als Ursache und Wirkung. Wenn das überall die Avantgarde wäre, dann wäre das etwas Neues. Ich vermute, dass überall noch der Krieg drin ist. Es ist nichts Langweiliges an Friede, Freude, Eierkuchen. Es ist einfach etwas, was noch nicht dagewesen ist, was man durchaus anstreben sollte. Das ist wahrscheinlich das Neue, das uns noch fehlt. Die alte Avantgarde war oft sehr aggressiv. Man hat früher nicht viel Wert auf Frieden gelegt. Man hat mehr auf das noch nie Dagewesene abgehoben, koste es, was es wolle. Aber heute ist der Frieden glaube ich das Wichtigere. Man kann ja sagen: Frieden als Kreativität. Wie auch immer das möglich ist.

Christian Julmi (2013), *Gespräche über Kreativität. Philosophische Annäherungen an ein subjektives Phänomen*, Bochum/Freiburg, S. 147–161, hier S. 156 f. und 161. Abdruck mit freundlicher Genehmigung des projekt verlages

Literatur

Biel, Michael von (1971), *„Fortschritt? Gibts nicht". Aus einem Interview mit Michael von Biel.* In: Feedback Papers Nr. 1, März 1971, S. 29–32.

Biel, Michael von (2003), *Katalog aus Anlass der Ausstellung mit Michael von Biel in der Städtischen Galerie, Fruchthalle Rastatt, November 2003 bis Februar 2004*, hg. von der Herbert-Weisenburger-Stiftung. Rastatt, Karlsruhe (mit einer Musik-Dokumentation der Kompositionen von 1958 bis 2003, S. 143–148).

Biel, Michael von (2013), *Kreativ sein*. In: Christian Julmi, Gespräche über Kreativität. Philosophische Annäherungen an ein subjektives Phänomen. Bochum / Freiburg, S. 147–161.

Henck, Herbert (1983), *Zur Arbeit von Michael von Biel. Eine Literatur- und Werkübersicht*. In: Neuland. Ansätze zur Musik der Gegenwart. Jahrbuch, Band 3 (1982/1983), hg. von Herbert Henck. Bergisch-Gladbach, S. 100–103.

Müller, Hermann-Christoph (2003), *„Wenn du Zweifel hast, such weiter." Zum musikalischen Werk von Michael von Biel.* In: Michael von Biel, Katalog aus Anlass der Ausstellung mit Michael von Biel in der Städtischen Galerie, Fruchthalle Rastatt, November 2003–Februar 2004, hg. von der Herbert-Weisenburger-Stiftung. Rastatt / Karlsruhe, S. 121–127.

Müller, Hermann-Christoph (2004), *Das musikalische Schaffen Michael von Biels*. In: Booklet zur CD Michael von Biel (geb. 1937): Streichquartette Nr.1–3 [inkl. Fassung (elektronische Tonbandmusik) (1964) und Jagdstück für Bläserinstrumentalisten und Live-Elektronik (1966)], Edition RZ.

Müller, Hermann-Christoph (2007), *Das Scratch Orchestra und die Folgen*, Manuskript der Sendung SWR 2, Klangraum: JetztMusik, Montag, 5.11.2007, 23:00–24:00 Uhr.

Wagner, Hans-Joachim (1992ff), *Artikel „Michael von Biel"* (Grundblatt). In: Komponisten der Gegenwart (KdG), hg. von Hanns-Werner Heister und Walter-Wolfgang Sparrer. München, 2. Nachlieferung Juli 1993.

Wagner, Hans-Joachim (2001), *Artikel „Biel, Michael von"* In: The New Grove Dictionary of Music and Musicians, edited by Stanley Sadie / executive editor John Tyrrell, Volume 3. London, p. 560.

Zimmermann, Walter (1977), *Gespräch mit Michael von Biel* In: Feedback Papers 13, Juni, S. 315–324.

17 Das Wüten des Varèse – Klangmassen und Anschläge nach *Octandre* (1923)

Spielanweisung

1. Das Grundprinzip des Improvisationskonzepts besteht aus einem Wechsel von heftigen Tutti-Akkorden und solistischen Tonrepetitionen, mit denen jeder Spieler rhythmisch improvisiert. Die Tutti-Akkorde bilden dichte *Klangmassen* in freier Dauer und *fff*-Dynamik. Die solistischen Tonrepetitionen sind improvisierte Signale, Attacken oder *Anschläge* auf einem Ton, mit denen jeder Spieler *forte* hervortritt, begleitet von leisen Akkorden im *ppp – mp*.

2. Für den lauten *Klangmassen*-Akkord wählt jeder Spieler einen Ton in mittlerer bis höherer Lage, für den leisen Begleitakkord der Solo-*Anschläge* einen Ton in tieferer Lage; diese Töne werden zu Akkorden oder Tonclustern verbunden und Ton für Ton zusammengesetzt, bis das Ensemble mit dem Klang zufrieden ist. Es gibt zwei Akkorde: Akkord 1 = *Klangmasse*, sehr laut und heftig; Akkord 2 = Begleit-Akkord der Solo-Improvisationen (*Anschläge*), leise, zart.

3. Die Wahl der Töne bei den solistischen Ton-Repetitionen (*Anschlägen*) ist frei. Die solistischen *Anschläge* sollen in der gleichen Wucht des Ausdrucks ausgeführt werden wie der *Klangmassen*-Grundakkord.

4. Das Stück beginnt mit dem gemeinsamen Einsatz des wuchtigen Tutti-Akkords im dreifachen Forte (*fff*): *Klangmasse 1* – Halten im Forte-Fortissimo – bis Spieler 1 ein deutliches Einsatzzeichen für seine rhythmische Improvisation und damit für den Wechsel zum leisen Begleit-Akkord gibt: *Anschläge 1*, begleitet vom leisen Begleitakkord.

5. Spieler 1 beendet seine *Anschläge 1*-Improvisation mit einem sehr deutlichen Einsatzzeichen für Grundakkord 1 im Tutti: *Klangmasse 2* – Halten im *fff*.

6. Spieler 2 gibt ein gut erkennbares Zeichen für den Beginn seiner rhythmischen Solo-Improvisation = *Anschläge 2* mit gleichzeitigem Wechsel zum leisen Begleit-Akkord; er beendet seine Repetitions-Improvisation mit klarem Einsatzzeichen für den Tutti-Akkord 1 = *Klangmasse 3* – Halten im *fff*.

Material
Akkorde und Einzeltöne mit frei zu wählenden Tonhöhen, Dauern und Rhythmen

Mitwirkende
5 bis 12 fortgeschrittene Spieler

Musikalische Vorkenntnisse
Allgemeine Kenntnisse von Rhythmus, Harmonik, Motivik; Erfahrungen im Zusammenspiel

Instrumentale Vorkenntnisse
Grundlegende Spielfertigkeiten und Fähigkeiten zur rhythmischen Improvisation

Instrumente
Melodieinstrumente; Instrumente mit distinkten Tonhöhen

Probenumfang
je nach Alter und Vorkenntnissen ca. zwei bis drei Proben

Aufführungsdauer
ca. 3–5 Minuten

Verwendung
Improvisationskonzerte, Schülervorspiele und Einführungsveranstaltungen zu professionellen Konzerten

Variationsmöglichkeiten
Veränderung der Form und der Schlusswendung

Gattung
Verbale Spielanweisung nach dem Vorbild einer Ensemblekomposition

Verwandte Modelle
16, 20

7. Spieler 3 gibt ein Einsatzzeichen für seine Solo-*Anschläge 3*-Improvisation mit leisem Begleitakkord und beendet diese mit Einsatzzeichen für *Klangmasse 4* – Halten --- usw. je nach Zahl der Spieler.

8. Die Dauern der *Klangmassen* (Akkord 1) und *Anschläge* (rhythmische Solo-Improvisationen) sollen variieren von sehr lang bis kurz. Ein möglicher Formprozess könnte lauten: Die Dauern der *Anschläge* werden immer kürzer, die der *Klangmassen* immer länger.

9. Die Rhythmen der solistischen Improvisationen auf einem Ton (*Anschläge*) sollen variieren, ein eindeutiges Metrum vermeiden und unregelmäßig zwischen längeren und kürzeren Dauern wechseln.

10. Die Lautstärken sollen so extrem und kontrastreich wie möglich sein und mit höchster Energie und körperlicher Intensität ausgeführt werden.

11. Das Stück endet, wenn alle Spieler einen oder mehrere rhythmische Improvisationen (*Anschläge*) durchgeführt haben.

12. Den Schlussakkord markiert der Tutti-Akkord 1 als *Klangmasse X* – Pause – *Klangmasse Y* mit internen Solo-Anschlägen im Tutti – Pause – *Klangmasse Z* im äußersten Fortissimo mit Flatterzunge, Tremolo und anderen neuen Klangtechniken. Diese fluktuierende Klangmasse des Schlussklangs wird von einem Spieler scharf abgeschnitten.

Entstehung und Erarbeitung

„Beim ersten Hören der Musik von Edgard Varèse ist man ebenso bestürzt wie fasziniert von der Körperlichkeit ihres Klangs. Das, was Klang ist, nämlich vibrierende Luft, wird in Varèses Musik geradezu leiblich erfahrbar." (Schnebel 1978, S. 6)

Die Improvisationsanleitung entstand aus der Faszination für das körperliche Komponieren von Edgard Varèse allgemein – und im Besonderen aus der langjährigen Beschäftigung mit *Octandre* für sieben Bläser und Kontrabass (1923), ein fulminantes Ensemblestück, in dem unter anderem solistische Passagen der einzelnen Instrumente mit heftigen Tutti-Klangblöcken in verschiedenen Besetzungen kontrastierend abwechseln. Das Konzept *Das Wüten des Varèse* ist abgeleitet von einem Abschnitt des wild-„nervösen" 2. Satzes, der aus einem schnellen Wechsel von Tutti-Akkorden im *ff* und Klarinetten-Repetitionen in periodischen bis aperiodischen Rhythmen (über chromatischem *mp*-Cluster) besteht. (*Très vif et nerveux*, T. 49–64; vgl. Notenbeispiel rechts)

Die Improvisationsanleitung ist ein Paradebeispiel kreativer Ensemblepraxis und schult grundlegende Techniken des Zusammenspiels wie Anschauen, Atmen, Einsatzgeben, Abwinken, dynamische Kontraste Bilden und vieles mehr. Zugleich fordert es die Spieler heraus, solistisch zu agieren und aus sich herauszugehen, und dies mit nur einem Ton. Das Hervortreten des Einzelnen und wieder Eintauchen ins „wütende" Ganze, einem Vulkanausbruch gleich, findet hier exemplarischen Ausdruck. Ebenso große Herausforderungen stellen das deutliche Einsatzgeben für die Akkorde, die spontanen solistischen Repetitionen und die Akkordwechsel dar. Alle Spieler müssen stets sehr wach, aufmerksam und „auf der Hut" sein – und zugleich gelöst und energiegeladen agieren.

Als Vorübung bietet sich eine freie Akkord-Improvisation an, bei der jeder Spieler mit Blickkontakt, Atem und Geste einen Einsatz für einen beliebigen Tutti-Akkord in verschiedener Dauer und Dynamik gibt und diesen auch wieder abwinkt. Im nächsten Schritt können die Tonrepetitionen erprobt werden, wobei das Vorbild der entsprechenden Passage aus Varèses *Octandre*, 2. Satz, als Inspirationsquelle hinzugezogen werden kann. Auch das Experimentieren mit Aufbau, Harmonik, Klangmischung und Klangfarben- bzw. Lautstärkenausgleich des heftigen *Klangmassen*-Grundakkords sowie des Begleitakkords – zwischen chromatischem Cluster und Quartakkord zum Beispiel – setzt eine Fülle kreativer Energien und Erfahrungsmöglichkeiten frei.

Einbindung in Konzert und Unterricht

Uraufgeführt wurde das Konzept, das die Wucht körperlichen Komponierens von Varèse sinnlich erfahrbar macht, 2008 im Rahmen einer Einführung zu einem Konzert des *Ensemble Aventure* mit einem Programm in *Octandre*-Besetzung. Es bietet sich an als praktischer Einstieg in die Musik von Edgard Varèse und die amerikanische Avantgarde der ersten Hälfte des 20. Jahrhunderts und ist für Improvisationskonzerte ebenso wie für Konzerteinführungen und Klassenunterricht geeignet. Die begleitende Lektüre von Texten von und zu Edgard Varèse – im Programmheft oder als Unterrichtsmaterial – kann die Erarbeitung, Aufführung und Wirkung des Konzepts bereichern.

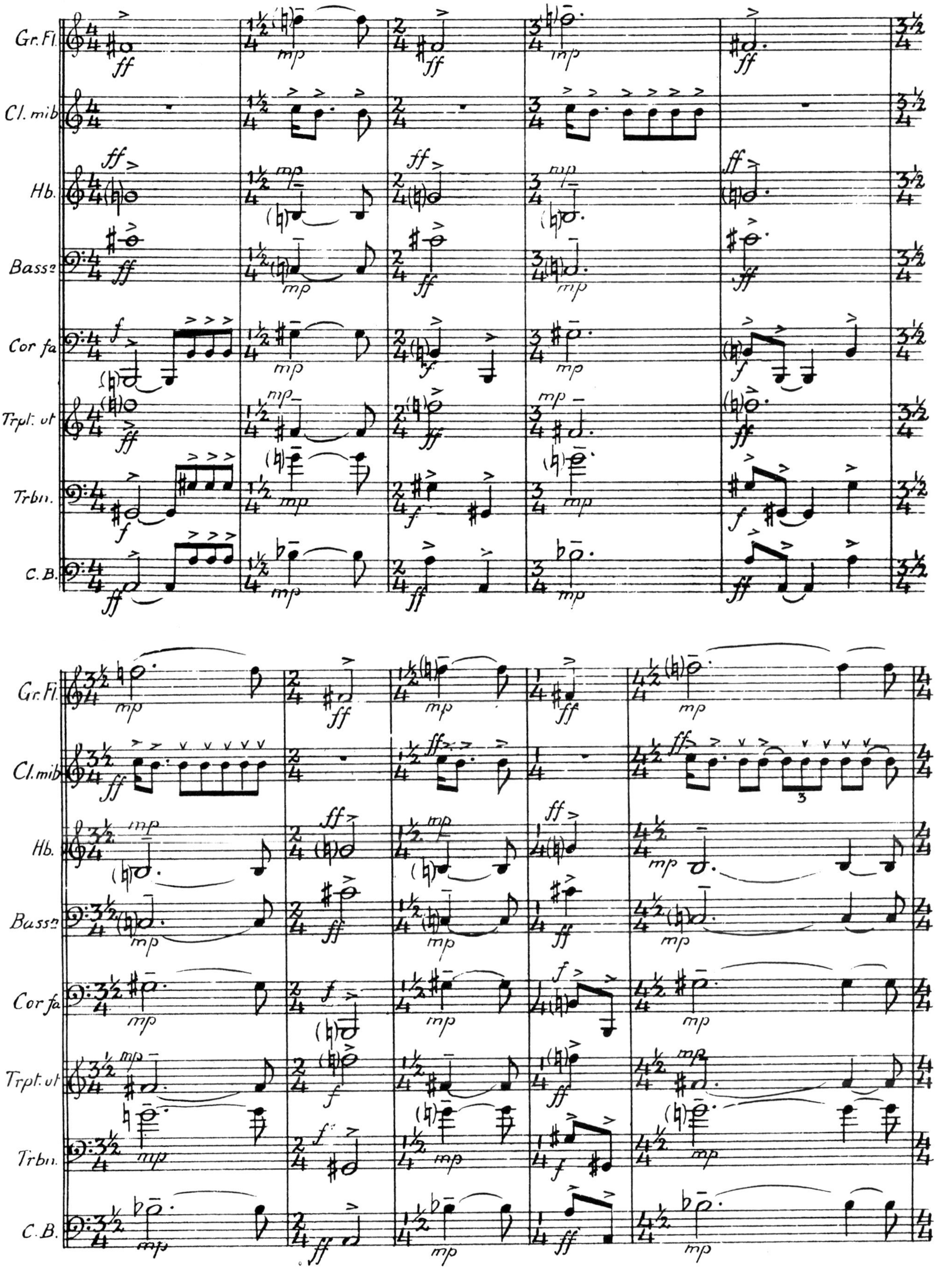

Edgard Varèse, *Octandre*, 2. Satz, T. 55 ff.

Darüber hinaus können weitere Werke von Edgard Varèse wie etwa *Intégrales* für kleines Orchester und Schlagzeug von 1924, das auch mit (a-)periodischen Rhythmen und Repetitionen, Holz-Blech-Klangblöcken und Geräuschflächen arbeitet, angehört, besprochen und als Anregung für das Improvisationskonzept genutzt werden. Und es kann die Wirkung von Edgard Varèses Œuvre auf Komponistinnen und Komponisten des 20. und 21. Jahrhunderts thematisiert und an exemplarischen Werken wie zum Beispiel denen von Olga Neuwirth veranschaulicht werden, die sich an Varèse orientiert, „weil mich dieses Energiepotenzial interessiert, diese ‚Entreprise de la démolition', wie man ihn genannt hat: mit dem Klang durch die Wand, durch die Räume stürmen." (Neuwirth 2008, S. 45)

Literatur

Neuwirth, Olga (2008), *„Ausgefranste Ränder, stiebende Partikelchen". [1995] Reinhard Kager im Gespräch mit Olga Neuwirth*, in: Stefan Drees (Hg.), Olga Neuwirth. Zwischen den Stühlen. A Twilight-Song auf der Suche nach dem fernen Klang. Salzburg u.a., S. 41–48.

Schnebel, Dieter (1978), *Der körperliche Klang. Zu Edgard Varèse und seiner Musik*, in: Edgard Varèse. Rückblick auf die Zukunft (= Musik-Konzepte 6, herausgegeben von Heinz-Klaus Metzger und Rainer Riehn). München, S. 6–10.

Wehmeyer, Grete (1977), *Edgard Varèse*. Regensburg.

18 Mobile Musik – Earle Browns *December 1952*

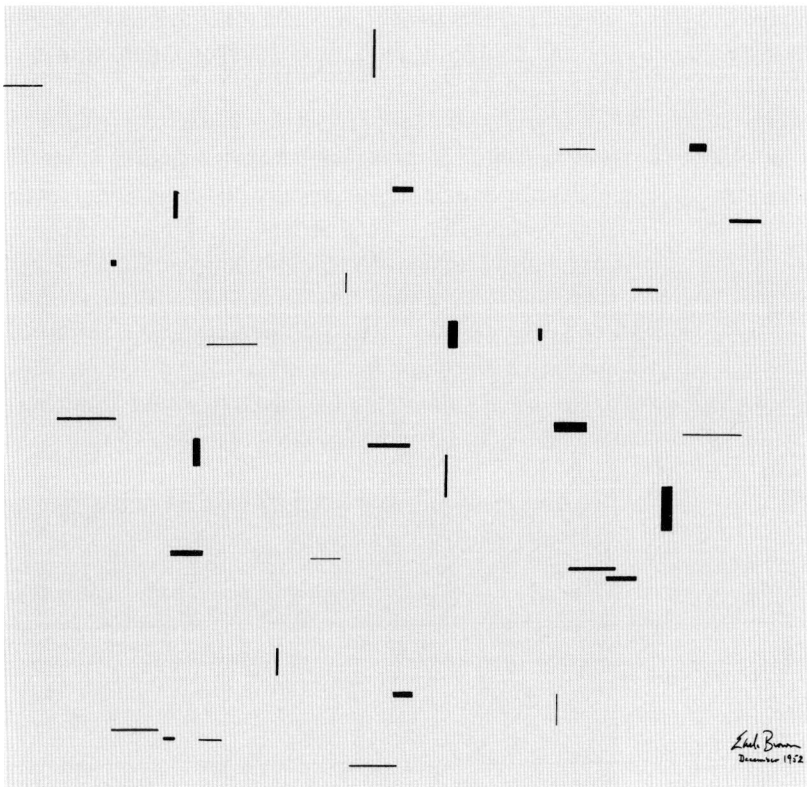

■ **Abbildung 1: Earle Brown (1926–2002), *December 1952 for one or more instruments or sound-producing media* (aus dem Zyklus Folio, 1952/53).**

Spielanweisung mit Aufgaben und Erläuterungen

1. Beschreibt bitte, was Ihr auf dem Blatt seht.

Das unlinierte Blatt mit horizontalen und vertikalen Strichen, Rechtecken und einem kleinen Quadrat ist die erste Musikalische Graphik der Musikgeschichte: eine Zeichnung und ein Musikstück zugleich. *December 1952* ist Teil eines Zyklus mit dem Titel *Folio* für Klavier und variable Instrumente. Das Besondere daran sind die ungewöhnlichen Notationsformen, die sich immer weiter von der traditionellen Standardnotation mit ihren fünf Linien entfernen und auf Taktstriche ganz

■ **Material**
Klänge und Geräusche aller Art

■ **Mitwirkende**
3 bis 30 Spieler und mehr ab ca. 12 Jahren

■ **Musikalische Vorkenntnisse**
Partiturkenntnisse erwünscht

■ **Instrumentale Vorkenntnisse**
Grundlegende Spielfertigkeiten; für Anfänger, Fortgeschrittene und Profis geeignet

■ **Instrumente**
„Das Stück kann mit jeder Zahl beliebiger Instrumente aufgeführt werden" (Earle Brown)

■ **Probenumfang**
je nach Alter und Vorkenntnissen ca. drei bis fünf Proben

■ **Aufführungsdauer**
je nach Zahl der Mitwirkenden ca. 5–10 Minuten

■ **Verwendung**
Improvisationsworkshops und Klassenunterricht, Konzerteinführungen, Schülervorspiele und professionelle Konzerte

■ **Variationsmöglichkeiten**
Entwicklung eigener musikalischer Graphiken

■ **Gattung**
Musikalische Graphik

■ **Verwandte Modelle**
3, 11, 19, 20

verzichten. Dadurch gibt es auch kein Metrum und keine Takte in dem Stück.
Der Titel zeigt an, in welchem Monat und Jahr das Stück komponiert wurde. Der Komponist des Zyklus *Folio*, der neben *December 1952* auch Stücke wie *November 1952* und *June 1953* enthält, heißt Earle Brown, kommt aus Amerika und lebte von 1926 bis 2002. Seine Zeichnung ist Stimme und Partitur, das heißt Spielvorlage für jeden einzelnen Spieler und Abbild des Ganzen zugleich. Zudem kann das Blatt beliebig gewendet und von jeder der vier Seiten gelesen und gespielt werden. Earle Brown hat damit eine mobile, bewegliche Partitur geschaffen, die auch als zweidimensionales Abbild eines dreidimensionalen Raums gesehen werden kann: für die Realisation einer mobilen Musik, die sich im Raum bewegt und immer wieder anders klingt.

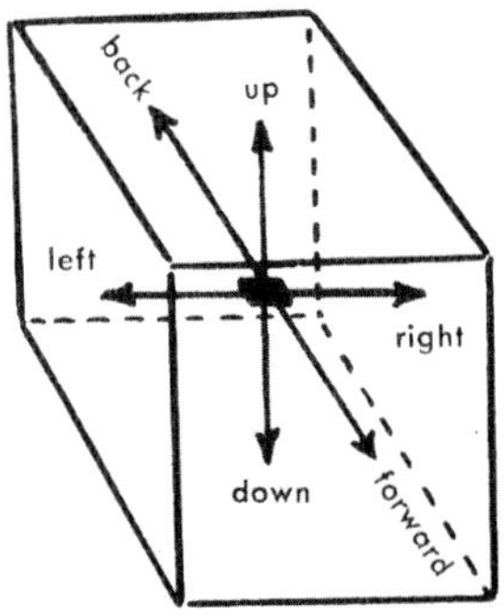

Abbildung 2: Earle Brown, Raumskizze zu *December 1952*

2. Könnt Ihr Klänge mit den Zeichen verbinden? Was hört Ihr, wenn Ihr die verschieden langen und breiten Striche und Rechtecke in Ruhe anschaut und mit der Hand nachzeichnet? Könnt Ihr bestimmte Gruppierungen, Muster, „Gesichter" erkennen?

Diese Musikalische Graphik ist vielerlei:
- ein Bild
- eine musikalische Spielanweisung (Stimme und Partitur)
- eine Raumskizze
- eine Vorlage zum Basteln eines Mobiles.

Als Bild kann man es an die Wand hängen und in seinen Teilen und als Ganzes betrachten.
Als musikalische Spielanweisung kann man es in Klang verwandeln.
Als Raumskizze können sich die Spieler so aufstellen wie die Zeichen auf dem Blatt und ggf. von einem zum anderen wandern.

Als Bastelvorlage kann man ein Mobile daraus machen und es in den Raum hängen. Dies ist durchaus im Sinne des Komponisten, denn *December 1952* ist von Mobiles inspiriert (vgl. Abb. 3).

3. Zeichnet selber verschieden lange und dicke Striche, Rechtecke, Punkte auf ein Blatt und hört, wie das klingt. Wie klingen Punkte, Striche, Rechtecke, wenn Ihr sie langsam malt und gut zuhört? Was bedeutet die Länge eines Strichs, was kann die Dicke eines Zeichens bedeuten, welche Klänge verbindet Ihr mit den Positionen eines Zeichens oben, in der Mitte, unten?

Man hört gut die Klänge des Malens, wenn man sie mit der Stimme nachmacht oder mitsingt. Ihr könnt auch verschiedene lange Striche, Punkte und andere Linien an verschiedenen Stellen auf den Rücken Eurer Mitschüler malen und diese bitten, Eure Bewegungen mit Stiften auf ein Blatt zu übertragen, mit der Stimme nachzumachen oder am Klavier zu spielen. Wählt dabei verschiedene Geschwindigkeiten und Stärkegrade und macht verschieden lange Pausen.

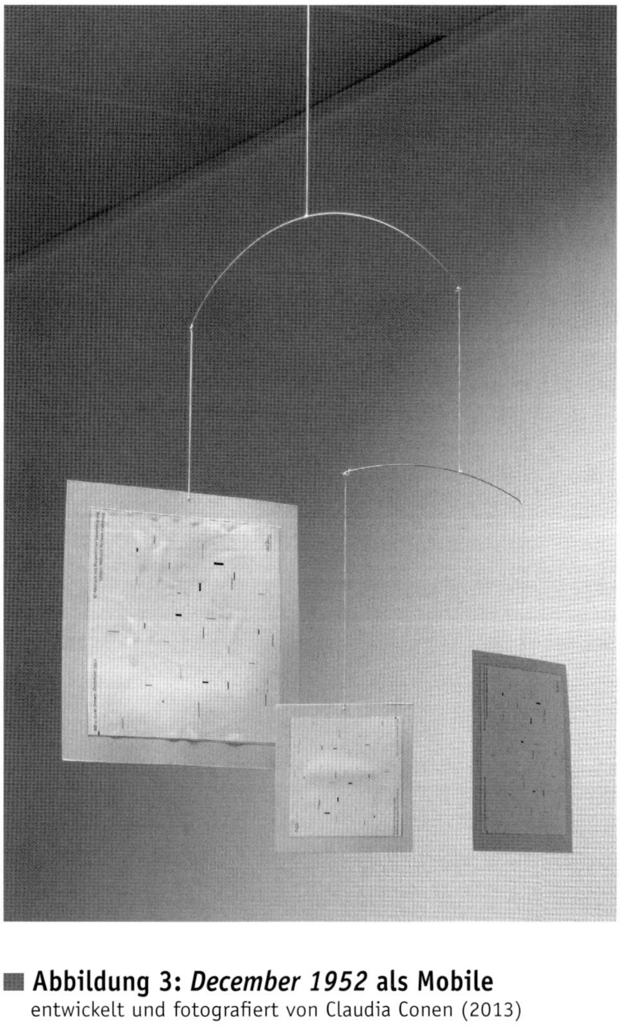

Abbildung 3: *December 1952* als Mobile
entwickelt und fotografiert von Claudia Conen (2013)

Viele Maler haben sich von Musikern beeinflussen lassen und viele Musiker von Malern. Ein Maler namens Wassily Kandinsky hat zum Beispiel den Beginn von Ludwig van Beethovens 5. Sinfonie in graphische Zeichen – Punkte, Kreise, Schlangenlinien – übertragen. Und manche Komponisten notieren ihre Klänge mit malerischen Aktionszeichen.

4. Verteilt Euch nun im Raum und spielt die Zeichen von Earle Browns musikalischer Graphik auf Euren Instrumenten und improvisiert das Stück alleine und zusammen mit anderen im Ensemble. Ihr könnt das Blatt auf eine bestimmte Seite drehen und die Reihenfolge der graphischen Zeichen frei auswählen. Wählt Euer eigenes Tempo, das wechseln kann – mal schnell, mal langsam –, und macht verschieden lange Pausen. Vereinbart vorher, wie lange Euer Stück dauern soll.

5. Hört auf die beweglichen Klänge des Ganzen beim Zusammenspiel und ändert Tempo und Dynamik in Achtsamkeit auf die Anderen. Ihr könnt Euch auch im Raum bewegen und Eure Klänge mit Euch wandern lassen. Macht Pausen und hört gut zu.

6. Improvisiert mehrere Fassungen unterschiedlichen Charakters durch Wechsel der Dichte der Klangereignisse, des Tempos und der Lautstärken.

7. Ihr könnt zu Beginn – als atmosphärischen Einstieg – auch den weißen Hintergrund des Blattes vertonen: als Stille, Atmen oder Rauschen – und vor diesem Hintergrund die graphischen Zeichen zum Klingen und Bewegen bringen.

8. Ihr könnt auch auf der horizontalen Achse der gewählten Grundseite eine Linie mit regelmäßigen Markierungen einzeichnen, die als Zeitskala für Sekunden oder Minuten dient, je nach Vereinbarung. Die vertikale Achse gibt dann die ungefähren Tonhöhen an, die Dicke der Zeichen, die Lautstärken (und/oder die Breite eines Clusters, z. B. am Klavier, oder eines Mehrklangs, z. B. auf einem Blasinstrument).

9. Wenn Ihr eine genauere Fassung für kleines Ensemble komponieren wollt, könnt Ihr mehrere Fünfliniensysteme, je nach Zahl der Spieler, in die Graphik einzeichnen. das heißt über die Zeichen legen, und diese in relativ präzisen Tonhöhen wiedergeben.

10. Oder noch einfacher: Ihr könnt die vertikale Achse der Graphik, z. B. im Querformat, links mit Klammern versehen und in die längere horizontale Achse eine Zeitskala mit Sekundenmarkierungen einzeichnen. Das hat vor Jahren der Fagottschüler Johannes Nordmeyer (Klasse 13) an der Musikschule Freiburg gemacht und so eine klangvolle Fassung für vier Fagotte erstellt, die nach guter Probenarbeit (mit Stoppuhr) zu einer überzeugenden Performance in einem Museumsraum führte. (Abbildung 4 auf Seite 108).

11. Eine noch genauere kompositorische Ausarbeitung von *December 1952* für Orchester hat der Komponist Gottfried Michael Koenig vorgelegt. Vergleicht diese auskomponierte Fassung mit der graphischen Vorlage. Wie ist der Komponist vorgegangen, was hat er verändert und hinzugefügt? (Abbildung 5 auf Seite 109)

12. Komponiert nach dem Vorbild von *December 1952* eine eigene musikalische Graphik und führt sie im Ensemble auf.

Entstehung und Erarbeitung

Vorbilder und Offenheit der Form

Die Entstehung der ersten musikalischen Graphik der Musikgeschichte verdankt sich einer günstigen Fügung zeittypischer Faktoren im Amerika der frühen 1950er-Jahre. Zusammen kamen hier das gesteigerte Interesse an Jazzimprovisationen und freien Notationsformen, der produktive Austausch zwischen Bildenden Künstlern und Musikern der sogenannten New York School, die musikalischen Entgrenzungen von John Cage, der 1952 mit *4'33"* den Musikbegriff revolutionierte und eine neue musikalische Zeitrechnung einläutete, und das allgemeine Bedürfnis nach Offenheit, Nicht-Festlegung, Flexibilität, Impulsivität in Kunst und Leben.

Inspiriert von den Mobiles Alexander Calders („kinetische Skulpturen") und von den „Drip Paintings" Jackson Pollocks („Action Painting") entwickelte der Komponist und ehemalige Jazzmusiker Earle Brown in diesem Klima wechselseitigen Austauschs und Aufbruchs eine graphische Musiziervorlage, die die Beweglichkeit, Spontaneität und Impulsivität der künstlerischen Vorbilder in eine ebenso spontane, impulsive und mobile Musik überführte. Dies ließ sich mit der traditionellen Notation mit ihrer Fixierung und Vorherbestimmung (fast) aller Klangereignisse freilich nicht erreichen. Entsprechend beschreiben die sieben Stücke des Zyklus *Folio*, in eine logische Reihenfolge gebracht, die progressive Verwandlung und Auflösung des traditionellen 5-Linien-Systems zur „offenen Form" der musikalischen Graphik *December*

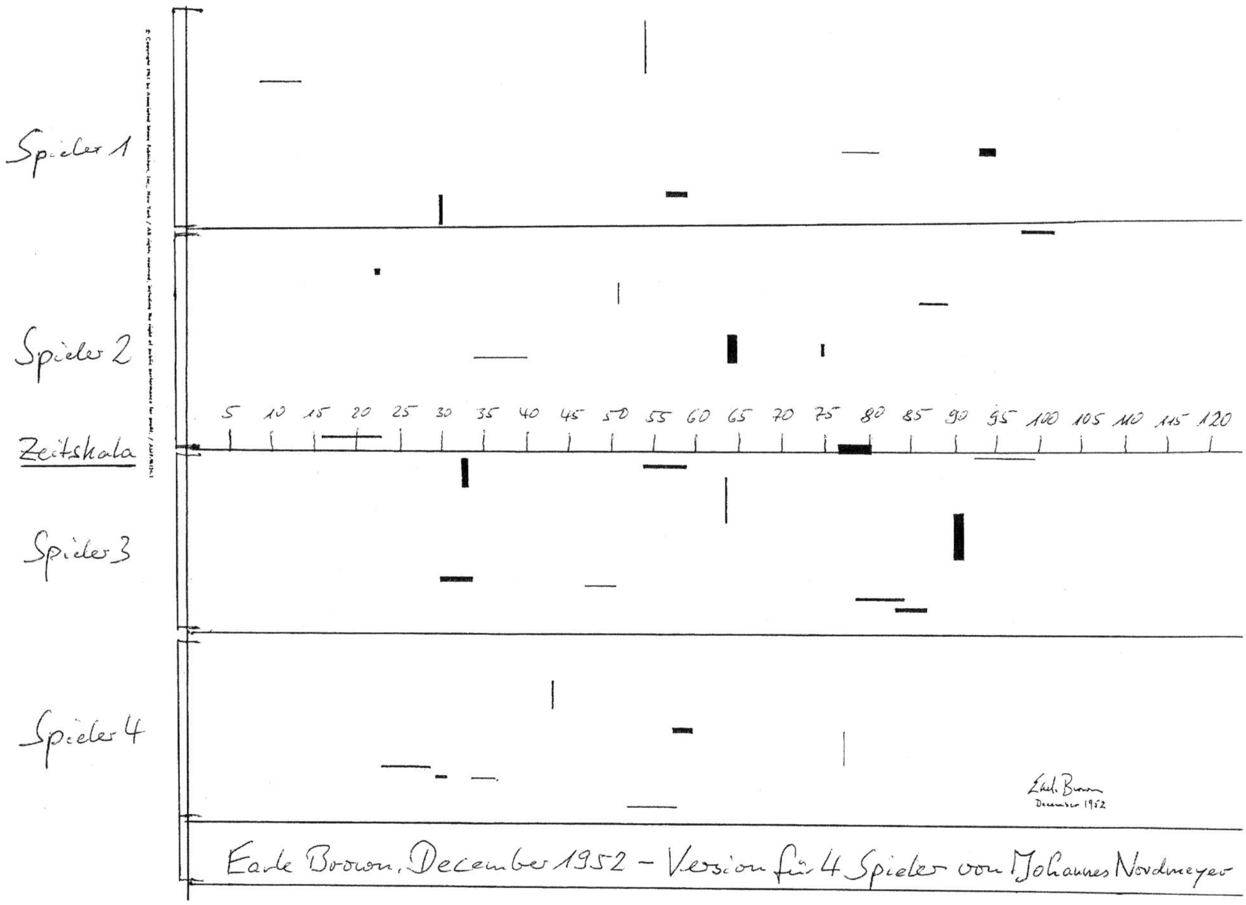

■ **Abbildung 4: *December 1952* in der Version für vier Spieler von Johannes Nordmeyer**
Abdruck mit freundlicher Genehmigung des Komponisten.

1952 (vgl. Schmidt 2000). Das Stück kann solistisch oder im Ensemble mit Stimme und/oder Instrumenten aller Art aufgeführt werden. Dem bzw. den Interpreten fällt dabei ein hohes Maß an Mitautorschaft zu, sei es improvisatorischer oder kompositorischer Natur. Diese schöpferische Mitarbeit der Ausführenden ist entscheidend für das Gelingen der Aufführung, ja letztlich für die Qualität des ganzen Stückes.

Konzeptionelle Mobilität und Vieldeutigkeit

December 1952 besteht aus einem unlinierten Blatt mit 31 horizontalen und vertikalen Rechtecken und Linien verschiedener Dicke, Länge und Anordnung, davon eines quadratisch. Das Blatt ist Bildvorlage, Stimme, Partitur, Raumskizze und Aktionsanweisung zugleich, kann in jeder Richtung gelesen werden und ist von der Idee äußerster Flexibilität von Klangereignissen nach dem Vorbild von Alexander Calders Mobiles geprägt, die bereits von einem Lufthauch in Bewegung versetzt werden.

Mobil ist das Blatt in zweifacher Hinsicht: äußerlich, indem es in jede Richtung gedreht und von jeder Seite aus in verschiedenen Richtungen gelesen werden kann; und innerlich bzw. konzeptionell, indem es einen sowohl zweidimensionalen als auch einen dreidimensionalen Raum beschreibt. Betrachtet man das Blatt als dreidimensionalen Raum, so werden die traditionellen Parameter Tonhöhe (vertikale Achse) und Tondauer (horizontale Achse) durch den Aspekt der Raumtiefe ergänzt. Dadurch wird z. B. die Liniendicke nicht nur als Lautstärke oder Clusterbreite interpretierbar; sie kann auch, ebenso wie die Länge, als Zeichen für die räumliche Platzierung gesehen werden. Das bedeutet, ein kleines, aber nahes Klangereignis kann lauter sein als ein dicker, weit entfernter Tonkörper; und alle Konstellationen können sich während der Aufführung jederzeit ändern. Diese Vieldeutigkeit und Beweglichkeit der Zeichen veranschaulicht Earle Browns Raumskizze zu *December 1952* (vgl. Abbildung 2) ebenso wie sein Vorwort:

December 1952 *für ein oder mehrere Instrumente und/oder klangerzeugende Medien wurde geschrieben, „um Elemente im Raum existieren zu lassen [...] Raum als eine Unendlichkeit von Richtungen aus einer Unendlichkeit von Punkten im Raum [...] um (kompositorisch und in der Aufführung) nach rechts, links, hinten, vorn, oben,*

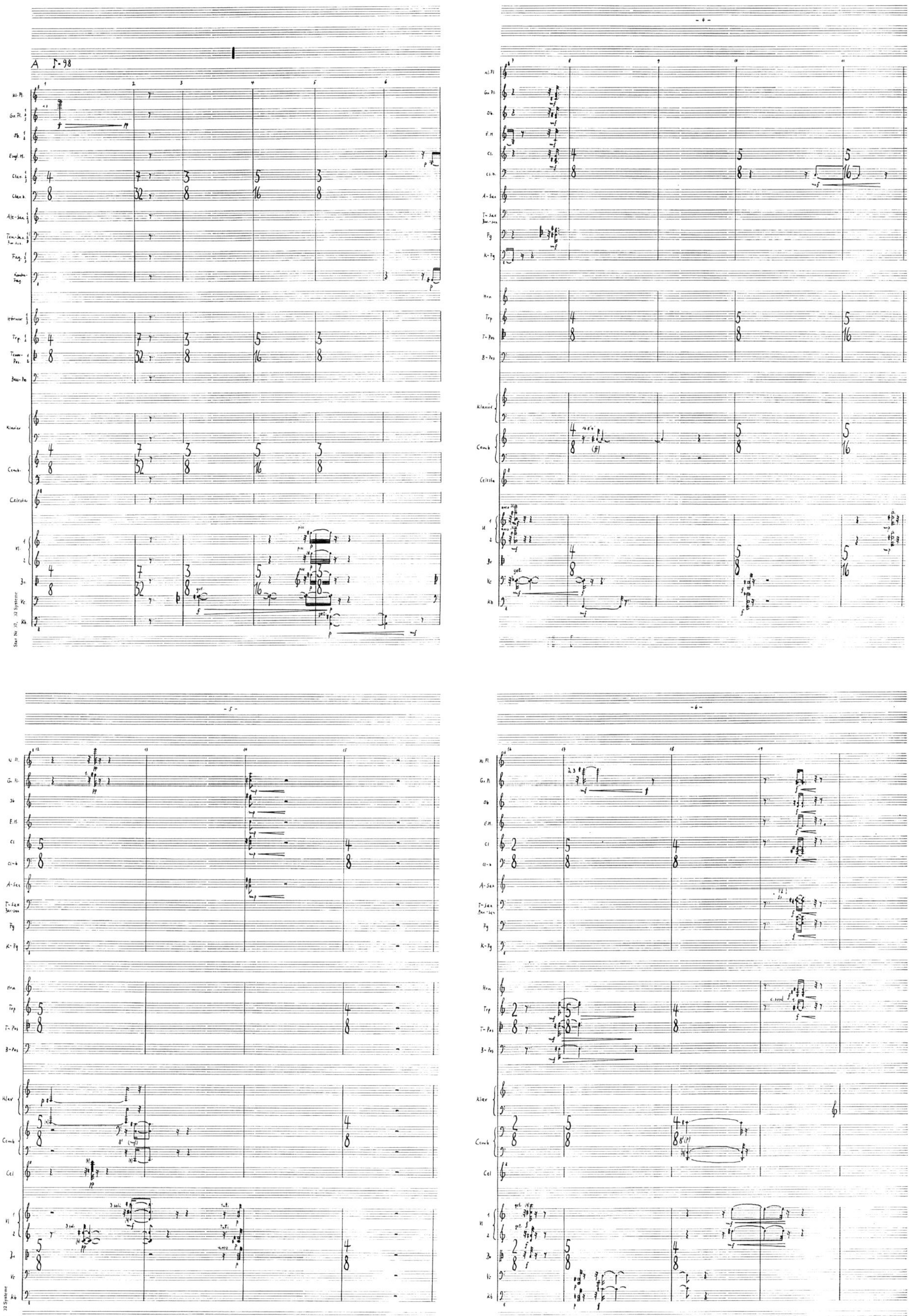

Abbildung 5: Gottfried Michael Koenig, Ausarbeitung von *December 1952* für großes Orchester (Auszug)
Abdruck mit freundlicher Genehmigung des Komponisten.

*unten und an allen Punkten dazwischen zu arbeiten [...] die Partitur als Bild dieses Raumes in einem Moment, der immer als irreal und/oder flüchtig angesehen werden muss [...] ein Interpret muss dies alles in Bewegung (Zeit) versetzen, das heißt: realisieren, dass es in Bewegung ist und hinein steigen [...] entweder dasitzen und es sich bewegen lassen od*er sich in allen Geschwindigkeiten hindurch bewegen.
(Earle Brown, Vorwort zu *Folio and 4 Systems* und zu *December 1952*, Übersetzung W. R., siehe auch die Textmaterialien rechts)

Möglichkeiten und Anforderungen der Realisation

Earle Brown schlägt zwei Möglichkeiten der Aufführung vor: eine improvisatorisch „spontane" ohne Vorabsprache, nur mit Festsetzung der Gesamtdauer; und eine „analytische", vorab festgelegte, ggf. kompositorisch genaue Umsetzung der Vorlage, wie sie Gottfried Michael Koenig für Orchester besorgt hat und wie sie für Ensemble durch Hinzufügen einer Zeitskala und eines oder mehrerer Liniensysteme realisiert werden kann, die über die graphischen Zeichen gelegt werden (vgl. Abbildungen 4 und 5).

Welche Vorgehensweise auch gewählt werden mag, entscheidend ist, dass die im Proben- und Aufführungssaal verteilten Spieler quasi in die Partitur wie in einen Raum einsteigen und die graphischen Zeichen – vor dem Hintergrund der Stille des Raums – als intensive körperliche Aktionen und Bewegungen auf ihrem jeweiligen Instrument umsetzen – scharf geschnitten und impulsiv in Raum und Zeit geschleudert, eine mobile Musik flexibler Ortsveränderungen und Farben, Dichtegrade, Tempi und Lautstärken. Dann kann *December 1952* zu einem spannenden, energiegeladenen, heftigen bis luftigen Musikstück werden, das seinen künstlerischen Vorbildern, Alexander Calders Mobiles und Jackson Pollocks Drip Paintings, in nichts nachsteht.

Arbeit mit Schülern und Studierenden – Übungen und Mobile-Muster

Mit Schülern und Studierenden können zunächst Ideen zur Realisation der Graphik gesammelt und diskutiert sowie einzelne Klangereignisse und verschiedene Versionen des Ganzen erprobt werden, begleitet von Informationen zu möglichen Umsetzungen zwischen spontaner Improvisation ohne Absprachen und zeitlich strukturierten bis ausnotierten Fassungen.

Die oben formulierten Aufgaben und Erläuterungen zum Hören, Spielen und Verstehen der musikalischen Graphik sind für Schüler, Studierende und Laien gedacht. Sie sollen damit buchstäblich an die Hand genommen werden, um die Ästhetik von *December 1952* praktisch und theoretisch nachzuvollziehen und die graphischen Elemente in körperlich-räumliche Klangereignisse umzusetzen. Dazu helfen vorbereitende Übungen zu kurzen, längeren bis langen Klangereignissen in verschiedenen Tonhöhen, Lautstärken und Raumpositionen. Darüber hinaus kann man *December 1952* nach einer Skala von Dauern, Dicken, Dichten systematisch ordnen und in diesem Sinne üben, so wie Brown das Feld seines Blattes zunächst nach mathematischen und geometrischen Gesichtspunkten bestellt und dann in die Mobilität freigelassen hat (vgl. Müller 1994, S. 202, Josek 1998, S. 82 ff., Langbehn 2001, S. 114).

Betrachtet man *December 1952* in diesem Sinne als „Photographie eines Mobiles, das der Interpret [...] wieder in Bewegung zu versetzen hat" (Müller 1994, S. 205), so wird die inspirierende Funktion gemeinsamen Bastelns, Aufhängens und Beobachtens eines Mobiles, gebildet aus den 31 Zeichen von *December 1952*, sinnfällig. Man spielt sozusagen die Entstehungssituation nach und realisiert *December 1952* als Mobile. Das von einer Seminarteilnehmerin gebastelte Mobile aus drei verschiedenen Größen der Gesamtgraphik stellt einen ersten Schritt zu dieser Rückverwandlung des zweidimensionalen Blattes in ein dreidimensionales, frei schwebendes Mobile dar, dessen Beobachtung Earle Brown zu *December 1952* inspirierte (s. Abbildung 3).

Denn darauf kommt es bei der Beschäftigung mit der musikalischen Graphik vor allem an: auf die Freiheit und Freude, Energie und Bewegtheit und das „totale Engagement" gemeinsamen Improvisierens von und nach *December 1952*, das jedes Ensemble anders auslegen und aufführen wird (Earle Brown, zit. nach Müller 1994, S. 209). In diesem Sinne sollte die praktische Arbeit produktiv ergänzt werden durch Hörbeispiele verschiedener Fassungen von *December 1952* sowie durch Beispiele kinetischer Skulpturen (Alexander Calders Mobiles) und Drip Paintings von Jackson Pollock.

Nachbemerkung

Seit mehr als 60 Jahren übt *December 1952* eine anregende, aufregende, provozierende Wirkung auf Musiker aus und wirft immer wieder kritische Fragen auf wie: Ist es überhaupt ein musikalisches „Werk"? Oder ist *December 1952* eher eine graphische Zeichnung, eine geometrische Skizze? Steht die Idee einer engagierten, energiegeladenen Interpretation nicht in eigentümlichem Kontrast zur konstruktiven Strenge, ja Sprödigkeit der graphischen Vorlage? Kann man das Blatt überhaupt „interpretieren"? Ist es eine Improvisationsvorlage mit hoher Verbindlichkeit oder ist es eher unverbindlich, beliebig in der Ausführung? Ist es eine Skizze zum Nachkomponieren? Was sagt das Blatt über das Verhältnis von musikalischer Notation und Ausführung aus?

Viele Antworten sind auf diese Fragen formuliert worden, und es gibt eine Menge Literatur zu *December 1952*. Aber noch viel häufiger, zum Glück, ist das Stück aufgeführt worden und wird es immer wieder aufgeführt, ja es bildet eines der meistgespielten „Werke" im Œuvre des Komponisten (was einige Fragen bereits beantwortet). Den offenen Charakter der musikalischen Graphik trifft am besten die Bemerkung von Maximilian Bilov, Absolvent der Robert Schumann Hochschule Düsseldorf, der nach einer heftigen kontroversen Diskussion über Gattung und ästhetische Qualität von *December 1952* im Sommersemester 2013 formulierte: „*December 1952* ist wie ein Sprungbrett in die Welt der eigenen Erfahrungen. Das, was es im Menschen anregt, ist wichtiger als das, was es ist." Möge *December 1952* weiter seine anregende Wirkung in Konzert und Unterricht, Seminar und Workshop entfalten.

Einbindung in Konzert und Unterricht

December 1952 lässt sich in allen möglichen Kontexten verwenden, von Improvisationsworkshops und Klassenunterricht bis zu Konzerteinführungen (auch mit Publikumseinbezug), Schülervorspielen und professionellen Konzerten. In Kursen oder im Klassenunterricht bietet sich *December 1952* auch und besonders für fächerübergreifende Arbeitsweisen an, besonders in Zusammenarbeit mit dem Bereich der Bildenden Kunst.

Textmaterial

Für mich mußte die Beweglichkeit (oder Veränderlichkeit) eines Werks während der Aufführung dieses Werks aktiviert werden (eben wie in einem Mobile von Calder), sie musste spontan und intensiv durch den Ausführenden ausgedrückt werden, ganz wie in der Unmittelbarkeit des Kontakts zwischen Pollock und seinen Leinwänden und Materialien. Diese beiden Elemente: Beweglichkeit der Klangbestandteile innerhalb des Werks und graphische Provokation einer intensiven Mitarbeit des Ausführenden waren für mich die faszinierendsten neuen Möglichkeiten für ‚Klangobjekte' analog zur Skulptur und Malerei. Die Notwendigkeit neuer graphischer Darstellungsmittel ist evident.
(Earle Brown 1965, *Notation und Ausführung Neuer Musik*, S. 76)

In einem ersten Impuls beschäftigte ich mich mit dem Partiturschreiben selbst und dem Prozess der Performance – beides findet sich in der Partitur zu December 1952 wieder. Ich machte mir zum ersten Mal Gedanken dazu bei der Beobachtung der Mobiles von Alexander Calder und der spontanen Maltechniken Jackson Pollocks. Beides hatte ich um 1948 oder 1949 in Boston erstmals wahrgenommen, und ich verspürte das Bedürfnis, etwas in ‚unserer Art von Musik' zu machen, das mit dieser ungemein spontanen performativen Haltung – das heißt einer improvisatorischen Haltung – zu tun hat, und zwar mittels einer Partitur, die zahlreiche Möglichkeiten der Interpretation zulässt. Unter dem Einfluss von Calder nahm ich vor allem den Aspekt der Beweglichkeit wahr, also: eine Partitur, die mobil war – eine Partitur, die mehr als eine potenzielle Form und Performance erlaubt. [...] Im Kunstkontext waren es eindeutig das Werk von Jackson Pollock und Alexander Calder, die mich eine grafische Notation und eine mobile Musik schaffen ließen. Ich sehe das als meine grundlegende Motivation. Allerdings war ich dafür auch empfänglich aufgrund meiner sehr positiven Erfahrungen als ehemaliger Jazzmusiker und meines Vergnügens am Austausch.
(Earle Brown 2012, *Über „December 1952"*, 1970, Auszug)

Literatur

Brown, Earle (1965), *Notation und Ausführung Neuer Musik*. In: Notation Neuer Musik, hg. von Ernst Thomas (= Darmstädter Beiträge zur Neuen Musik Band IX). Mainz, S. 64–86.

Brown, Earle (2012), *Über „December 1952", 1970*. Aufnahme eines Monologs von Earle Brown über das Stück vom 27. November 1970, transkribiert von Brian Jones, hg. von Michael Hicks und Susan Sollins-Brown (Auszug). In: A House Full of Music. Strategien in Musik und Bildender Kunst. Katalog der Ausstellung des Instituts Mathildenhöhe Darmstadt in Zusammenarbeit mit dem Internationalen Musikinstitut Darmstadt (IMD), hg. von Ralf Beil und Peter Kraut. Ostfildern, S. 201.
Vollständiger Monolog *On „December 1952", 1970* unter: http://aum.dartmouth.edu/~larry/dartmouth_classes/music_32_improvisation/readings/EarleBrown.Decemeber_1952.pdf (Stand: 1.10.2015).

Brown, Earle (2014), Vorwort zu *Folio and 4 Systems*. In: http://www.earle-brown.org/works/view/12 (Stand: 3.8.2014).

Frobenius, Wolf (2004), *Bildliche und musikalische Gestaltung. Earle Browns* December 1952 *in Ausarbeitungen für großes Orchester von Gottfried Michael Koenig*. In: Stefan Fricke (Hg.), Gottfried Michael Koenig. Parameter und Protokolle seiner Musik. Saarbrücken, S. 97–105.

Josek, Suzanne (1998), *The New York School. Earle Brown – John Cage – Morton Feldman – Christian Wolff*. Saarbrücken.

Köhler, Armin (2004), *Punkt, Punkt, Komma, Strich, fertig ist ein Meisterwerk?* In: Vom Innen und Aussen der Klänge. Die Hörgeschichte der Musik des 20. Jahrhunderts, 2 DVD, hg. von Armin Köhler und Rolf W. Stoll, Musik & Bildung spezial. Baden-Baden und Mainz.

Langbehn, Andreas (2001), *Experimentelle Musik als Ausgangspunkt für Elementares Lernen*. Saarbrücken (Kap. 4. Abschnitt 4.2.3. Graphische Notation).

Müller, Hermann-Christoph (1994), *Zur Theorie und Praxis indeterminierter Musik. Aufführungspraxis zwischen Experiment und Improvisation*, Kassel. (Kapitel 4. Darstellung des nicht Notierbaren: Earle Brown – *Folio. December 1952*)

Musik um uns (1996). Sekundarbereich II, hg. von Ulrich Prinz u. Albrecht Scheytt. Hannover.

Rausch, Ulrike (1999), *Grenzgänge. Musik und Bildende Kunst im New York der 50er Jahre*. Saarbrücken.

Schmidt, Dörte (2000), *Schrift – Graphik – Bild. Zur Notation in Earle Browns* December 1952 *und dem Zyklus* Folio. In: Musiktheorie. Festschrift für Heinrich Deppert zum 65. Geburtstag, hg. von Wolfgang Budday. Tutzing, S. 183–207.

19 Fließende Musik – Anestis Logothetis' *Styx* (1968)

Entstehung und Erarbeitung

Styx und die Entwicklung einer neuen Notation

Der griechische Komponist Anestis Logothetis (1921–1994) schrieb sein variabel zu besetzendes Werk *Styx* 1968 für den bekannten Gitarristen Siegfried Behrend, der es 1969 mit dem „Deutschen Zupforchester" uraufführte. Der Klangrausch, den das Stück mit Zupfinstrumenten zu entfalten vermag (beeindruckende Aufnahmen belegen dies, siehe die Langspielplatte Thorofon MTH 110), kann auch mit Ensembleformationen in verschiedenen Besetzungen bis zur Größe eines (Schul-)Orchesters erzeugt werden.

Notiert ist das Stück in einer graphischen Zeichenschrift, die der Komponist aus dem Wunsch „nach einer dauernd im Fluss befindlichen Musik, deren Genese immer wieder mitzuerleben ist", entwickelt hat (Logothetis 1970, S. 41). Für solch vielgestaltige, obertonreiche und geräuschhafte Klanggeschehnisse, wie sie Logothetis vorschweben, reicht das herkömmliche Fünf-Linien-System nicht aus. So lässt sich auch die musikalische Vorstellung von Styx, dem Fluss der Unterwelt, der mit reißender Flut aufrauscht, versickert und anschwillt, sturzbachartig herab fällt, Wellen schlägt und dunkel dahinströmt, am ehesten durch eine ebenso verbindliche wie flexible „Klangcharakterschrift" fassen, die ihren Gegenstand auch bildlich widerspiegelt. Allein der optische Eindruck des vielgestaltigen („polymorphen") Partiturbildes von *Styx* erweckt eine Fülle von Klangassoziationen, die auf vielfältige Weise in realen Klang verwandelt werden können.

Logothetis' Notation für seine komplexen Klangwelten besteht aus drei Arten von graphischen Elementen, die in Relation zueinander und zur gesamten „Raum-Fläche" der graphischen Partitur zu lesen sind. Die Zeichen erfordern vom Interpreten eine präzise Entschlüsselung und ein fantasievoll „interpretierendes Einfühlungsvermögen" zugleich (ebd.) – eine Synthese von genauen Vorgaben und Freiheit der Gestaltung, durch die sich Logothetis' graphische Notation von musikalischen Graphiken unterscheidet (vgl. das Modell 18 *Mobile Musik* in diesem Band): Eine graphische Notation *besteht aus Zeichen* (Symbolen, die zu entschlüsseln bzw. assoziativ zu gestalten, und Signalen, die zu befolgen sind), eine musikalische Graphik *ist eine Zeichnung*, die Interpreten verschiedenartig deuten und in Klang umsetzen können.

Material
Graphische Notation – Klänge und Klangkonstellationen mit erweiterten Spieltechniken, Geräusche

Mitwirkende
5 (bei Besetzung mit Klavier) bis ca. 35 Spieler ab ca. 12 Jahren mit Stoppuhren oder Dirigent (Handzeichen zur zeitlichen Koordination)

Musikalische Vorkenntnisse
Erfahrungen mit Notation

Instrumentale Vorkenntnisse
Entwickelte Spielfertigkeiten, Offenheit für neue Spieltechniken; für Schüler der instrumentalen Mittel- und Oberstufe, Studierende und Profis geeignet

Instrumente
Melodieinstrumente, Klavier, Gitarre, Körper, Schlag- und Alltagsinstrumente

Probenumfang
je nach Alter und Vorkenntnissen ca. vier bis sechs Proben

Aufführungsdauer
10 Minuten

Verwendung
Improvisationskurse, Schulorchesterarbeit, Klassenunterricht; Schülervorspiele und professionelle Konzerte

Variationsmöglichkeiten
in der Notation enthalten (Besetzung, Klanglichkeit, Dynamik etc.); Kombination mit anderen Werken und Improvisationskonzepten zum Thema Wasser

Gattung
Komposition für variable Besetzung in graphischer Notation

Verwandte Modelle
3, 14, 18, 20

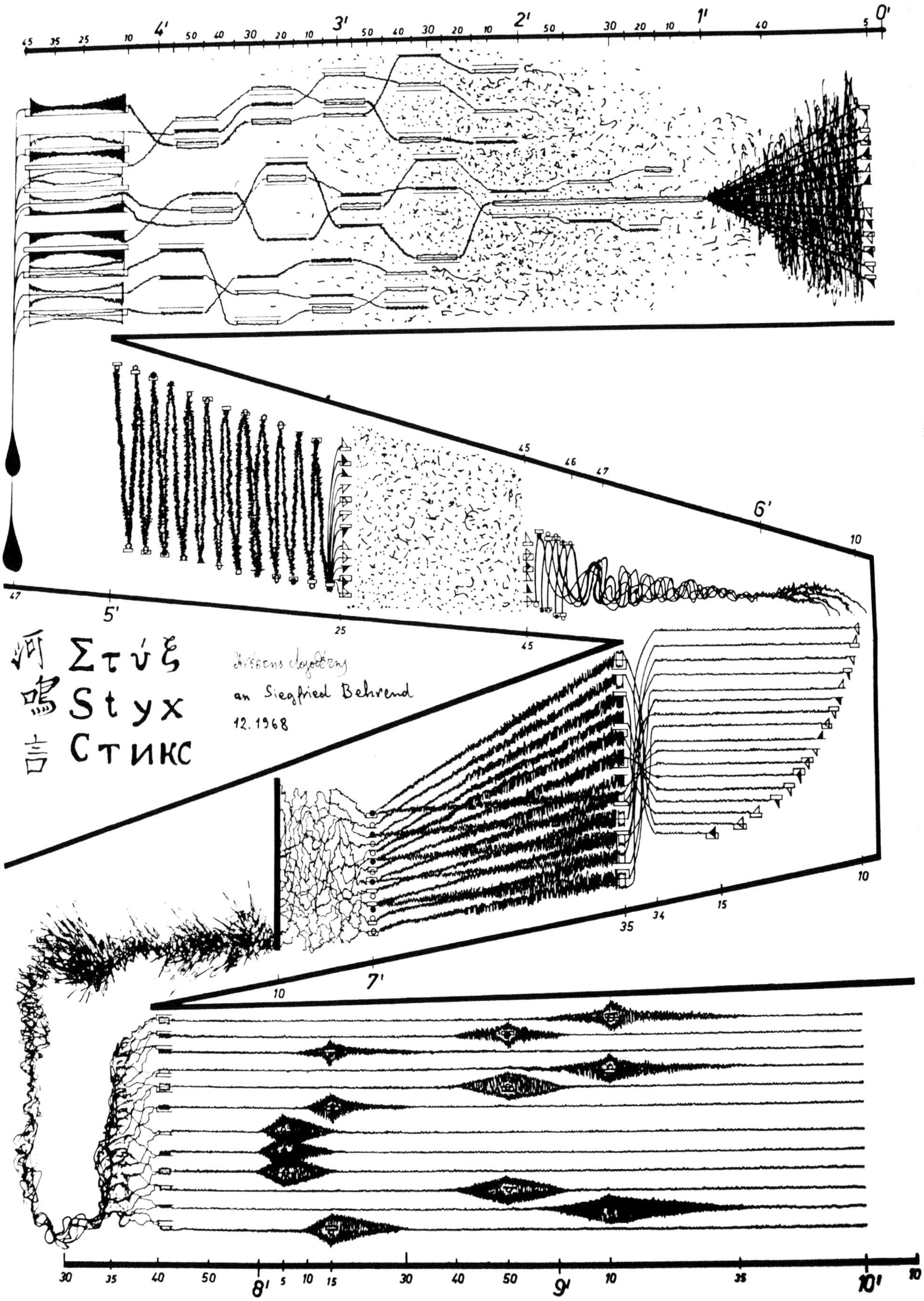

■ **Abbildung 1: Anestis Logothetis, *Styx* (1968) Komposition für variable Besetzung**

Die drei Arten von graphischen Elementen, die Anestis Logothetis in zahlreichen Werken verwendet, sind:

1. Tonhöhen-Symbole zur Vermittlung von Tonkonstellationen, in jeder Oktave zu spielen;
2. Assoziations-Zeichen für Lautstärken, Klangfärbungen, Zeitdauern und Toncharaktere;
3. Aktions-Signale, „deren Linienbewegungen oder Punktzeichen auf einen Resonanzkörper, also auf jeden Körper, der als Instrument dienen kann, zu übertragen sind. [...] Alle diese Zeichen können miteinander verbunden werden in dem Sinne, daß Klangcharakter, eine bestimmte Tonhöhe und Lautstärke integriert als ein Zeichen dargestellt werden" (ebd., S. 41 ff., siehe Abb. 3, S. 121).

Dies lässt sich am Beginn von *Styx* gut nachvollziehen (siehe Abb. 1 links). Das nach links gekippte schwarze Dreieck rechts oben auf dem Blatt verzeichnet 12 Tonhöhen-Symbole mit gezackten Notenköpfen und wild übermalten Linien, die nach oben und unten führen: Assoziations-Zeichen für obertonreiche Tremolo- und Flatterzungenklänge und Aktions-Signale für Glissandobewegungen aufwärts und abwärts. So vermittelt die graphische Gestalt des Blattes bereits die Klangvorstellung eines vollen, lauten Klanges, dessen Einzelstimmen sich bei Minute eins (1') auf einer gemeinsamen Tonhöhe treffen.

Für die Erarbeitung und Interpretation von *Styx* bieten sich zwei Einstiegsmöglichkeiten (unter anderen) an: Zum einen kann die graphische Partitur den Spielern vorgelegt werden, die das Blatt beschreiben und assoziieren, worum es sich handeln mag und wie es klingen könnte; zum anderen kann das Blatt zunächst zurückgehalten und der mythische Fluss Styx thematisiert werden, zu dem die Schüler Klangideen und Notationsvorschläge entwickeln; eine Bildvorlage wie die von Gustave Doré (siehe Abb. 2 auf Seite 116) kann dabei helfen, die Klangfantasie zu entzünden. Die folgenden Hinweise zur Erarbeitung beschreiben zunächst das *Styx*-Motiv und -Partiturbild als Ganzes. Danach werden die einzelnen Elemente und Abschnitte erläutert. Die daran anschließenden Hinweise zur Realisierung greifen auf Erfahrungen mit verschiedenen Ensemblebesetzungen zurück.

Erarbeitung und Interpretation

a) Motiv, Partiturbild und Zeitangaben von Styx

Styx ist der Grenzfluss zwischen der Welt der Lebenden und dem Totenreich Hades. Die Seelen der Toten werden von Charon, dem Fährmann, über den Fluss gesetzt. Sein Wasser galt als heilig und besonders (Achilles etwa wurde durch ein Bad darin unverwundbar, außer seiner berühmten, vom Wasser eben unberührten Ferse). Logothetis schreibt eine Partitur, die nicht nur den griechischen Buchstaben Sigma umreißt, sondern in ihrer graphischen Notation Anleihen am fließenden Wasser nimmt: Klangströme verdichten sich, werden gebrochen, tröpfeln, mutieren zu Rinnsalen und versickern.
(Ballstaedt 2008, S. 14)

Dass Logothetis das griechische Sigma-Zeichen Σ als graphisches Formsymbol für den zeitlichen Verlauf des Werkes wählt, verweist nicht nur auf den Anfangsbuchstaben, sondern auch auf die Windungen des Flusses, der laut Mythologie neun Mal den Hades umfließt. Dabei verläuft die musikalische Zeit nicht wie gewohnt von links nach rechts, sondern der Schriftbewegung des Σ entsprechend horizontal von rechts nach links oben (0' bis 4'45"), dann diagonal fallend von links oben nach rechts unten (4'47" bis 6'10") und umgekehrt von rechts nach links unten (6'10" bis 7'20"), weiter dann wie gewohnt horizontal von links nach rechts (7'30" bis 10').

Dass die vier Linienbewegungen des Σ zugleich genaue Minuten- und Sekundenangaben enthalten, die den zeitlichen Verlauf des Stückes strukturieren und die Klangereignisse verbindlich koordinieren, ist eine Ausnahme im Werk von Logothetis. Die Zeitangaben müssen jedoch nicht streng eingehalten werden, sondern sind „approximativ", als flexibel zu handhabende Näherungswerte zu verstehen (vgl. Logothetis 1970, in: Krones 1998, S. 141).

b) Formteile, Wendestellen und Lesarten der graphischen Partitur

Die vier Σ-Linien gliedern *Styx* in vier Formteile, die wiederum aus jeweils vier Abschnitten mit verschiedenen Klangcharakteren bestehen. Beim Übergang von einem Formteil in den nächsten, d. h. an den drei Knickstellen des Σ-Zeichens, nimmt das Klanggeschehen jeweils eine ungewöhnliche Wendung:

Bei 4'45" stürzt der bis dahin kontinuierlich fließende Klangstrom in Form von zwei dicken Tropfen ab und erfährt zwischen 4'47" und 5' einen Stillstand von drei Sekunden Dauer. Dieses punktuelle Klangereignis bildet eine Kombination aus einem Aktions-Signal für Abwärtsglissando und einem Assoziations-Faktor für laut und kurz (unterstützt durch die Zeitvorgabe von zwei Sekunden; dies lässt sich zum Beispiel hervorragend mit Instrumenten wie Kontrabass oder Posaune realisieren, die problemlos ein Glissando plus Crescendo in die Tiefe ausführen können).

Bei 6'10", der zweiten Σ-Wendestelle, gliedert sich der Klangstrom in kleine Wasseradern oder Rinnsale: Auf 17 verschiedenen Tonhöhen setzen die Stimmen innerhalb von 5 Sekunden leise und akzentuiert nacheinander ein und vibrieren in winzigen Wellenlinien gemeinsam bis 6'34".

Und bei 7'10" bis 7'30", dem dritten und letzten Σ-Knick, spritzt und schäumt der Klang in einer obertonreichen, geräuschhaften Tremolo-/Flatterzungen-Abwärtsbewegung auf, die sich nach unten verjüngt, das heißt leiser wird, um zu Beginn der letzten Zeile wieder aufzusteigen und in den statischen vierten Formteil mit vier sich überlappenden Crescendo-Decrescendo-Schüben in der Kombination von jeweils drei Instrumenten zu münden.

Diese Lesart geht indes von einem traditionellen Koordinatendenken aus, das die Tonhöhen auf der vertikalen und die Dauern auf der horizontalen Achse verortet; dann ist in der Tat oben = hoch und unten = tief. Die graphische Partitur kann aber auch von oben, gleichsam aus der Vogelperspektive, betrachtet werden. Dann erscheint sie als eine Art Landschaft oder Landkarte, auf der das Hoch und Tief an jeder Stelle des Flussverlaufs bestimmt werden kann (vgl. Logothetis 1973, S. 7, Logothetis 1974, in: Krones 1998, S. 45). Dies hat natürlich Konsequenzen für die Gestaltung besonders der dritten Wendestelle bei 7'10" bis 7'30", die sich in dieser Lesart zwar verdünnt, aber nicht unbedingt ins tiefere Register führen muss, sondern auch andere Tonhöhenrichtungen einschlagen kann.

c) Dechiffrierung der Tonhöhen-Symbole, Assoziations-Faktoren und Aktions-Signale

Logothetis verwendet eine besondere Form von Tonhöhen-Symbolen, die von einer zentralen Basislinie mit Notenkopf ausgehen. Ein Notenkopf auf dieser Ausgangslinie bezeichnet das Tonhöhensymbol für *c* in jeder Oktavlage. Ein Ton darüber, das heißt ein schwarzer Kreis über der Basislinie, ist ein *des*, ein weißer Kreis ein *d*. Eine weitere Hilfslinie über der ersten mit einem ausge-

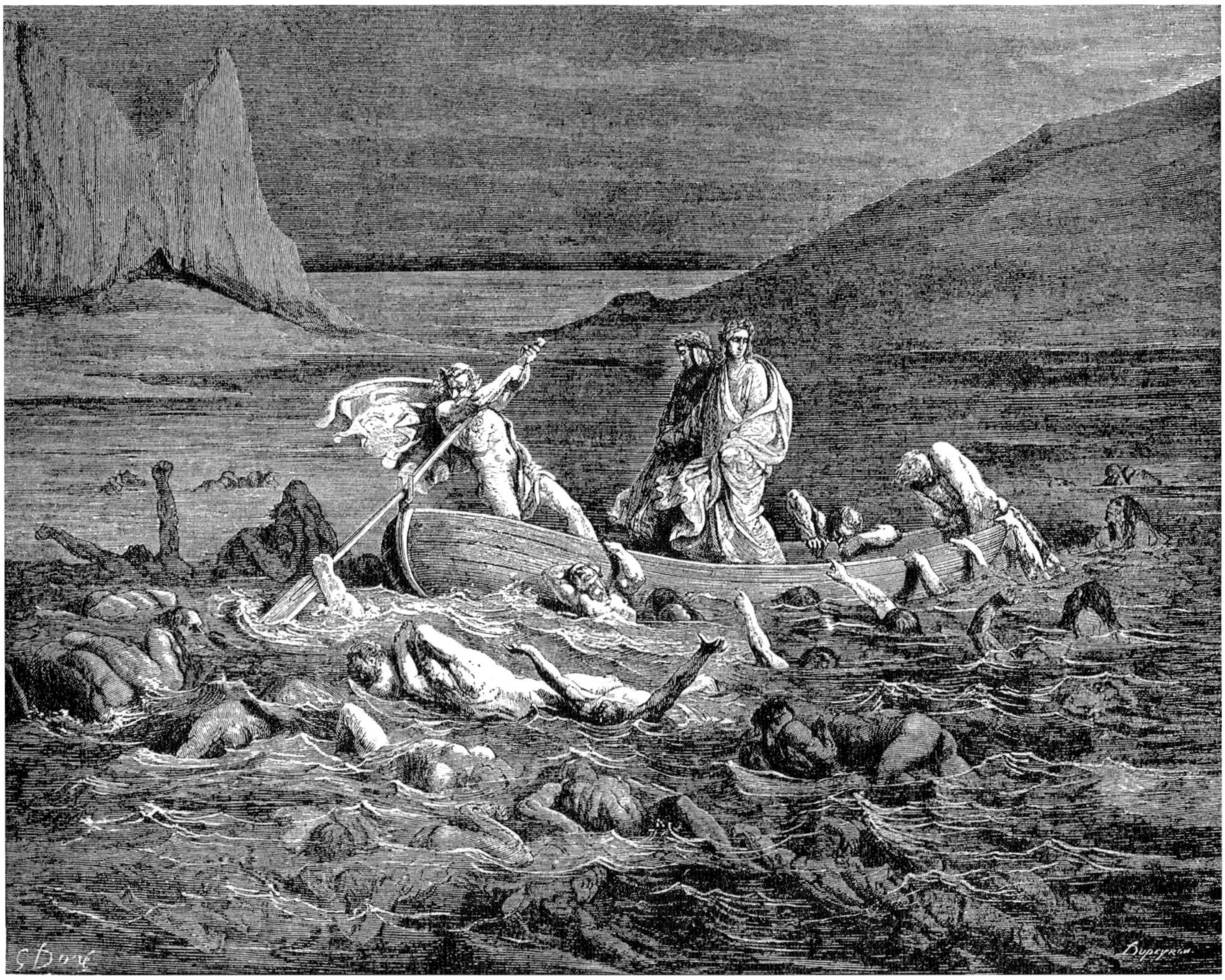

Abbildung 2: Gustave Doré (1832–1883), ***Fahrt über den Styx,*** **Radierung von 1861**

füllten Notenkopf darauf bezeichnet das *es*, ein leerer Notenkopf auf der zweiten Hilfslinie ein *e*. Und so geht es weiter: ein leerer Notenkopf über der zweiten Hilfslinie ist ein *f*, ein ausgefüllter ein *fis*. Entsprechend geht es von zentralen *c*-Linie spiegelbildlich abwärts: unterhalb der Zentrallinie bezeichnet ein leerer Notenkopf das *h*, ein ausgefüllter ein *b*, auf der unteren Ergänzungslinie ein weißer Notenkopf ein *a* und ein schwarzer ein *as*, darunter ein weißer Notenkopf das *g* und ein schwarzer das *ges*, enharmonisch zum *fis* oben.

So kann Logothetis alle zwölf Tonhöhen ohne Fünf-Linien-System in einer einfachen, symbolischen Zeichenschrift notieren, die es zugleich erlaubt, die Notenköpfe mit Assoziations-Faktoren zu versehen (wie z. B. akzentuiert und/oder obertonreich) und durch Aktions-Signale in Glissandobewegungen oder Punktklänge zu überführen, individuell oder in kollektiven Strukturgruppen (siehe Abb. 3, S. 121).

Laut vorgeschriebenen Tonhöhen-Symbolen beginnt *Styx* also „volle Pulle" mit einem obertonreichen, flirrenden Tutti-Klang: 12 chromatische Tonhöhen setzen scharf artikuliert ein und glissandieren mit wilden Tremolo- und Flatterzungenbewegungen von *ges* oben abwärts und *ges* unten aufwärts zum ausgesparten Zentralton *c*.

Auf diese Weise lassen sich alle Stellen, an denen Logothetis präzise Tonhöhen-Symbole verwendet, tonal und harmonisch genau bestimmen. Die Glissando-Tremolo-Aufwärts-Abwärtsbewegung bei 5′ etwa beginnt oben mit einem *g*, führt hinunter zu einem *f* und landet nach 2 x 12 wandernden Tonhöhen bei 5′25″ auf einem Zwölfton-Cluster, der oben von einem *f* und unten von einem *e* umrahmt wird. Entsprechend festgelegt ist auch der statische Schlussteil mit dynamischen Schwellern von 7′40″ bis 10′ – wobei es fast immer 12 Tonhöhen-Symbole sind, die Logothetis unterschiedlich anordnet (mit Ausnahme bei 5′45″).

Der flutartig einbrechende Tutti-Cluster des Anfangs verengt sich in geräuschhaften Glissandolinien zunehmend zum ausgesparten *c*, auf dem sich alle treffen. Kurz vor Erreichen der *c*-Linie setzen bereits vereinzelte Punktklänge ein, die sich bis 2′10″ zu einem perkussiven Feld verdichten und wieder ausdünnen. Diese Punktzeichen-Gruppe ab ca. 40″, angegeben durch Aktions-Signale, „die auf jeden Körper, der als Instrument dienen kann, zu übertragen" sind (s. oben), könnte durch Klappengeräusche und Klopfen auf den Korpus der Instrumente, durch Mund- und Körperklänge oder ggf. durch Steine realisiert werden, die auf naturalistische Weise die Assoziation von Gesteingeröll im Flussbett nahelegen.

Während des Punktklangfelds entstehen zwischen 1′ und 4′10″ um das gehaltene *c* herum Dreiergruppen von Halteklängen mit Glissandowellen, die sich zu einem überkreuzenden Stimmengeflecht vermehren; es empfiehlt sich, die Spieler und Instrumente für die einzelnen Stimmen genau festzulegen.

Bei 4′10″ münden die Glissandolinien in ein lautes Tutti, das bis 4′45″ eine große Decrescendo-Crescendo-Welle beschreibt, die sich in die bereits erwähnten Klangtropfen 4′45″ bis 4′47″ ergießt – Stille von 3 Sekunden bis zum Einsatz des Tremolo-Glissando-Abschnitts bei 5′, der sich bei 5′25″ wiederum in ein punktuelles Geräuschfeld auflöst.

Und so geht es weiter mit einer Kombination von Assoziations-Faktoren, einigen Tonhöhen-Angaben und einer Fülle von Aktions-Signalen, die im wirbelig sich verdünnenden Abschnitt von 5′45″ bis 6′10″ dominieren und mit vier spitzen Tremolo-Vibrato-„Fingern" in das beschriebene Piano-Klangfeld mit schnell nacheinander einsetzenden Tonhöhen bei 6′10″ greifen, um bei 6′35″ wieder zu explodieren und in eine laute geräuschhafte Überkreuz-Bewegung zu münden – dies alles in Analogie zu den gewaltigen und vielgestaltigen Flussklängen, die am Ende in statischer Ruhe ins Totenreich strömen.

Styx ist ein vielgestaltiges Stück für variable Besetzung, bei der die Instrumentenkombinationen auch in den einzelnen Teilen und Abschnitten wechseln können. Für Glissando-Passagen sind natürlich Streichinstrumente am ehesten geeignet; aber auch Posaune und andere Blasinstrumente können Glissandi erzeugen; und auch im Innenraum des Klaviers kann man Glissandobewegungen sehr gut mit den Händen erzeugen – wie überhaupt das Klavier mit seiner chromatischen Tastatur hervorragend als klangliche Hüllkurve fungieren kann. Bei der Besetzung der einzelnen Teile und Abschnitte ist besonders auf die klangliche Balance zu achten, wobei auch die Oktavlage der Instrumente eine wichtige Rolle spielt.

Realisierung in verschiedenen Ensemblebesetzungen

Styx kann in jeder Ensemblegröße ab mindestens fünf bis sechs Spielern bis zu ganzen Orchesterbesetzungen gespielt werden. Bei einem kleinen Ensemble von ca. fünf Spielern, mit denen bereits eine imposante Klangfülle erzielt werden kann, sollte auf jeden Fall ein Klavier mitwirken, das allein schon einen mächtigen Tutti-Klang erzeugen und zugleich mehrere Stimmen und Klangschichten übernehmen kann. Jeder Spieler hat eine Stoppuhr vor sich, die bei 0′ gestartet wird, um mit gemeinsamer

Atemgeste bei 5″ im Tutti einzusetzen. Vorher sollte jeder seine Spiel-Partitur gut eingerichtet, das heißt mit Markierungen seiner Stimme und Einzeichnungen von Tonhöhen, Spielweisen, Nachbarinstrumenten und Zeitangaben, vor allem bei Stimmen im unteren Gefilde der ersten Σ-Zeile, versehen haben; vertikale Striche zu den Sekundenangaben oben helfen hier sehr.

In kleiner Besetzung von fünf Spielern habe ich *Styx* 2008 mit Studierenden der Robert Schumann Hochschule in einem durchgestalteten Konzertprogramm zum Thema *Wasser – Mythos und Musik* aufgeführt (vgl. Ballstaedt 2008). Die Instrumente waren Flöte, 2 Violinen, Fagott und Klavier. In dieser Fassung, die sich nicht ganz streng an die Tonhöhen-Vorgaben halten konnte, wurde der Tutti-Cluster des Beginns zu großen Teilen ins Klavier verlegt und die „Tropfen-Stelle" 4′45″ von allen gespielt, das anschließende Glissando-Auf-und-Ab von den Violinen und das Punktefeld wieder mit allen usw. Die Einzel-Einsätze bei 6′10″ wurden so gelöst, dass auf jedes Melodieinstrument ein Klavierton bzw. -triller folgte, sodass sich wie vorgesehen knapp 17 leise flirrende Klangeinsätze addierten.

Mit dem *Ensemble Aventure* habe ich *Styx* im Jahre 2001 mehrmals in der Besetzung Flöte, Oboe, Klarinette, Viola, Trompete, Horn, Fagott, Kontrabass und Schlagzeug aufgeführt – ein Profi-Ensemble von neun Spielern, in dem das Schlagzeug ebenso Kaskaden von Wasser-Klängen erzeugen wie perkussive Punktklangfelder setzen konnte, letztere unterstützt von Klappen-, Slap- und Korpusklängen der anderen Spieler. Acht Tonhöhen des chromatischen Tutti-Glissando-Felds zu Beginn wurden von den Streichern und Bläsern ausgeführt, die restlichen vier Tonhöhen übernahm das Schlagzeug. Dabei bildeten die Melodieinstrumente Klangzellen mit Tritonus-Kleinsekund-Reibungen wie *e‴* in der Flöte, *h″* in der Oboe und *b″* in der Trompete, unten *Cis* im Kontrabass, *G* im Fagott und *As* im Horn, in der Mitte *f* in der Klarinette und *fis* in der Viola – dies nur als Beispiel für eine Besetzung, die nicht wie ein volles Mandolinenorchester alle 12 Tonhöhen einfach oder sogar mehrfach besetzen kann. Bei der „Zwei-Tropfen-Stelle" lösten sich Horn und Kontrabass ab, die Glissandi übernahmen Viola und Kontrabass, bei der obertonreich zerplatzenden Stelle 7′10″ agierten die Bläser mit geräuschhaften Mehrklängen, Schlagzeug und Streicher mit ähnlichen Ton-Geräusch-Gemischen. Wichtig ist es für die Dreiergruppen im ersten und im letzten Teil, dass die vereinbarten Stimmen/Instrumente trotz Stoppuhr miteinander Kontakt aufnehmen und die Einsätze, Glissando-Starts und Crescendo-Decrescendo-Schweller gemeinsam zelebrieren.

Auch für Schulorchester ist *Styx* durchaus geeignet. Darüber gibt der folgende (hier zusammengefasste) Projektbericht des Musiklehrers Heribert Haase von 2001 Auskunft:

Zusammenfassung des Projektberichts von Musiklehrer Heribert Haase über die Interpretation der graphischen Partitur *Styx* von Anestis Logothetis für Schulorchester
(35 Mitwirkende von der 7. bis zur 13. Klasse in der Besetzung 4 Querflöten, 4 Klarinetten, Altsaxophon, Tenorsaxophon, 2 Trompeten, Posaune, Schlagzeug, 5 Violinen I, 8 Violinen II, 3 Violen und 5 Violoncelli) – Ausführung: Schulorchester des Gymnasiums Große Schule Wolfenbüttel, Projektleiter und Zeichengeber für die Dauern: Oberstudienrat Heribert Haase, Dauer: ca. 6 Minuten (ausgezeichnet mit dem 1. Preis des teamwork-Wettbewerbs des Verbands deutscher Schulmusiker VDS 2001)

Auf der Suche nach spielbarer zeitgenössischer Literatur für Schulorchester „bin ich vor einigen Jahren auf die graphische Partitur ‚Styx' von Anestis Logothetis gestoßen und habe diese durch die Schüler des Schulorchesters ausgestalten lassen. Der Vorteil dieser Partitur liegt darin, dass alle Spieler entsprechend ihrem Können in eigenverantwortlichem Spiel die Aufführung mitgestalten können [...]. Der Reiz der Graphik liegt in ihrer Vielgestaltigkeit und in ihren unmittelbaren Assoziationsmöglichkeiten. Sie lässt sich, auch wenn sie vom Komponisten für den Gitarristen Siegfried Behrend gedacht ist, gerade von einem großen Ensemble effektvoll interpretieren.

Erarbeitungsprozess
Die allererste Erarbeitung erfolgte während einer Orchesterarbeitswoche. [...] Eine kleinere Schülergruppe setzte sich abends zusammen und bereitete einen Abschnitt aus ‚Styx' vor, der am anderen Tag erprobt und kritisiert wurde. Intensiv wurde die Verbindlichkeit der graphischen Notation diskutiert. Sollten die Anweisungen von Logothetis bezüglich der Tonhöhenangaben strikt befolgt werden? Wie genau müssen Absprachen sein? Ist die Zeiteinteilung verbindlich?

Man einigte sich darauf, den Klangeffekt als solchen zu betrachten und ansonsten möglichst viele Freiheiten zuzulassen. Die Tonzeichen von Logothetis stehen stellvertretend für alle 12 chromatischen Töne, eine genaue Festlegung der Tonhöhen erfolgt nur an wenigen Stellen Die Zeiteinteilung könnte exakt befolgt werden, weist aber am Anfang einige Längen auf und wird deshalb – auch mit Rücksicht auf das Publikum der Schulkonzerte [...] – flexibel gehandhabt. Absprachen wurden insbesondere für den Einsatz der Instrumente getroffen. Dabei wurden einerseits Wünsche einzelner Schüler [...] berücksichtigt, andererseits musste die Umsetzbarkeit der graphischen Zeichen für das jeweilige Instrument gegeben sein. So war z.B. schnell klar, dass bei 5′ nur die Streicher das ständige Auf und Ab der Linien durch Glissando realisieren können. Besonders wichtig war bei den Besprechungen und Proben das Ausprobieren. Am schwierigsten war es, die Schüler bei den melodisch geprägten Partien von der Tonalität zu lösen. Dagegen sind die Schüler selbst auf für sie ungewohnte Klangerzeugungsmöglichkeiten gestoßen, einige kannten das col legno-Spiel, bei den Geräuschpartien z. B. bei 5′25″ wurde das Schlagen auf die Instrumentenklappen ausprobiert. [...] Aus dieser ersten intensiven Erarbeitungsphase ergab sich die Gesamtkonzeption der vorliegenden kommentierten Partitur. [...] Der Erarbeitungsprozess [...] erstreckte sich auf ca. 6 Wochen, d. h. auf die wöchentliche eineinhalbstündige Orchesterprobe.

In der ersten Orchesterprobe wurden zunächst einige Glissando-Übungen durchgeführt. Zunächst für die Streicher, dann für die Bläser, die dabei ihre eigenen spieltechnischen Benachteilungen erkannten. Eine zweite Übung war die Erzeugung von Punktklängen. Hier wurde die Partitur projiziert und auf den Abschnitt 5′25″ verwiesen. Die wechselseitige Ausführung Streicher/Bläser führte zu gegenseitiger Kritik, die von ‚zu flächiger Eindruck' bis ‚zu viel Melodie' reichte. Es waren mehrere Durchgänge nötig, um die Verantwortung des einzelnen Spielers für den Gesamtklang zu erkennen. Mit einer Tremolo-Übung für die Streicher wurden weitere Abschnitte vorbereitet. Als ‚Tremolo-Ersatz' für die Bläser wurden Triller-Ketten gefunden (für 6′35″). Bei den weiteren Proben wurden diese Übungen aufgegriffen, damit vor allem die jüngeren Schüler mit diesen Spieltechniken vertrauter wurden. Bei den Proben einzelner Partien wurde immer wieder von einigen Mitspielern sehr konstruktiv das gerade erzielte Klangergebnis beurteilt und es wurden Verbesserungsvorschläge eingebracht."

Einbindung in Konzert und Unterricht

Wie die Erfahrungsberichte zeigen, kann *Styx* in unterschiedlichen Kontexten erprobt und aufgeführt werden: auf Improvisationskursen und in der Schulorchesterarbeit, im Musikunterricht und im fächerübergreifenden Unterricht, im Rahmen von Schülervorspielen und Schulaufführungen und selbstverständlich als Programmpunkt professioneller Konzertprogramme. Verbindlichkeit und Offenheit der Notation ermöglichen es, dass sich jeder dabei verwirklichen kann und das Stück immer wieder neue Gestalt annimmt.

Styx kann in alle möglichen Programmkontexte eingebunden werden, besonders in themenbezogene Konzertprogramme wie dem oben genannten multimedialen Themenkonzert *Wasser – Mythos und Musik*. Wasser spielt in der Kultur- und Musikgeschichte eine wesentliche Rolle. Heraklit sah im Wasser den Urstoff der Welt, deren Wesen das Fließen, die Veränderung ist, und viele Komponisten haben sich von den akustischen Eindrücken des vielgestaltigsten und wandelbarsten aller Elemente inspirieren lassen; ebenso natürlich Dichter, Schriftsteller, Maler, Fluxus- und Performancekünstler aller Art. So kann *Styx* als prominentes Beispiel der großen natur- und geistesgeschichtlichen, philosophischen und ökologischen *Wasser*-Thematik mit verschiedenen Disziplinen und Kunstsparten in Verbindung gebracht und im Ensembleunterricht wie in Konzerten mit anderen Stücken zum Thema *Fluss- und Wasserklänge* kombiniert werden (ein schönes Beispiel für die improvisatorische Arbeit mit Schülerensembles sind Alfred Felders *Wasserspiele* für drei bis fünf Ausführende aus dem Jahre 1996).

Auf die Erörterung der vielfältigen Aggregatzustände und Erscheinungsweisen von Wasser – fließend, strömend, rauschend, reißend, plätschernd, sprudelnd, zischend, kochend, verdampfend, herabstürzend, aufschießend, tropfend, stehend, vereisend und vieles mehr – kann die Frage nach den musikalischen Darstellungsformen folgen, die wiederum zu eigenen Gestaltungsversuchen und zur Auseinandersetzung mit exemplarischen Wasser-Kompositionen wie *Styx* führen kann. Zu beobachten ist dabei, dass in allen Epochen und Kulturen Grundmuster wie Tropf- und Wellenbewegungen wiederkehren, mit denen Wasser musikalisch nachgeahmt, symbolisiert oder, wie im 20. Jahrhundert, als reales Klangmaterial eingesetzt wird (vgl. die Literaturliste zum Thema Wasser in der Musik) – ein Indiz für die (möglicherweise auch etymologische) Wesensverwandtschaft von Musik und Wasser?!

Literatur

1. Schriften von und über Logothetis

Alexaki, Eugenia (1996), *Sehen, Hören, Erleben. Multimediale Kunsttendenzen seit 1945 am Beispiel dreier griechischer Künstler der Diaspora; Takis, Iannis Xenakis, Anestis Logothetis*, Dissertation FU. Berlin.

Baveli, Maria-Dimitra/Georgaki, Anastasia (1963), *Towards a decodification of the graphical scores of Anestis Logothetis (1921–1994). The graphical space of Odysee.* http://smcnetwork.org/files/proceedings/2008/session6_number5_paper46.pdf (Stand: 27.04.2015).

Krones, Hartmut (Hg., 1998), *Anestis Logothetis. Klangbild und Bildklang*. Wien.

Logothetis, Anestis (o.J.), *Erklärungen zu den Graphischen Notationen*, edition modern, München, http://invenio.lib.auth.gr/record/106408/files/arc-2008-43945.pdf (Stand: 18.11.2014).

Logothetis, Anestis (1970/1998), *Antwort auf den Leserbrief. Gedanken zu Logothetis' „Styx"*. In: die Zupfmusik 2, S. 40 f. [Abdruck in Hartmut Krones (Hg.), Anestis Logothetis. Klangbild und Bildklang. Wien, S. 139–141]

Logothetis, Anestis (1970), *Kurze musikalische Spurenkunde. Eine Darstellung des Klanges*. In: Melos, Bd. 2, S. 39 - 43

Logothetis, Anestis (1973), *impluse für spielmusikgruppen* (= rote reihe 34). Wien.

Logothetis, Anestis (1973b), *Über die Darstellung des Klanges im Schriftbild*. In: Ders., impluse für spielmusikgruppen (= rote reihe 34). Wien.

Logothetis, Anestis (1974/1998), *Zeichen als Aggregatzustand der Musik*, Wien 1974. In: Hartmut Krones (Hg.), Anestis Logothetis. Klangbild und Bildklang. Wien, S. 32–71.

Logothetis, Anestis (1994), *Klangcharakterschrift. Zu meinem Werk*.In: MusikTexte Heft 53, März 1994, S. 8–10.

2. zum Thema Wasser in der Musik

Ballstaedt, Andreas (2008), *Musik als Wasser, Musik und Wasser, Musik mit Wasser*. In: Programmheft zum Konzert „Wasser – Mythos und Musik" am 3. Juli 2008 im Partikasaal der Robert Schumann Hochschule, Düsseldorf, S. 11–17.

de la Motte-Haber, Helga (2004), *Wassermusik – wie Sand am Meer*. In: Sonoric Atmospheres. Ostseebiennale der Klangkunst 26. Mai – 5. September 2004. Saarbrücken, S. 78–84.

Fricke, Stefan (2005), *Aqua-Ästhetik. Musik-Konzepte im, unter, auf, am und mit Wasser*. In: Dissonanz 90, Juni 2005, S. 28–32.

Scheyhing, Dieter (2000), *Der Wurm von Ejur. Wasser als Klangquelle, Klangkörper, Instrument – ein Streifzug*. In: positionen 45, November 2000, S. 14–18.

3. zum Thema Wasser in der Kulturgeschichte

Böhme, Gernot/Böhme, Hartmut (Hg., 2004), *Feuer, Wasser, Erde, Luft. Eine Kulturgeschichte der Elemente*. München.

Böhme, Hartmut (Hg., 1988), *Kulturgeschichte des Wassers*. Frankfurt am Main.

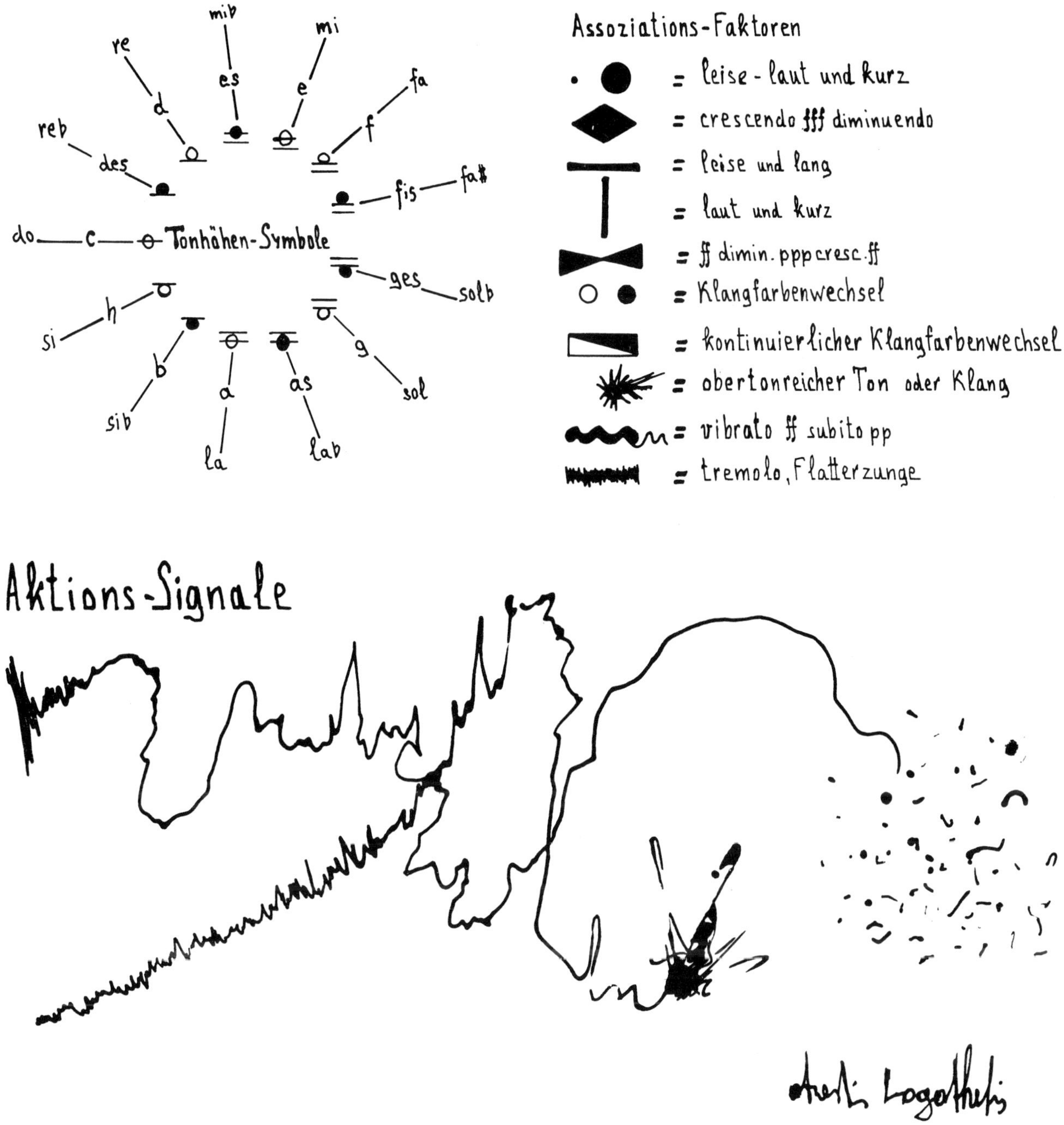

Abbildung 3: Drei Arten von graphischen Elementen im Werk von Anestis Logothetis
(in: Anestis Logothetis, impulse für spielmusikgruppen, Wien 1973, S. 14 f.; vgl. auch ders., Zeichen als Aggregatzustand der Musik, Wien 1974, in: Krones 1998, S. 40–47)

20 Die Entfachung des Feuers – Violeta Dinescus *Bindfaden/String* (2013)

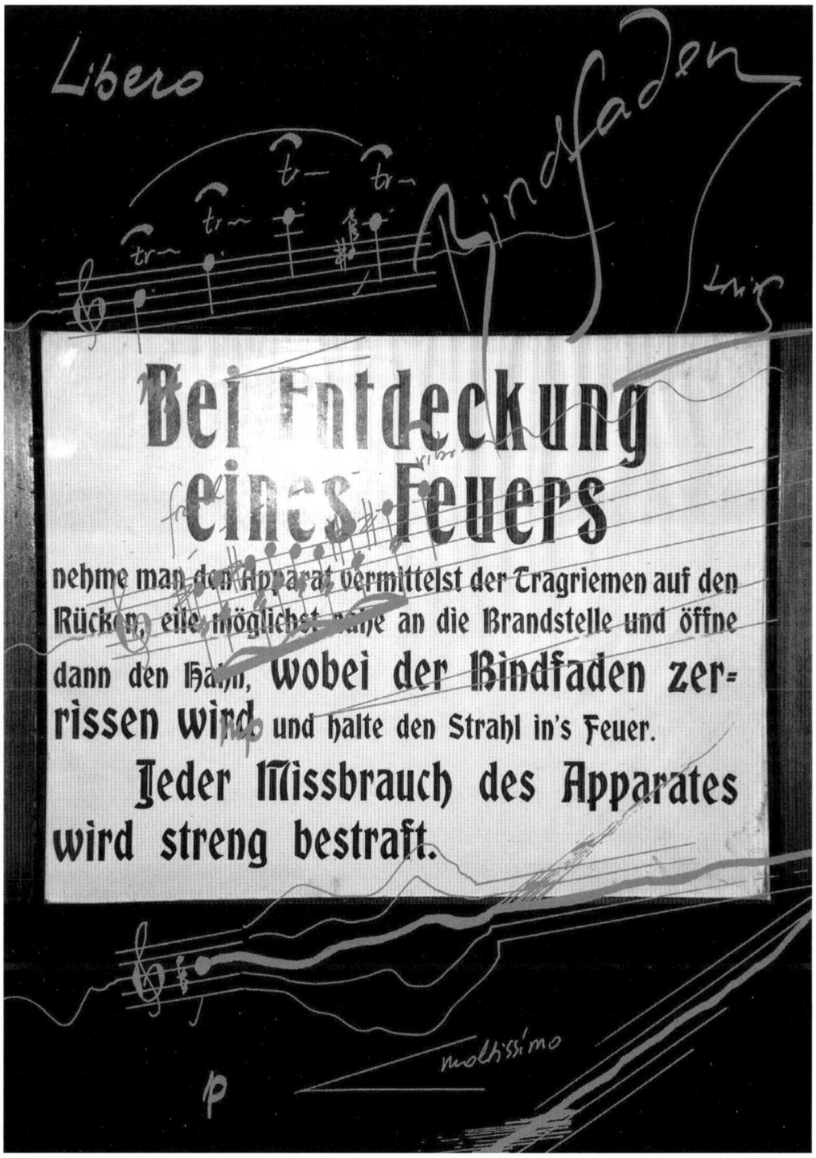

Violeta Dinescu, *Bindfaden/String* (2013)
Abdruck mit freundlicher Genehmigung der Komponistin.
(Farbabbildung auf der Umschlagrückseite)

Material
Klänge und Motive in erweiterter Notation

Mitwirkende
3 bis 12 Spieler ab ca. 12 Jahren

Musikalische Vorkenntnisse
Notenkenntnisse

Instrumentale Vorkenntnisse
Fortgeschrittene Spielfertigkeiten, zum Teil auch von Anfängern realisierbar

Instrumente
Melodieinstrumente, Stimme, Klavier, Gitarre, Schlaginstrumente, darunter ein Gong oder Tamtam

Probenumfang
je nach Alter und Vorkenntnissen ca. drei bis fünf Proben

Aufführungsdauer
laut Komponistin 3 bis 30 Minuten (je nach Zahl der Mitwirkenden)

Verwendung
Improvisationskurse, Schülervorspiele und professionelle Konzerte

Variationsmöglichkeiten
Ergänzung eigener Klänge und Motive

Gattung
Musikalisches Bild mit Motiven in erweiterter Notation

Verwandte Modelle
6, 17, 19

Spielanweisung mit Aufgaben und Erläuterungen

1. Schaut Euch das Bild mit schwarzem Hintergrund, roten Notenzeichen und Spielanweisungen sowie einer hellen Texttafel in der Mitte in Ruhe an. Was löst es in Euch aus, welche Atmosphäre strahlt es aus, welche Klänge assoziiert Ihr damit?

2. Was bedeutet der Text in der Mitte? Welche Situation beschreibt er? Welcher Apparat und welcher Strahl sind gemeint?

3. Beschreibt die drei musikalischen Motive (1: oben, 2: Mitte, 3: unten) und ihre Notation. Könnt Ihr einen Zusammenhang mit dem Inhalt der Tafel erkennen?

Nach Aussage der Komponistin soll „die Improvisationsseite die Fantasie entzünden". Dies kann in folgenden Schritten oder Szenen geschehen:

1. Schaffen einer Atmosphäre: Stille, Atem, Luft, Knistern – leiseste Schlagzeugklänge, Luft- und Klappengeräusche der Bläser, Knisterklänge der Streicher mit dem Bogen an der Zarge oder auf dem Corpus, atmende Pedalgeräusche und Klänge im Inneren des Flügels, eventuell Andeutung eines leisen Tones *f* – ca. 1–2 Minuten.

2. Entfachen des Feuers: Improvisatorisches Spiel mit Motiv 3: leises *h* mit Vorschlag, Crescendo und Glissando aufwärts und abwärts, auch ausbrechend, in folgenden drei Schritten: a) vereinzeltes Auftauchen von Motiv 3, lange leise Töne, erst halten, dann zerfließen, zum Beispiel in Violine, Oboe, Violoncello; b) Verdichtung durch allmähliches Hinzukommen der anderen Instrumente bzw. Stimmen – Ausfädeln anderer Instrumente – dialogisches Improvisieren mit Wechsel der Instrumentalkombinationen; Klangfarbenwechsel; c) Steigerung bis zum Forte mit Geräuschanteilen (unscharfes Liniensystem unten rechts) – Schreie, Gong oder Tamtam

3. Auflodern des Feuers: a) Einführung von Motiv 1 in verschiedenen Instrumenten: Kette lodernder Triller mit Fermaten h' – f'' – c''' – a'' mit Vorschlag dis', Mezzoforte mit Crescendo; b) Hinzukommen des melismatischen Motivs 2: Umspielungsfigur mit Flatterzunge und/oder Streicher-Tremolo aufwärts zur vibrierenden h''-Fermate, unregelmäßig „züngelnd, lodernd"; c) Improvisatorische Steigerung aller drei Motive bis zum Fortissimo mit Ausbrüchen und Brechungen; d) beim dynamischen Höhepunkt dreimal Motiv 1 im Tutti – „feuriger" Tumult aller Motive – Gong- oder Tamtam-Schlag, verklingend

4. Verglimmende Glut – Motiv 3 solistisch, verklingend in die Atmosphäre des Beginns.

Entstehung und Erarbeitung

„Bindfaden" als Schlüsselwort für eine Kindheitserinnerung

Das Improvisationsmodell *Bindfaden/String* der rumänischen Komponistin Violeta Dinescu (*1953), die seit vielen Jahren in Deutschland lebt, geht auf das Stück *Bindfaden* für Flöte und Klavier (2008) zurück, das wiederum eine Erweiterung für die Triobesetzung Flöte, Schlagzeug, Klavier erfahren hat (vgl. die CD „Violeta Dinescu. Der Schlüssel der Träume" mit dem Trio Contraste, charisma Musikproduktion 2013). Der zweite Teil des *Bindfaden*-Duos mit der Überschrift *Libero* besteht aus den gleichen drei Motiven oder „Stimmen" wie das Improvisationsblatt *Bindfaden/String*, enthält aber zusätzlich noch eine Klavierstimme mit einem gehaltenen f-Moll-Dreiklang, einer unregelmäßigen Staccato-Repetition des Tons *d'* mit Crescendo, einem kleinen *ppp*-Vorschlag und einem unregelmäßigen Tremolo zwischen schwarzen und weißen Tasten; dieses Klaviermotiv soll x-mal wiederholt werden (siehe Notenbeispiel rechts).

Bindfaden/String unterscheidet sich von der Duo- und Trioversion dadurch, dass die drei ansteigenden Liniensysteme mit ihren Motiven samt Titel in leuchtendem Rot eine Tafelanweisung in alter Schrift übermalen. Welche Bewandtnis es damit hat, darüber gibt Violeta Dinescu in einem E-Mail-Schreiben vom 26. März 2013 an den Verfasser Auskunft:

Nicht zufällig habe ich dieses Stück in den Kontext der ‚Träume' gebracht, als ob ich geahnt hätte, was noch passieren kann... Folgendes passierte: Ich war zu Besuch bei

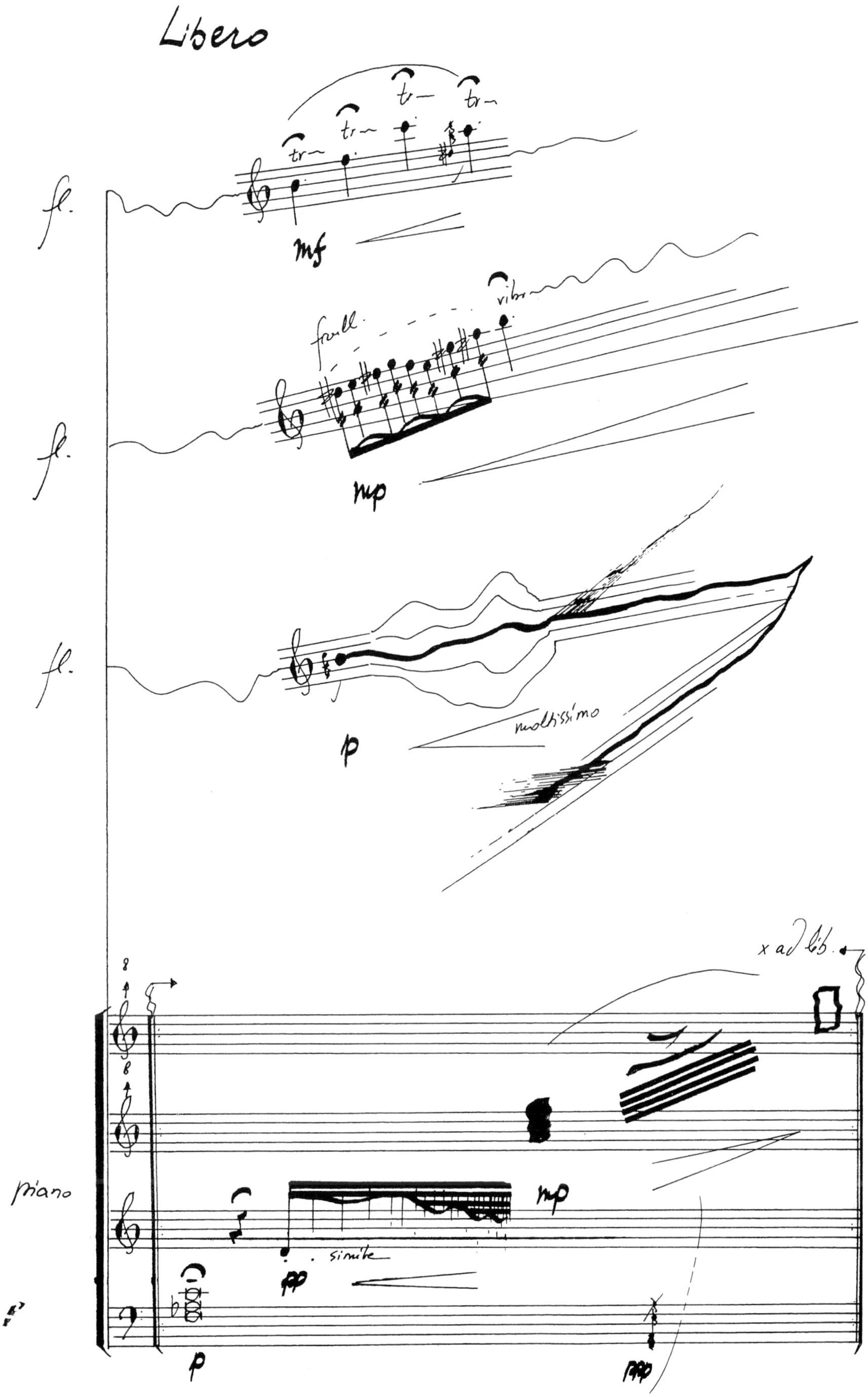

Violeta Dinescu, *Bindfaden* (2008) für Flöte und Klavier – *Libero*

Abdruck mit freundlicher Genehmigung der Komponistin.

meinen lieben Nachbarn und entdeckte (obwohl ich oft zu Besuch bei ihnen war) überraschend für mich ein Bild aus Eisen, neben dem Kamin, wo ganz deutlich Bindfaden zu lesen war. Dieses Wort habe ich einfach zuerst gesehen; ich habe die Worte drum herum danach auch wahrgenommen; sie wunderten mich sehr, da ich keine technischen Details kannte – aber auf einmal in Erinnerung gerufen wurde meine eigene Kindheit. In Bukarest haben wir Wärme vom Ofen gehabt, nicht von einer Zentrale – es war eine sehr komplexe Arbeit, die man dafür machen musste, und es war nicht ungefährlich; aber der Kachelofen war einfach himmlisch – ich habe ihn vor Augen, smaragdgrün mit wunderbaren interessanten Konturen und Mustern – über zwei Meter groß – das Zimmer war auch sehr groß, ca. 4,5 Meter. Die Wärme blieb auch in schwierigen Winterzeiten bei zirka minus 20 Grad fast 20 Stunden erhalten. Diese Wärme habe ich seitdem nie wieder gefühlt. (Es kann auch sein, dass es eine traumhafte Kindheitserinnerung ist.) Wandernd durch Erinnerungen aller Art habe ich sofort entschieden dieses Bild, das mir so viel sagt, in ein Improvisationsblatt zu integrieren.

Die Komponistin schildert eine Art Déjà-vu-Erlebnis: wie das Schlüsselwort „Bindfaden" aus der Gebrauchsanweisung eines Feuerlöschers die Erinnerung an die wärmende Glut des heimischen Kachelofens, ja die nie wieder erfahrene Wärme der rumänischen Kindheit heraufbeschwört (ähnlich wie in Marcel Prousts „Suche nach der verlorenen Zeit" Geruch und Geschmack einer in Tee getauchten Madeleine „das unermeßliche Gebäude der Erinnerung unfehlbar in sich tragen").

Und sie gibt Einblick in ihre kompositorische Werkstatt: die spontane Entscheidung, das erinnerungsträchtige Kaminbild über die Wortbrücke „Bindfaden" in das gleichnamige Improvisationsblatt zu integrieren (und eine Art musikalisches *combine painting* à la Robert Rauschenberg zu schaffen, bei dem Spuren des Lebens in Kunst eingelassen sind). Doch nicht nur die Wortbrücke ist entscheidend; viel mehr passen Inhalt der aufwühlenden Tafel: „Bei Entdeckung eines Feuers" und Idee des darüber gelegten Stücks hervorragend zusammen: Die Motive des improvisatorischen *Libero*-Teils von *Bindfaden* mit ihren unruhig züngelnden, aufflackernden bis zerfließenden Figuren, mit Ausbrüchen, Brechungen und Unterbrechungen und einer großen dynamischen Steigerung muten selber wie ein Aufflackern von Flammen – solchen des Feuers wie der Erinnerung – an. Gestaltungshinweise der Komponistin bestätigen diese Deutung: „Die Aufführungsrichtlinien können (wie bei *Flammentropfen*) offen sein, meine Einladung wäre: von Solo bis Ensemble – Dauer zirka 3 bis 30 Minuten – Dramaturgie: Klang/Klänge aus dem Nichts bis Hochspannung/Überspannung – unterwegs können kurze Brechungen erscheinen, wie im Entstehungsprozess des Feuers – Symmetrie vermeiden." (E-Mail-Schreiben vom 26. März 2013 an den Verfasser; zu *Flammentropfen* vgl. Nimczik/Rüdiger 1997)

Über die offensichtliche Feuer-Symbolik hinaus aber gibt es noch einen anderen Ursprungsimpuls von *Bindfaden* und damit auch von *Bindfaden/String*; in ihm offenbart sich, wie im Déjà-vu zu *Bindfaden/String*, das assoziative, vielfältig sich verästelnde, in alle Richtungen wuchernde (rhizomatische) Denken der Komponistin, die die Fäden ihres Schaffens mit unterschiedlichsten Vorstellungen und Kunstformen verbindet. Egbert Hiller führt dies auf der Basis eines Werkkommentars von Violeta Dinescu in seinem Booklet-Text zur CD „Der Schlüssel der Träume" aus:

Bindfaden-Skulpturen von Fred Sandback als Inspirationsquelle

„Ebenso wie für ‚Der Schlüssel der Träume' war auch für ‚Bindfaden' eine Inspirationsquelle aus der Bildenden Kunst maßgeblich. Als Violeta Dinescu Skulpturen von Fred Sandback (2008 im Sprengel Museum, Hannover) sah, assoziierte sie ‚seine Raumvisionen spontan mit Klangvisionen'. Die technischen und ideellen Grundlagen seiner Skulpturen erläutert Sandback wie folgt: ‚Die erste Skulptur, die ich aus einem Stück Bindfaden und etwas Draht herstellte, war die Kontur eines rechteckigen Körpers, der auf dem Fußboden lag. Ich hatte aber von Anfang an eine klare Grundeinstellung, und das war der Wunsch, Skulpturen machen zu können, die kein Inneres haben. Es ist eine Folge des Wunsches, den Körper der Skulptur ohne seine opake Masse zu haben, warum ich auf die Linie gekommen bin. Sie sind indes mehr oder weniger simple Tatsachen und kein Beispiel für Geometrie oder irgendeine andere umfassendere Ordnung – schlicht das, was die Hand macht.'

Dieses Gestaltungsprinzip transformierte Dinescu in ‚Bindfaden' auf das Medium Klang, indem sie Sandbacks fragile Drahtkonstruktionen in ‚transparente musikalische Fäden' umdeutete. Diese Fäden versteht sie aber nicht nur als ein Gerüst oder eine Struktur, sondern sie erwachen als ‚Klangwesen' selbst zum Leben und werden in dramaturgische Kontexte eingebunden. Die Fäden können sowohl parallele Klangräume bilden als auch solche, die sich konfrontativ zueinander verhalten oder aber vollkommen miteinander verschmelzen. ‚Die Choreographie der Klangfäden (Melodien) kreiert', so Dinescu, ‚eine Mehrdimensionalität, die einen Schwebezustand suggeriert. Die drei Instrumente sind wie Charaktere in einem imaginären Klangtheaterstück. Es entstehen Dramen, die an das Leben erinnern, so dass man die Stimmen der Instrumente wie menschliche Stimmen wahrnehmen kann.'" (Hiller 2013)

Musikalische Umsetzung und Übung

In ihrem Duostück *Bindfaden* und mehr noch im Improvisationsblatt *Bindfaden/String* verwandelt Violeta Dinescu die kaum sichtbaren, das Seherlebnis schärfenden Raumskulpturen Sandbacks in lebendige Klangwesen mit glühenden Körpern und emotionalem Leben, deren Stimmen wie Fäden sich umschlingen, verbinden, verschmelzen, ohne an Transparenz zu verlieren, und ein Drama en miniature formen. Nennen wir es „Die Entfachung des Feuers".

Um dem improvisatorischen „Klangtheaterstück" (V. Dinescu) einen stringenten dramaturgischen Aufbau zu verleihen, empfiehlt es sich, zunächst die einzelnen Motive zu analysieren und gut zu üben und dann die Improvisation in einzelne, aufeinander aufbauende Szenen zu gliedern. Die Spielvorschläge oben und die folgenden erläuternden Hinweise basieren auf den Erfahrungen der ersten Erarbeitung und Uraufführung von *Bindfaden/String* am 6. April 2013 im Rahmen des Abschlusskonzerts des Interpretationskurses Neue Musik auf der 67. Frühjahrstagung des Instituts für Neue Musik und Musikerziehung Darmstadt. Die Besetzung war: Mezzosopran, Bariton, Querflöte, Oboe, Fagott, Horn, Saxophon, Schlagzeug, Klavier, Violine und Violoncello.

Das kleinste, „anfänglichste" und auch leichteste, von Anfängern zu realisierende Element des Improvisationsblattes ist Motiv 3, das *h'* mit *c*-Vorschlag, das auch in unterschiedlichen Oktavlagen gespielt werden kann. Es bleibt nicht lange bei sich, sondern gerät schnell in Bewegung, zerfließt, bricht aus und verbindet sich crescendierend mit der unteren unscharfen Geräuschlinie. Es bietet sich an, dies als improvisatorisches Einstiegsmotiv zu wählen, zuerst solistisch in einzelnen ausgewählten Instrumenten, dann in abwechselnden Klangkombinationen. Vor Auftreten dieses einsamen Ein-Ton-Motivs kann das Ensemble mit Luft-, Atem- und Knistergeräuschen eine spannende Klangatmosphäre schaffen, ergänzt eventuell durch einzelne Töne des *Libero*-Klavierparts von *Bindfaden* (z. B. ein sehr leise angeschlagenes oder gezupftes *f*). Gut zu üben ist die Intonation, damit das *h* bei der ersten Klangübergabe und beim Unisono gut stimmt, bevor es nach oben und nach unten glissandiert, umspielt wird, ausbricht – und als Referenzton immer wiederkehrt. Ebenfalls mit *h*, aber zwei dynamische Stufen höher beginnt das weitgespannte Triller-Motiv 1 mit seinen Intervallsprüngen Tritonus – Quinte aufwärts – Terz abwärts (mit Tritonus-Vorschlag). Es steckt den Rahmen des Tonraums ab und kann gut als zweites, gesteigertes Klangelement im Sinne langsam auflodernden Feuers eingeführt werden, ebenfalls von jedem gut geübt und intoniert.

Das melodische Motiv 2 ist in den Tonraum von Motiv 1 eingelassen und bildet die schnellste, am meisten erregte Figur, gesteigert durch die Flatterzunge bei Bläsern oder das Tremolo bei Streichern. Mit diesem Motiv, das am besten als drittes eingeführt wird, kann das Feuer noch einmal gesteigert auflodern und zusammen mit den anderen Motiven einen emotionalen Flächenbrand auslösen, bis beispielsweise Motiv 1 auf Zeichen von allen mehrmals gespielt wird und nach großem Fortissimo-Tumult ein Gong oder Tamtam zum Beispiel das Ganze löscht. Das Stück verklingt in der glimmenden Glut eines finalen Knisterns, Flüsterns, Aufleuchtens, in dessen stillem Schein noch einmal das einsame h-Motiv ertönt.

Selbstverständlich kann die Dramaturgie auch ganz anders aussehen. Und es ist „der Freiraum der Interpreten zu wahren. Man hat die Freiheit, den Klang dem Instrument gemäß zu gestalten." (V. Dinescu) Wichtig bei allen „polyphonen Kombinationsmöglichkeiten" ist, dass die Motive deutlich eingeführt werden, dass die Stimmen weitgehend transparent bleiben – bis auf den Schluss – und, wie die Komponistin empfiehlt, „Klang/Klänge aus dem Nichts bis zur Hochspannung/Überspannung" getrieben werden, wobei „unterwegs kurze Brechungen erscheinen, wie im Entstehungsprozess des Feuers" – und dass „Symmetrie vermieden wird". Denn das Feuer, wie das Leben, ist nicht symmetrisch.

Einbindung in Konzert und Unterricht

Bindfaden/String ist ein hervorragendes Stück für eine kreative Ensemblearbeit auf Improvisationsworkshops, in Musik-AGs und im Klassenunterricht. Als Programmpunkt passt es prima in Konzerte zu Themen wie „Musik und Natur", „Die Elemente" oder „Musik und Bildende Kunst". Aber auch als eigenständiges Stück ist *Bindfaden/String* in jedem Programmkontext aufführbar, vom Schülervorspiel bis zum professionellen Konzert. Denn „Die Entfachung des Feuers" ist ein universelles Thema der Menschheitsgeschichte und betrifft jeden Einzelnen wie die Gesellschaft im Ganzen.

Hörbeispiel:
CD *Violeta Dinescu. Der Schlüssel der Träume* mit dem Trio Contraste (Flöte, Schlagzeug, Klavier), charisma Musikproduktion 2013

Literatur

Böhme, Gernot / Böhme, Hartmut (Hg., 2004), *Feuer, Wasser, Erde, Luft. Eine Kulturgeschichte der Elemente*. München.

Hiller, Egbert (2013), *„In Klängen träumen". Violeta Dinescus „Schlüssel der Träume"*. In: Booklet der CD „Violeta Dinescu. Der Schlüssel der Träume" mit dem Trio Contraste (Flöte, Schlagzeug, Klavier), charisma Musikproduktion, S. 2–8.

Nimczik, Ortwin / Rüdiger, Wolfgang (1997), *Instrumentales Ensemblespiel. Übungen und Improvisationen – klassische und neue Modelle. Material- und Basisband*. Regensburg. (Dritter Teil: Neue Modelle, 2. Graphische Notationen: *Flammentropfen* von Violeta Dinescu)

Rüdiger, Wolfgang (2004), *Quelle und Welle und die Weite der Welt. Violeta Dinescus Fagottsolo Satya II – Analyse und Interpretation*. In: Eva-Maria Houben (Hg.), Violeta Dinescu. Saarbrücken, S. 46–59.

Literatur zu Ensemble & Improvisation

(inklusive Schriften zur Kompositionspädagogik)

1. Bücher und Aufsätze mit Praxismodellen zur Improvisation

Bergstrøm-Nielsen, Carl (1999), *From The Danish Seasons. 50 Improvisational pieces for ensemble ad lib or solo*, The Society for the Publication of Danish Music. Kopenhagen.

Brugger, Hansjörg (2004), *Kompositionstechniken zum Kennenlernen und Ausprobieren. Drei Spielmodelle aus dem „Aargauer Spielbuch"*. In: Musik & Bildung, 2/2004, S. 62–66.

Brunner, Wolfgang (1996), *Improvisieren – wozu? Zur instrumentaldidaktischen Relevanz historischer Improvisationsfunktionen*. In: Üben & Musizieren 4/1996, S. 29–37

Busch, Sigi (1999), *Improvisation auf der Basis von Klang*. In: *Üben & Musizieren* 2/1999, S. 47–55.

Dummert, Renate (2004), *Vom Klangsalat zur Komposition?! Musik erfinden mit fünf- bis siebenjährigen Kindern*. In: Üben & Musizieren 2/2004, S. 64–68.

Eisel, Helmut (2001), *Durch Klezmermusik zur Improvisation*, Heft mit CD. Köln.

Erhardt, Martin (2011), *Improvisation mit Ostinatobässen aus dem 16. bis 18. Jahrhundert. Lehrmaterial zum Experimentieren in Unterricht, Ensemble und Selbststudium für alle Instrumente*, mit CD. Magdeburg.

Friedemann, Lilli (1969), *kollektivimprovisation als studium und gestaltung neuer musik* (= rote reihe 7). Wien.

Dies. (1973), *einstiege in neue klangbereiche durch gruppenimprovisation* (= rote reihe 50). Wien.

Fröhlich, Charlotte (1996), *Astrello. Spiele für Improvisation und Komposition*. Zürich.

Gagel, Reinhard (2004), *Neue Klänge für den Blues*. In: Üben & Musizieren 6/2004, S. 58–61.

Ders. (2010), *Improvisation als soziale Kunst. Überlegungen zum künstlerischen und didaktischen Umgang mit improvisatorischer Kreativität*. Mainz.

Ders./ Schwabe, Matthias (Hg., 2013), *expressiv & explOHRativ. Musikalische Improvisation in der Schule*. Berlin.

Globokar, Vinko (1979), *Individuum « Collektivum* (1979®), Heft 1–3, Saarbrücken.

Günther, Franziska (2007), *Deine Flöte ist der Vogel, meine Posaune spielt den Schnee. Erstes Improvisieren und Komponieren mit Instrumenten*. In: Musik & Bildung 4/2007, S. 42–47.

Handschick, Matthias (2009), *Versatzstücke. Ein einfaches Kompositionsprinzip kennen lernen und anwenden*. In: Musik & Bildung 2/2009, S. 68–73.

Holthaus, Klaus (1992), *Klangdörfer. Musikalische und soziale Vorgänge spielerisch erleben. 100 erprobte Spiele und ausgewählte Beispiele ihrer methodischen Verwendung*. Boppard/Rhein.

Karkoschka, Erhard (1972), *Komponiere selbst. Ein Baukasten aus Klang-, Zeit-, Raum- & Bewegungselementen*. Wien (= rote reihe 32).

Kaul, Albert/Terhag, Jürgen (2013), *Improvisation. Elementare Arbeit mit Kindern, Jugendlichen und Erwachsenen*. Mainz.

Keller, Christoph J. (2003), *Entdecken und gestalten. Ein Komponier- und Musizierbuch für den Instrumental- und Gruppenunterricht*. Bochum.

Kieseritzky, Herwig von/Schwabe, Matthias (2001), *Gruppenimprovisation als musikalische Basisarbeit*. In: Kraemer, Rudolf-Dieter/Rüdiger, Wolfgang (Hg.), Ensemblespiel und Klassenmusizieren in Schule und Musikschule. Ein Handbuch für die Praxis. Augsburg, S. 153–172.

Meyer-Denkmann, Gertrud (1970), *Klangexperimente und Gestaltungsversuche im Kindesalter* (= rote reihe 11). Wien.

Dies. (1972), *Struktur und Praxis neuer Musik im Unterricht. Experiment und Methode* (= rote reihe 43). Wien.

Dies. (1998), *Körper – Gesten – Klänge. Improvisation, Interpretation und Komposition neuer Musik am Klavier*. Saarbrücken.

la Motte, Diether de (1987), *Musik bewegt sich im Raum. 16 Konzepte für Laien-Professionals aus Musik, Sprache, Sprachmusik und Bewegung*. Celle.

Ders. (1989), *Musik ist im Spiel. Geschichten, Spiele, Zaubereien, Improvisationen*. Kassel.

Ders. (1996), *Wege zum Komponieren. Ermutigung und Hilfestellung*. Kassel.

Mühlke, Anna-Miria (1999), *„...zur Freude und zur Bewunderung aller, die zuhören". Improvisation von „Divisions an a Ground" im Instrumentalunterricht*. In: Üben & Musizieren 2/1999, S. 28–33.

Neßling, Lisa (2005), *erfüllte augenblicke. Ein Improvisationsmodell für Schülerensembles*. In: Üben & Musizieren 1/2005, S. 54–57.

Nimczik, Ortwin / Rüdiger, Wolfgang (1997) *Einstimmige Vielstimmigkeit. Drei Improvisationsmodelle von Max E. Keller (1995)*. In: Musik & Bildung 1/1997, S. 27–29.

Dies. (1997a), *Instrumentales Ensemblespiel. Übungen und Improvisationen – klassische und neue Modelle*. Material- und Basisband. Regensburg.

Nimczik, Ortwin (1998), *„Es handelt sich um Neuschöpfung, um Erfindung ...". Gestaltungsanregungen aus Vinko Globokars Individuum « Collektivum (1979®)*. In: Musik & Bildung 1/1998, S. 46–49.

Oliveros, Pauline (2005), *Deep Listening. A Composer's Sound Practice* (= Deep Listening Publications). New York / Lincoln / Shanghai.

Paynter, John / Aston, Peter (1972), *Klang und Ausdruck. Modelle einer schöpferischen Schulmusikpraxis* (Titel der englischen Originalausgabe: *Sound and Silence*. Cambridge 1970), aus dem Englischen übertragen und für deutsche Schulen bearbeitet von Friedrich Saathen (= rote reihe 51). Wien.

Rüdiger, Wolfgang / Nimczik, Ortiwn (2004), *Teamwork! Sprache, Bild, Bewegung, Szene: neue Musik für Schülerensemble* (= Musik & Bildung Spezial). Mainz.

Rüdiger, Wolfgang (2007a), *Schumann als Prophet. Ein Improvisationskonzept für Ensemble*. In: Üben & Musizieren 5/2007, S. 30–33.

Ders. (2007b), *Der musikalische Körper. Ein Übungs- und Vergnügungsbuch für Spieler, Hörer und Lehrer*. Mainz.

Ders. (2009), *Hin und weg. Wege der Improvisation neuer Musik in gemischten Ensembles*. In: Üben & Musizieren 4/2009, S. 10–15.

Ders. (2010), *Leuchtende Musik. Improvisationen nach Thomas Bruttgers Light, Reflection*. In: Brennpunkt Schule – Musik baut auf. Kongressbericht 28. Bundesschulmusikwoche Frankfurt/Main 2010, hg. im Auftrag des Verbandes Deutscher Schulmusiker von Ortwin Nimczik. Mainz usw., S. 165–176.

Sáry, László (2006) *Übungen zum kreativen Musizieren*, hg, von Martin Tchiba. Saarbrücken.

Saxer, Marion (2000) *„Schulmusik" für die Musikschule. Dieter Schnebels Improvisationskomposition „Kontrapunkt"*. In: Üben & Musizieren 2/2000, S. 48–55.

Schlimp, Karen / Jarchow, Peter (2010), *IMPRO-MOSAIK – das verrückte Klappbuch mit unbegrenzten Ideen zum Improvisieren allein oder in der Gruppe*. Basel.

Scratch Anthology of Compositions (June 1971), o. O.

Schlothfeldt, Matthias (2009), *Komponieren im Unterricht*. Hildesheim / Zürich / New York.

Schmeling, Astrid / Kaul, Matthias (Hg., 2003a), *Musik für eine Stadt. Das Ensemble l'art pour l'art und die Kinderkompositionsklasse Winsen/Luhe. Eine Dokumentation*. Saarbrücken.

Dies. (Hg., 2003b), *Musik aus dem Mund*. Altenmedingen.

Dies. (Hg., 2003c), *Projekt Bildende Klänge*. Altenmedingen.

Schwabe, Matthias (1992), *Musik spielend erfinden. Improvisieren in der Gruppe für Anfänger und Fortgeschrittene*. Kassel.

Spahlinger, Mathias (1993), *vorschläge. konzepte zur ver(über)flüssigung der funktion des komponisten* (= rote reihe 70). Wien.

Stockhausen, Karlheinz (1968), *Aus den sieben Tagen. Kompositionen Mai 1968*. Wien, Universal Edition 14790.

Ders. (1976), *Für kommende Zeiten. 17 Texte für Intuitive Musik*. Kürten.

Terhag, Jürgen (1994), *Live-Arrangement und Live-Komposition. Gruppenorientierte Methoden für Hochschule und Fortbildung*. In: Ders. (Hg.), Populäre Musik und Pädagogik. Grundlagen und Praxismaterialien. Oldershausen, S. 183–201.

Ders. (2009), *Warmups. Musikalische Übungen für Kinder, Jugendliche und Erwachsene*. Mainz.

Terhag, Jürgen / Winter, Jörn Kalle (2012), *Live-Arrangement. Vom Pattern zur Performance*, Lehrbuch mit DVD. Mainz.

Vetter, Michael (1996), *Pianissimo. Improvisieren am Klavier, eine Rezeptsammlung*. Zürich und Mainz.

Weghoff, Christine / Rubisch, Andreas / Pyras, Olaf (2005), *Kratzen, Reiben, Stille. Komponieren mit Steinen im Klassenverband*. In: Musik & Bildung 2/2005, S. 70–73.

Wolff, Christian (1998), *Prose Collection*. In: Ders., Cues. Writings & Conversations - Hinweise. Schriften und Gespräche (= Edition MusikTexte 005). Köln, S. S. 464–481.

Wüthrich, Hans (1975), *Kommunikationsspiele*. Zürich.

2. Bücher und Aufsätze zur Theorie und Praxis der musikalischen Improvisation

Artikel *„Improvisation“* (1996). In: Die Musik in Geschichte und Gegenwart. Allgemeine Enzyklopädie der Musik, begründet von Friedrich Blume. Zweite, neubearbeitete Ausgabe, hg. von Ludwig Finscher, Sachteil Band 4. Kassel, Sp. 538–611.

Ashley, Robert (2001), *Musik mit Wurzeln im Äther. Interviews mit und Essays über sieben amerikanische Komponisten* (= Edition MusikTexte 008, hg. von Gisela Gronemeyer und Reinhard Oehlschlägel). Köln.

Bailey, Derek (1980), *Musikalische Improvisation. Kunst ohne Werk*. Hofheim (Titel der Originalausgabe: *Improvisation. Its Nature and Practice in Music*, Ashbourne 1980).

Biesenbender, Volker (2005), *Aufforderung zum Tanz oder Was hat klassische Musik eigentlich mit Improvisation zu tun? Sieben Variationen über ein brennendes Thema*. Aarau.

Bullerjahn, Claudia / Graebsch, Barbara / Liewald, Helga (2003), *Komponieren mit Kindern und Jugendlichen. Ein Überblick zu pädagogischen Konzepten und Fördermaßnahmen*. In: Üben & Musizieren 6/2003, S. 48–55.

Burghausen, Ingo (1996), *Neue Musik von Kindern. Die Ferienkurse der Komponistenklasse Halle-Dresden*. In: Üben & Musizieren 2/1996, S. 9–12.

Dahlhaus, Carl (1979), *Was heißt Improvisation?*. In: Improvisation und neue Musik. Acht Kongreßreferate, hg. von Reinhold Brinkmann (= Veröffentlichungen des Instituts für Neue Musik und Musikerziehung Darmstadt Band 20). Mainz, S. 9–23.

Danz, Dieter A. (Hg., 2011), *Aspekte der Freien Improvisation in der Musik*. Hofheim.

Duderstadt, Matthias (2003), *Improvisation und ästhetische Bildung. Ein Beitrag zur ästhetischen Forschung*. Köln.

Eckhardt, Rainer (1995), *Improvisation in der Musikdidaktik. Eine historiographische und systematische Untersuchung*. Augsburg.

Ehrler, Hanno (2009) *„... ich war so ´ne eigene Komponistin, irgendwie...“. 10 Jahre Kompositionsklasse für Kinder und Jugendliche Winsen – eine Untersuchung*. Saarbrücken.

Fähndrich, Walter (Hg., 1992, 1994, 1998, 2001 und 2003), *Improvisation I* bis *V*. Winterthur.

Feißt, Sabine (1997), *Der Begriff ‚Improvisation' in der neuen Musik*. Sinzig.

Felbick, Lutz (2005a), *Über die Klarheit des Wassers an der Quelle. Ein kleiner Ausflug zu den improvisatorischen Wurzeln unserer Musikkultur*. In: Üben & Musizieren 2/2005, S. 54–56.

Ders. (2005b), *Vom Einfluss der Improvisation auf das mitteleuropäische Musikleben des 19. Jahrhunderts*. In: Musiktheorie, 20. Jahrgang, Heft 2/2005, S. 166–182.

Gagel, Reinhard (2010), *Improvisation als soziale Kunst. Überlegungen zum künstlerischen und didaktischen Umgang mit improvisatorischer Kreativität*. Mainz.

Globokar, Vinko (1994), *Einatmen – Ausatmen*, hg. von Ekkehard Jost und Werner Klüppelholz. Hofheim (Kapitel III „Improvisation – Immer in den Wolken [Diskurs ex cathedra]" und Kapitel IV „Die Improvisation im Käfig").

Greuel, Thomas / Heß, Frauke (Hg., 2008), *Musik erfinden. Beiträge zur Unterrichtsforschung* (= Musik im Diskurs Band 22). Aachen.

Kaden, Christian (1993), *Vom Geist der Improvisation*. In: Ders., Des Lebens wilder Kreis. Musik im Zivilisationsprozess. Kassel, S. 47–63.

Langbehn, Andreas (2001), *Experimentelle Musik als Ausgangspunkt für Elementares Lernen*. Saarbrücken.

Lothwesen, Kai (2009), *Klang – Struktur – Konzept. Die Bedeutung der neuen Musik für Free Jazz und Improvisationsmusik*. Bielefeld.

Lehmann, Andreas C. (2005), *Komposition und Improvisation: Generative musikalische Performanz*. In: Allgemeine Musikpsychologie, hg. von Thomas H. Stoffer und Rolf Oerter. Göttingen, S. 913–954.

Ders. (2008), *Komposition und Improvisation*. In: Bruhn, Herbert / Kopiez, Reinhard / Lehmann, Andreas C. (Hg.), Musikpsychologie. Das neue Handbuch. Reinbek bei Hamburg, S. 338–353.

Nimczik, Ortwin (1997), *Erfinden von Musik*. In: Handbuch des Musikunterrichts, Band 3: Sekundarstufe II, hg. von Siegmund Helms, Reinhard Schneider und Rudolf Weber. Kassel, S. 169–188.

Oesch, Hans (1972), *Zwischen Komposition und Improvisation*. In: Die Musik der sechziger Jahre. Zwölf Versuche (= Veröffentlichungen des Instituts für Neue Musik und Musikerziehung Darmstadt Band 12), hg. von Rudolf Stephan. Mainz, S. 39–52.

Olive, Vivienne / Reitinger, Renate (2008), *Musik erfinden. Komponieren im Instrumentalunterricht*. In: Busch, Barbara (Hg.), Einfach musizieren!? Studientexte zur Instrumentalpädagogik. Augsburg, S. 63–78.

Reitinger, Renate (2007), *Musik erfinden. Kompositionen von Kindern als Ausdruck ihres musikalischen Vorstellungsvermögens*. Regensburg.

Rüdiger, Wolfgang (2000), *„Im Komponieren ist das ganze Leben". Wolfgang Rüdiger im Gespräch mit Annette Schlünz*. In: Üben & Musizieren 4/2000, S. 25–30.

Schlothfeldt, Matthias (2009), *Komponieren im Unterricht*. Hildesheim / Zürich / New York.

Schneider, Hans (2000), *Lose Anweisungen für klare Klangkonstellationen. Musiken und musikalische Phänomene des 20. Jahrhunderts: ihre Bedeutung für die Musikpädagogik*. Saarbrücken.

Steffen-Wittek, Marianne / Dartsch, Michael (Hg., 2014), *Improvisation. Reflexionen und Praxismodelle aus Elementarer Musikpädagogik und Rhythmik*. Regensburg.

Stockhausen, Karlheinz (1978), *Texte zur Musik 1970–1977*, Band 4. Köln.

Tappert-Süberkrüb, Almuth (1999), *„Music Learning Theory". Edwin Gordons Theorie des Musiklernens*. In: Diskussion Musikpädagogik 2/1999, S. 75–98.

Tüpker, Rosemarie (2006), *Musikalische Improvisation im Alltag*, In: Dies. / Schulte, Armin (Hg.), Tonwelten: Musik zwischen Kunst und Alltag. Zur Psycho-Logik musikalischer Ereignisse (= Zwischenschritte – Beiträge zu einer morphologischen Psychologie 2005/2006). Gießen, S. 145–174.

Vandré, Philipp / Lang, Benjamin (Hg., 2011), *Komponieren mit Schülern. Konzepte – Förderung – Ausbildung*. Regensburg.

Wilson, Peter Niklas (2014), *Hear and Now. Gedanken zur improvisierten Musik*, zweite überarbeitete und erweiterte Auflage. Hofheim (1. Auflage 1999).

Weymann, Eckhard (2004), *Zwischentöne. Psychologische Untersuchungen zur musikalischen Improvisation*. Gießen.

Zeitschrift *ringgespräch über gruppenimprovisation*, Jahrgänge 1992 ff.

Zeitschrift *Üben & Musizieren* Heft 1/1984, Themenschwerpunkt *Kinder komponieren*.

Zeitschrift *Üben & Musizieren* Heft 2/1999 Themenheft *Improvisation*.

Zeitschrift *Üben & Musizieren* Heft 4/2009 Themenheft *Improvisation Komposition*.

3. Bücher und Aufsätze zur Improvisation aus verschiedenen Disziplinen

Bormann, Hans-Friedrich / Brandstetter, Gabriele / Matzke, Annemarie (Hg., 2010), *Improvisieren. Paradoxien des Unvorhersehbaren. Kunst – Medien – Praxis*. Bielefeld.

Göttlich, Udo / Kurt, Ronald (Hg., 2012), *Kreativität und Improvisation. Soziologische Positionen*. Wiesbaden.

Gröne, Maximilian / Gehrke, Hans-Joachim / Hausmann, Frank-Rutger / Pfänder, Stefan / Zimmermann, Bernhard (Hg., 2009), *Improvisation. Kultur- und lebenswissenschaftliche Perspektiven*. Freiburg i. Br. / Berlin / Wien.

Ingrisch, Doris (2012), *Wissenschaft, Kunst und Gender. Denkräume in Bewegung*. Bielefeld.

Jullien, Francois (2010), *Die stillen Wandlungen*. Berlin.

Kurt, Ronald / Näumann, Klaus (2008), *Menschliches Handeln als Improvisation. Sozial- und musikwissenschaftliche Perspektiven*. Bielefeld.

Lösel, Günter (2013), *Das Spiel mit dem Chaos. Zur Performativität des Improvisationstheaters*. Bielefeld.

Referenzwerke und exemplarische Ausarbeitungen einzelner Musiziervorschläge

Zum Autor

Wolfgang Rüdiger, geb. 1957, ist Gründungsmitglied, Fagottist und künstlerischer Leiter des Ensemble Aventure Freiburg sowie Professor für Musikpädagogik/künstlerisch-pädagogische Ausbildung an der Robert Schumann Hochschule Düsseldorf.

Er ist ständiger Mitarbeiter der Zeitschrift Üben & Musizieren, Vorstandsmitglied des Instituts für Neue Musik und Musikerziehung, Darmstadt, und Autor zahlreicher Aufsätze zur Instrumentalpädagogik, Improvisation, Interpretation, Neuen Musik und Musikvermittlung.

Zentrale Buchpublikationen: *Der musikalische Atem* (1995); *Instrumentales Ensemblespiel* (1997, zusammen mit Ortwin Nimczik); *Der musikalische Körper* (2007); *Musikvermittlung – wozu?* (2014, als Herausgeber).